D1665729

Daniel F. Pinnow

Elite ohne Ethik?

Daniel F. Pinnow

Elite ohne Ethik?

Die Macht von Werten und Selbstrespekt

Frankfurter Allgemeine Buch

Bibliografische Informationen Der Deutschen Nationalbibliothek – Die Deutsche Nationalbibliothek verzeichnet diese Publikation in der Deutschen Nationalbibliografie; detaillierte bibliografische Daten sind im Internet über http://dnb.ddb.de abrufbar.

Daniel F. Pinnow
Elite ohne Ethik?
Die Macht von Werten und Selbstrespekt

F.A.Z.-Institut für Management-,
Markt- und Medieninformationen,
Frankfurt am Main 2007

ISBN 978-3-89981-137-7

Frankfurter Allgemeine Buch

Copyright: F.A.Z.-Institut für Management-, Markt- und Medieninformationen GmbH
Mainzer Landstraße 199
60326 Frankfurt am Main

Gestaltung/Satz
Umschlag: F.A.Z.-Marketing/Grafik
Satz Innen: Ernst Bernsmann
Druck und Bindung: Messedruck Leipzig GmbH, Leipzig

Printed in Germany

Inhalt

Vorwort

Er konnte es keinem recht machen: Als der Unternehmer und Ex-Fußballer Jürgen Klinsmann 2004 die Betreuung der deutschen Nationalmannschaft übernahm, krempelte er das Management und die Organisation des stark kritisierten Teams radikal um, delegierte die Koordination der Trainings und Werbemaßnahmen an zwei weitere Partner und ergänzte das Training um regelmäßige Fitnesstests und individuelle Übungspläne für jeden Spieler. Nach dem Motto „Fördern und Fordern" bekamen junge Talente eine Chance, während sich auch die alten Hasen für Länderspiele immer wieder neu bewähren mussten. Aus der Wirtschaft bekannte Führungsmethoden hielten mit Klinsmann Einzug in den traditionell konservativen Fußball, und Klinsmann verlangte von den Spielern Eigenverantwortlichkeit.

Sichtbare Folge der Maßnahmen: Deutschlands Elf gefiel bereits nach kurzer Zeit durch ein risikofreudiges Offensivspiel, junge Nachwuchsspieler fanden ihren Platz in der Mannschaft. Spielsiege ließen nicht lange auf sich warten. Vor der WM hätten die wenigsten einen Pfifferling darauf gegeben, dass die deutsche Mannschaft über das Viertelfinale hinauskommt – und sie erreichte schließlich den dritten Platz. Trotz dieser Erfolge musste sich Jürgen Klinsmann ständig dafür rechtfertigen, was er tat und wie er es tat. Dass er auch noch seinen Wohnsitz in Kalifornien behielt und lange nur sporadisch in Deutschlands Fußballarenen zu sehen war, dass er sich außerdem nicht vereinnahmen ließ von Medien und Fußballwelt, fütterte den Zorn von Kritikern und Sportredakteuren.

Jürgen Klinsmann ist ein besonders prägnantes Beispiel dafür, dass es gerade die Führungspersönlichkeiten in der deutschen Öffentlichkeit schwer haben, die erfolgreich einen anderen, einen neuen Weg gehen. Die Eliten der Gesellschaft, die erfolgreichen Macher in Politik, Wirtschaft, Kultur oder Sport werden hierzulande besonders kritisch unter die Lupe genommen und stoßen oft auf Ablehnung. Das ist in anderen Ländern ganz anders, etwa in den USA, in Skandinavien oder in Großbritannien. Hier erfahren besondere Leistungen auch besondere Wertschätzung und spezielle Förderungen – in Schulen ebenso wie in Universitäten, im wirtschaftlichen Leben oder in der Politik. Die Folge: Diese Länder liegen im internationalen Vergleich vor Deutschland. Sie sind wirtschaftlich konkurrenzfähiger und politisch effizienter. Innovationen und Reformen werden hier schneller umgesetzt. Das Niveau der Arbeitslosenzahlen liegt in diesen Ländern niedriger und der Bildungsgrad von Schülern und Erwachsenen ist meist höher.

Deutschland braucht Erneuerung, um sich den Herausforderungen der Zukunft (Globalisierung, demografischer Wandel, Umwelt) zu stellen und im internationalen Wettbewerb mithalten zu können. Voraussetzung dafür sind neue Eliten, die das Land auf der Grundlage von Werten und Verantwortung führen. Das ist die zentrale These dieses Buches, mit der ich der Diskussion um Eliten in Deutschland neue Anstöße geben möchte.

Dieses Buch beginnt mit einer ausgedehnten Suche nach dem, was Elite heutzutage bedeutet. Die Bestandsaufnahme analysiert die gegenwärtige Situation von Politik, Wirtschaft und Gesellschaft in Deutschland und fragt nach dem aktuellen Verständnis von zentralen Begriffen wie „Werte“, „Ethik“ und „Verantwortung“. Die Überschrift „Neue Macher braucht das Land“ ist dabei Programm und Appell zugleich (Kapitel I). Im Anschluss geht es um eine kritische Auseinandersetzung mit den Eliten. Konsequentes Leistungsdenken und Gemeinwohlorientierung sind für mich kein Widerspruch, aber leider noch für viele Mitglieder der politischen und wirtschaftlichen Elite des alten Schlages. Gerade wenn eine Führungskraft diese beiden Punkte mit Selbstwahrnehmung und Selbstmanagement zu kombinieren weiß, kann sie dieses – vermeintliche – Dilemma auflösen (Kapitel II).

Viele reden heute von Reformen. Wer schafft aber die eigentliche Voraussetzung für eine Refom der Eliten, die erst möglich wird, wenn Werte gelebt, Spiritualität zugelassen und soziale Verantwortung praktiziert werden (Kapitel III)? Im Anschluss kommen Vorbilder zu Wort, die für mich Vertreter einer „neuen Elite“ sind:

- Prof. Claus Hipp (Hipp)
- Dr. Franz Ehrnsperger (Neumarkter Lammsbräu)
- Karl Ludwig Schweisfurth (Herrmannsdorfer Landwerkstätten Glonn)
- Wolfgang Grupp (Trigema)
- Dr. Heike Maria Kunstmann (Gesamtmetall)
- Prof. Dr. Klaus M. Leisinger (Novartis Stiftung für Nachhaltige Entwicklung)

Mein besonderer Dank gilt diesen Persönlichkeiten. Sie haben sich bereit erklärt, mir für dieses Buch ausführlich Rede und Antwort zu stehen. Die genannten Vorbilder bilden natürlich nicht allein „die neue Elite“. Weitere Unternehmer, Top-Führungskräfte, Professoren etc. könnten angeführt werden. So ist für mich beispielsweise Götz Werner, der die dm-Drogeriemärkte aufgebaut hat, ebenfalls ein wichtiger Repräsentant des neuen Denkens. Er war auch in der Online-Gesprächsreihe „In Führung gehen“ (www.in-fuehrung-gehen.de) der Akademie für Führungskräfte unser erster Interviewpartner.

Danken möchte ich an dieser Stelle auch meinen Mitarbeitern der Akademie für Führungskräfte sowie den Teilnehmern meiner Top-Leader Führungsseminare: Wieder einmal haben gerade sie mich in besonderer Weise inspiriert und ermuntert, dieses Buch zu schreiben. Und nicht zuletzt danke ich Dr. Bernhard Rosenberger und seiner Frau Dagmar Rosenberger sowie Eva Wolk für wertvolle Recherchen und redaktionelle Arbeiten.

„Elite ohne Ethik?“ stellt den Begriff Elite in einen historischen Zusammenhang, um das deutsche Unbehagen gegenüber seinen Eliten zu erläutern und für die Notwendigkeit eines neuen Verständnisses zu werben. Könnte nämlich die Gesellschaft den herausragenden Persönlichkeiten in ihrer Mitte mehr Wertschätzung und Vertrauen entgegenbringen, würde sie sich auch an ihnen orientieren und sie als Vorbilder akzeptieren. Das aber setzt Eliten voraus, die Werte wie Redlichkeit, Vertrauen, Ehre und Selbstbewusstsein hochhalten und sich für die sozialen Belange der Gesellschaft engagieren. Deutschland braucht entgegen der weit verbreiteten Meinung keine weiteren exklusiven Zirkel, sondern Menschen mit Ideen und Visionen für eine bessere Zukunft; Menschen, die auch bereit sind, diese Visionen umzusetzen.

Von Wertschätzung der Eliten kann jedoch gerade in Deutschland keine Rede sein. Umfragen zufolge empfindet hier nur eine Minderheit den Begriff „Elite“ als positiv besetzt, die Mehrheit steht ihm äußerst kritisch, wenn nicht gar negativ gegenüber. Diese Haltung ist nicht nur historisch gewachsen: Nach den bitteren Erfahrungen der NS-Zeit von 1933 bis 1945, während der beinahe alle Eliten versagten, und in Folge der Forderungen der 68er nach einer radikal veränderten Gesellschaft setzt das Land bis heute auf Chancengleichheit. Möglichst allen Schichten die gleichen Bildungs- und Karrierechancen zu ermöglichen, ist seither das anerkannte und verfolgte Ziel. Erreicht wurde es allerdings nie. Nirgendwo auf der Welt werden Karrieren so stark durch die soziale Herkunft der einzelnen Kandidaten geprägt. Eine Ursache für die aktuelle Starre, die in diesem Land herrscht.

Zu Recht reagieren die Bürger misstrauisch auf ihre Eliten. In jüngster Vergangenheit erschütterte eine Reihe von Skandalen in Wirtschaft und

Politik das Vertrauen in Unternehmenslenker und Staatsmanager. Da wachsen Gehälter und Diäten, während Angestellte und Bürger mit harten materiellen Einschnitten und tief greifenden Reformen konfrontiert werden. Da werden mit Nonchalance alle rechtlichen und steuerlichen Nischen ausgenutzt, auch wenn dieses Verhalten Staat und Gemeinwesen empfindlich schadet. Unternehmen fahren Rekordgewinne ein, und trotzdem planen ihre Manager den breit angelegten Stellenabbau. Langfristige Reformen und dringend nötige strukturelle Veränderungen werden den kurzfristigen und kurzsichtigen Interessen einzelner Gruppen geopfert. Und nicht zuletzt vertiefen leichtfertig dahingesagte Äußerungen (wie Hilmar Koppers Wort von den „Peanuts“) und Gesten ohne Feingefühl (wie Josef Ackermanns Victory-Zeichen) den Eindruck, dass die Top-Manager jede Bodenhaftung verloren haben. Kein Wunder, wenn sich Misstrauen und Argwohn gegenüber diesen Eliten durchsetzen – von Vertrauen in die Führung keine Spur.

Die Unfähigkeit der aktuellen Eliten und das Chancengleichheits-Ideal lähmen den gesellschaftlichen, politischen und wirtschaftlichen Fortschritt im Land. Deutschland braucht Denkanstöße, Veränderung – und neue Eliten: Klinsmänner in den verantwortlichen Positionen aller gesellschaftlichen Bereiche, die unprätentiös zupacken und sich dabei nicht nur um den Eigennutz und ihr Image in der Öffentlichkeit scheren; Politiker wie Angela Merkel, die auf dominantes Altherrengehabe und Machtspielchen verzichten und stattdessen Diskurs, Meinungsvielfalt und Kompromissfähigkeit suchen; Führungskräfte der Wirtschaft wie etwa Wendelin Wiedeking (Porsche), Götz A. Werner (Drogeriemarktkette dm) oder Franz Ehrnsperger (Neumarkter Lammsbräu), die nicht nur ihre Kunden, sondern auch ihre Mitarbeiter schätzen, die sich ihrer Verantwortung gegenüber Gesellschaft, Menschen und Natur, kurz: die sich ihrer Führungsverantwortung jederzeit bewusst sind. „Die Ethik der neuen Elite“ fordert somit einen Wandel im Menschen- und Führungsverständnis.[1]

Im Gegensatz zu den tradierten Oberschichten, die sich meist aus sich heraus erneuern, in der Regel einseitig von ihrem Umfeld profitieren und daraus besondere Positionen oder Vergünstigungen ableiten, lebt die neue Elite *mit* den Menschen, nicht von ihnen. Sie respektiert deren Bedürfnisse und Werte und fördert ihre Talente und Persönlichkeiten. Das setzt, noch vor besonderen Begabungen oder Spitzenleistungen, eine hohe Sozialkompetenz voraus sowie Achtung vor sich selbst – vor den eigenen Kräften ebenso wie vor den eigenen Grenzen. Wer mit sich selbst im Reinen ist, kann anderen Vorbild sein und Sinn stiften.

Eine Elite, die sich in Deutschland nicht (mehr) aus einer aus der sozialen Gemeinschaft herausgehobenen, sondern aus einer in sie integrierten Position definiert, so eine weitere zentrale These von „Elite ohne Ethik?“, braucht keine eigenen Schulen, Universitäten oder exklusiven Kaderschmieden – Vorstufen des späteren Elfenbeinturms, in den sich die Eliten dann zurückziehen.

Eliten dürfen gerade nicht die abgeschotteten, eigenen Zirkel sein, die man heute mit diesem Begriff verbindet. Eliten stellen die Pools für die künftige Führungsriege von Wirtschaft, Politik und Kultur dieses Landes, und als solche müssen sie ein Netzwerk aus leistungsbereiten, ideenreichen, ethisch denkenden Menschen bilden, die natürlich Führungsqualitäten, aber eben auch ein besonderes Pflichtbewusstsein gegenüber Staat und Gesellschaft einbringen und weiterentwickeln.

Sich für unternehmerische oder politische Ziele ohne Rücksicht auf die eigene Person mit ihren Stärken und Schwächen, Bedürfnissen und Grenzen zu verausgaben, ist kein Zeichen für gelebte Ethik, weil diese nicht selektiv angewendet werden kann. Sie bezieht auch Bereiche mit ein, die gerade Top-Manager gern vernachlässigen bzw. belächeln, zum Beispiel den der Spiritualität.

Wenn man den jüngsten Skandalen in den Machtzentralen von Wirtschaft und Gesellschaft überhaupt etwas Positives abgewinnen kann, dann dies: Sie haben die Elite-Diskussion neu entfacht. Jetzt muss der Begriff „Elite“ neu gedacht und mit ungewohnten Inhalten ausgefüllt werden. Dazu will dieses Buch seinen Beitrag leisten.

Daniel F. Pinnow Überlingen, im September 2007

I Gesucht: Die neue Elite

1 Neue Macher braucht das Land

Die Bilanz ist doch gar nicht so übel: Deutschlands Export weist seit einigen Jahren regelmäßig Rekordüberschüsse aus. Wir haben deshalb den Titel „Exportweltmeister“ verdient und liegen als solcher weit vor den Vereinigten Staaten, die zwar viel exportieren, aber noch mehr importieren müssen. Der Exportüberschuss in der deutschen Leistungsbilanz zeigt: „Made in Germany“ gilt in vielen Regionen der Erde nach wie vor als Zeichen höchster Qualität, und das nicht nur in den Branchen Autoindustrie oder Maschinenbau. Die deutsche Wertarbeit darf sogar etwas mehr kosten. Nach einer Studie der Wirtschaftsprüfungsgesellschaft Ernst & Young[2] bietet etwa jedes zweite mittelständische Unternehmen nach eigenem Bekunden seine Produkte und Dienstleistungen im höheren bis oberen Preissegment an. Geordert werden sie trotzdem.

Deutschland gilt nicht mehr wie früher als „Apotheke der Welt“ – gerade die Pharmaindustrie hat einen beispiellosen Niedergang erlebt und wird nur noch von einigen wenigen großen Firmen vertreten. Deutsche Ingenieure und Unternehmen setzen nun vermehrt Standards in der Solarenergie, in den Bereichen der Bio-, Gen- und Gesundheitstechnologie und in der Informations- und Telekommunikationstechnik. Etliche Staaten und Unternehmen sind beispielsweise an den technischen Grundlagen des anfangs viel geschmähten, inzwischen aber bestens funktionierenden Maut-Systems zur Abrechnung von Autobahngebühren interessiert. Es lässt sich nämlich auch sehr gut bei der Kontrolle von Warenströmen einsetzen.

In keinem Land ist der Exportanteil in den vergangenen Jahrzehnten so stark gestiegen wie in Deutschland. Das Land profitiert folglich wie kein anderes von der Globalisierung und hält offensichtlich im internationalen Wettbewerb sehr gut mit. In vielen Branchen gehören deutsche Unternehmen zur Weltspitze. Sie erzielen im Vergleich zu ihren Konkurrenten die höchsten Umsätze oder sind an den Weltbörsen besonders gut notiert. Unternehmen wie BASF (Chemie), TUI (Tourismus/Gastronomie), Deutsche Post (Logistik), Allianz (Versicherungen) oder RWE (Energie) zählen in ihren Branchen zu den Größten; im Handel, in der Software-Entwicklung und in der Luftfahrt finden sich unter den Top Ten der Welt ebenfalls deutsche Namen.

Ein anderes Beispiel: neue Patente. Pro Million Einwohner und Jahr registriert und patentiert die zuständige Behörde in Deutschland etwa 140 Erfindungen. Weltweit gesehen rangiert Deutschland damit zwar auf keinem Spitzenplatz, aber innerhalb Europas noch weit vor Großbritannien oder Frankreich. In Sachen Innovationsfähigkeit erreichte das Land im Jahr 2004 im *Global Competitiveness Report* des renommierten *World Economic Forums*, der in verschiedenen Disziplinen die Wettbewerbsfähigkeit der Nationen überprüft und vergleicht, einen respektablen achten Platz. Noch besser steht Deutschland da, wenn es um die Konkurrenzfähigkeit von Geschäftsmodellen und Unternehmen geht: Hier liegt laut *Konkurrenz-Report* 2005 das Land nach den USA und Finnland an dritter Stelle.

Deutsche Führungskräfte sind auch nicht vorwiegend „Nieten in Nadelstreifen" (Günter Ogger) – ganz im Gegenteil. Wegen ihrer guten Ausbildung in Hochschulen und Unternehmen sind sie in anderen Ländern sehr begehrt. Von den Europäern, die im Ausland eine Spitzenposition bekleiden, stellen die Briten 32 Prozent, die Deutschen 29 Prozent, die Italiener und Franzosen jeweils 9 Prozent. Im Vergleich zu den Kollegen aus anderen Nationen haben jedoch die britischen Spitzenkräfte ein ungleich leichteres Spiel: Vorzugsweise in den USA eingesetzt, müssen sie beispielsweise keine neue Sprache lernen.

Weitere Erfolgsnachrichten „Made in Germany": In der Außenpolitik gewinnt das Land an Gewicht. Die Bundeswehr ist an vielen Brennpunkten der Welt daran beteiligt, neue Infrastrukturen aufzubauen oder in Konflikten zu schlichten. Die verlässliche Europa-Politik der letzten Jahrzehnte, das klare „Nein" zum Irak-Krieg im Jahr 2002 und die vielfältigen außenpolitischen Bemühungen um diplomatische Lösungen gerade in den schwelenden Nahost-Konflikten haben 60 Jahre nach dem Zweiten Weltkrieg zu einer hohen Reputation Deutschlands in der internationalen Politik geführt. Unser Land hat sich als vertrauenswürdiger, zuverlässiger Partner für andere Nationen profiliert und arbeitet, unter anderem gemeinsam mit Frankreich, an einer neuen Gewichtung von Europa in der Weltpolitik.

Nicht anders in der Kultur: Deutsche Regisseure, Kameraleute und Schauspieler sind seit einigen Jahren regelmäßig auf den Auszeichnungslisten der internationalen Filmindustrie zu finden. 2006 waren der Film über die Widerstandskämpferin Sophie Scholl, „Die letzten Tage", und seine Hauptdarstellerin Julia Jentsch für den Oscar nominiert. 2007 hieß es hoch verdient „And the oscar goes to Germany" für das Stasi-Drama „Das Leben der anderen".

Design aus Deutschland – egal ob für Möbel, Mode oder Maschinen – hat ebenfalls einen anerkannten Spitzenplatz im internationalen Vergleich erreicht. Last but not least hinken die Deutschen auch im sportlichen Vergleich nicht hinterher: Bei den Olympischen Winterspielen 2006 etwa belegte das deutsche Team nach Anzahl der Medaillen den ersten Platz. Und bei der Handball-WM 2007 erkämpfte sich das deutsche Team zur Überraschung vieler den ersten Platz.

Diagnose: nationale depressive Verstimmung

Nüchtern betrachtet, kann Deutschland auf der Haben-Seite also einiges für sich verbuchen. Es hat in den vergangenen Jahren nicht wenig geschafft und für die Zukunft viel zu bieten. Doch davon ist zwischen Rügen und Lörrach und zwischen Rhein und Oder noch zu wenig zu hören oder zu lesen. Ganz im Gegenteil: Es wird ausdauernd geklagt, gestritten, gehadert. Nicht nur der Wirtschaftswissenschaftler Peter Bofinger beobachtet eine „deutsche Jammerdepression“[3].

Werfen wir jedoch auch einen Blick auf die andere Seite der Bilanz: Deutschland steht vor großen Herausforderungen: Wirtschaftlich geht es bei allen Erfolgen nur mühsam voran. Vor allem die Binnenkonjunktur kommt noch immer nicht recht in die Gänge, und über sechs Millionen reale Arbeitslose suchten 2006 nach neuer Beschäftigung. Die Sozial- und Gesundheitssysteme bedürfen weit reichender Reformen, die Überalterung der Gesellschaft bringt gewaltige neue Probleme mit sich, und die Brücke zwischen den neuen und alten Bundesländern ist 17 Jahre nach der Einigung noch immer recht fragil.

In Unternehmen oder im Privatleben mobilisieren große Krisen einen starken Veränderungswillen und Reserven, sie setzen Kreativität und die Lust zum Zupacken frei. Bei gesellschaftlichen Krisen scheint das in unserem Land nicht zu funktionieren: Unsicherheit, Angst und Phlegma herrschen vor. Im Gegensatz zu anderen Nationen, die im internationalen Vergleich deutlich schlechtere Karten haben als unsere, die ihre Zukunftsfragen aber offensiv angehen und erfolgreiche Lösungen praktizieren, wird hier vor allem anhaltend über die Ursachen und die Schuldigen diskutiert. Die Feindbilder sind vielfältig: Mal sind es die „Heuschrecken“, die den kleinen Mann in die Arbeitslosigkeit treiben, dann sind es die Akademikerinnen, die einfach keine Kinder mehr kriegen wollen und damit unser Rentensystem torpedieren. Die Liste ließe sich endlos fortsetzen. „Unsere Gesellschaft“, schrieb der SPD-Politiker und Bildungsexperte Peter Glotz vor wenigen Jahren, „bewegt sich in Kulturkämpfen voran.“[4]

Tatsächlich wird in Deutschland lieber ge- und zerredet statt angepackt. Zu beobachten ist dabei in allen gesellschaftlichen Bereichen und Schichten eine steigende Intoleranz gegenüber anderen Meinungen, die den Weg zu Verständnis und gesellschaftlichem Konsens verbaut. Die von Glotz geschilderten Kulturkämpfe sind eine Folge daraus. Inzwischen bringen sie uns nicht mehr voran, sondern enden in Stagnation und Verunsicherung. Statt fruchtloser Auseinandersetzungen braucht Deutschland Visionen und vor allem Macher. Menschen, die die Stärken dieses Landes erkennen und zum Vorteil möglichst vieler auch zu nutzen verstehen. Das heißt: Deutschland braucht Eliten. Führungszirkel, die sich nicht mehr länger ausschließlich durch Herkunft, Bildungsgrad oder Positionen rekrutieren, sondern vor allem durch eigene Leistung auf der Grundlage von Werten und durch persönliche Vertrauenswürdigkeit auszeichnen und auch Vorbilder sind.

„Mögen hätten wir schon wollen, aber dürfen haben wir uns nicht getraut" – diesen Satz Karl Valentins wollen wir uns doch gar nicht vorhalten lassen. Wir sind bereit, mehr Eigenverantwortung zu übernehmen für unsere eigene Absicherung und die der Familie; wir begreifen, dass Einschränkungen auch in der staatlichen Fürsorge sein müssen zur Sanierung leerer Kassen. Aber es fehlen klare Vorstellungen, wohin Deutschland eigentlich steuert. Wie sieht die Zukunft denn genau aus in einem schlankeren Staat? Das müssen die Reformer dem Bürger konkret aufzeigen und klar kommunizieren können, wenn sie seine Zustimmung wollen. Um wie viel mehr der Staat die wirklich Schwachen schützen und fördern kann, wenn er mehr Eigenleistung von den Berufstätigen, den Älteren, auch von den Arbeitslosen fordert – auch das wurde den Menschen in Deutschland bisher nicht ausreichend verdeutlicht. Und keiner wird die enormen Chancen des internationalen Handels oder der Globalisierung sehen, wenn er nur über deren Nachteile informiert wird und in der Konsequenz anfängt, auch um den eigenen Arbeitsplatz und die eigene Existenz zu bangen.

Eine Kultur der Angst

Fehlen jedoch Visionen und Ziele, dann mangelt es auch an intelligenten Lösungen und Vertrauen. „Wo Vertrauen fehlt, regiert Unsicherheit, ja Angst. Angst vor der Zukunft ist der sicherste Weg, sie nicht zu gewinnen", stellte der ehemalige Bundespräsident Johannes Rau in seiner viel beachteten und zitierten Abschiedsrede am 1. Juli 2004 fest.[5] „Angst lähmt die Handlungsfähigkeit und trübt den Blick für das, was in Staat und Gesellschaft tatsächlich grundlegend verändert werden muss, was neuen Bedingungen angepasst werden muss und was auf jeden Fall bleiben muss."

Angst und Unsicherheit bereiten auch in vielen Unternehmen den Boden für Misserfolg. Aber im Gegensatz zur Politik hat die Wirtschaft inzwischen neue Führungsstrategien und -methoden entwickelt, die zu mehr Engagement und Leistung unter den Angestellten führen. Besonders zukunftsfähig ist hier der Ansatz der systemischen Führung in seiner Ganzheitlichkeit, Flexibilität und Menschennähe[6] (vgl. Kapitel III, 2 und Kapitel IV, 3). Noch hat er sich nicht in jeder Führungsetage etabliert – die Blockaden gegen das Neue lassen sich erfahrungsgemäß nur langsam abbauen. Doch wo Verantwortung gezielt delegiert, wo Teamarbeit gefördert und eine beziehungsorientierte Unternehmenskultur entwickelt und gelebt wird, zeigen sich schnell veritable Erfolge.

Die meisten neueren Managementstrategien lassen sich auf einen Nenner bringen: Sie basieren auf klaren Vorstellungen und Zielen, auf erfolgreicher Kommunikation, auf Vertrauen und stabilen Beziehungen. „Von Vertrauen wird geredet, wenn es vermisst wird“, stellt der Managementberater Reinhold Sprenger mit Blick auf die Stimmung in Unternehmen fest, und: „Je mehr über Vertrauen gesprochen wird, desto schlechter ist die Lage.“[7] Das gilt für die Atmosphäre in Politik und Gesellschaft ganz genauso. Auch hier fehlt es an Perspektiven, an sachlicher Information und dementsprechend an Vertrauen. Dieser Mangel bildet aber nicht nur die Grundlage für die schlechte Lage, sondern ist auch Herausforderung und Chance für Macher und Eliten.

2 Perspektivenwechsel: Schluss mit der Schlechtmacherei

Den Deutschen ist das Vertrauen in Staat und Wirtschaft abhanden gekommen. Nie war die Politikverdrossenheit größer als heute. Das schlägt sich vor allem in einer niedrigen Wahlbeteiligung nieder. Auch in den Unternehmen registrieren Berater, Soziologen und Meinungsforscher einen wachsenden passiven Widerstand: Studien zufolge haben sich etwa zwei Drittel der Angestellten innerlich schon von ihrem Arbeitgeber verabschiedet, weil sie persönliche Perspektiven, den fruchtbaren Dialog mit ihrem Chef oder nachvollziehbare Strategien vermissen; lediglich ein Viertel der Beschäftigten geht morgens gerne zur Arbeit. Die Ursachen dafür liegen in einer generellen Orientierungslosigkeit, im wachsenden Misstrauen gegenüber den Führungsgruppen sowie im fehlenden Elitebewusstsein unter den Jüngeren. Der Widerstand gegen unzureichend erklärte Reformen wächst ebenso wie die generelle Meinungslosigkeit über vorhandene Zukunftschancen.

Wie vielen Unternehmen fehlen auch dem Staat die Visionen für die Zukunft. Vor allem fehlt es aber den Bürgern an umfassenden und sachlichen Informationen zur Lage ihrer Nation. Die hat sich in den vergangenen Jahrzehnten immer schneller verändert, der Alltag wurde unübersichtlicher, anspruchsvoller, belastender. Medien und Spitzenvertreter aus Politik und Wirtschaft üben sich seit geraumer Zeit vorwiegend im Schwarzmalen und in der Einseitigkeit. „Schlechte Nachrichten versprechen in der Regel die höhere Auflage oder die bessere Einschaltquote", weiß der Wirtschaftswissenschaftler Peter Bofinger[8], und: „Zur allgemeinen Verunsicherung tragen aber auch Vertreter von Unternehmensverbänden bei, die selbst vor ausländischem Publikum nicht zurückschrecken, das eigene Land zu kritisieren." Auch die Gewerkschaften mit ihren ritualisierten, am längst überholten Industriearbeitermodell orientierten Kämpfen schüren Misstrauen und Missgunst und vergiften die Loyalität der Mitarbeiter gegenüber ihrem Unternehmen.

Viele Konzerne leisten allerdings auch ihren Beitrag zur Zerstörung der Beziehung von Mitarbeiter- und Führungsebene: Sie rechnen Rekordgewinne klein, um besser begründen zu können, dass sie für zukünftige wirtschaftliche Erfolge weitere Beschäftigte entlassen müssen. Und hinter dem Exportgewinn, das wollen verschiedene Wirtschaftsforscher und Kommentatoren weismachen, stünden vor allem Billigarbeitsplätze im Nahen oder Fernen Osten. Dass die These von der „Basarökonomie" in Deutschland kaum durch Zahlen zu belegen ist – die inländische Wertschöpfung an Exportartikeln sank auch als Folge zunehmender Globalisierung von 1995 bis 2002 von 70 auf knapp 62 Prozent – wollen manche Wissenschaftler und Medienvertreter offenbar nicht wahrnehmen.

Den Menschen wiederum brechen über solchen Informationen die Orientierungsmarken und Ankerpunkte im Alltag weg. Die starke deutsche Wirtschaft erscheint ihnen seit einigen Jahren marode und krank. Das ständige Miesmachen verschlechtert die Stimmung und vertieft Unsicherheiten. Dabei weiß jeder, dass Erfolg nicht nur in der Wirtschaft zu mindestens 50 Prozent aus Psychologie und nicht etwa aus Können besteht. Und wenn stets auf die Schwächen im System gepocht wird, treten die Stärken zwangsläufig in den Hintergrund.

Das verzerrte Bild eines „No future"-Deutschland am Abgrund, das bis vor einiger Zeit noch vorherrschte, ist jedoch neuem Optimismus gewichen. Der Alltag in vielen mittelständischen Unternehmen, Behörden, Schulen oder Universitäten weist auf eine positive Tendenz hin: Beinahe unbeachtet entstehen hier täglich neue Techniken und Produkte, bilden sich über Grenzen und Konkurrenzen hinweg neue Partnerschaften und Kooperationen, entzerren sich langsam Hierarchien, entwickelt sich Servicedenken, werden Lehrpläne entrümpelt. Und immer mehr Studenten verfolgen bereits während des Studiums originelle Geschäftsideen oder internationale Karrierewege. Die Stimmung ist schlechter als die Lage – und die Lage ist schwer zu beschreiben.

Um dem öffentlich zelebrierten Pessimismus etwas entgegenzusetzen, hilft es nicht weiter, dass die Menge der Informationen und Medien ständig wächst. Das sorgt nur für noch mehr Verwirrung, denn die meisten Zeitschriften, Zeitungen und TV-Sendungen folgen dem negativen Urgesang und der Vereinfachung oder Verkürzung von Inhalten. Viele Journalisten haben überdies längst die kritische Distanz zu den „Objekten der Berichterstattung" – Politikern wie Führungskräften in der Wirtschaft – verloren. Statt zu beobachten, zu dokumentieren und zu kontrollieren, wollen sie selbst politisch gestalten und mischen daher kräftig mit in der Kakophonie aus Misstrauen und gegenseitigen Vorwürfen, die das politische und wirtschaftliche Führungspersonal so gerne anstimmt.

Das wird ihnen allerdings auch allzu leicht gemacht, denn die bestehenden Eliten sind sich offenkundig selbst nicht einig, wie es weitergehen soll. Traut sich einmal ein Politiker mit eigenen Ideen aus der Deckung oder interpretiert ein Wissenschaftler die allgemeine Situation positiver als der Rest, werden solche Sichtweisen kaum reflektiert und der Öffentlichkeit nicht gründlich erläutert, sondern gleich zur Kritik frei gegeben. Was zählt, ist die Aufregung, die so entsteht. Sie bringt Aufmerksamkeit und damit Profit – und morgen wird eben die nächste Idee durch den Reißwolf der medialen Meinungsmache gejagt: Statt sie zu analysieren, zitieren die Medienvertreter lieber die prominenten Sprecher der Opposition oder im Unternehmerlager, die grundsätzlich immer dagegen sind, wogegen auch immer. Der Staatsmann schießt zurück, indem er neuerdings auf den fehlenden Gemeinsinn der Wirtschaftslenker hinweist oder Skandale aus den oberen Etagen zum Anlass nimmt, sich beim Wahlvolk mit kaum realisierbaren Forderungen zu profilieren. Doch das öffentliche Streiten trägt weder zur Aufklärung der Bürger noch zu konstruktiven Lösungen bei.

Wenn vorhandene Ideen nicht mehr sachlich überprüft und diskutiert werden, wenn nur noch Gegen- und Widerreden Schlagzeilen machen und Nachrichten einseitig bewertet werden, nimmt die Orientierungslosigkeit zu. Die notwendige öffentliche Auseinandersetzung verschiedener Führungszirkel und Meinungsbildner wird der kurzfristigen Aufmerksamkeit und der schnellen Vermarktung simplifizierter Thesen geopfert. Das endet im Streit – führt aber nicht zu den Visionen, die unser Land so dringend braucht.

Gute Nachrichten

Vor allem aber gehen im allgemeinen Missklang die Erfolgsgeschichten unter, etwa die von den versteckten Weltmarktführern aus dem Mittelstand oder die von findigen Gründern, die Arbeitsplätze schaffen. Als Beispiele wären das Maschinenbau-Unternehmen Trumpf aus Ditzingen bei Stuttgart, die Internetgruppe United Internet aus dem rheinland-pfälzischen Montabaur oder Q-Cells aus Thalheim bei Bitterfeld, die leistungsstarke Solarzellen produzieren, zu nennen. Auch könnte man Manager wie Adi Drotleff vom bayerischen Software-Entwickler Mensch und Maschine vorstellen, der mit seinen Mitarbeitern ein eigenes transparentes und demokratisches Vergütungssystem entwickelt hat, oder das Vorstandsteam um Ekkehard Gericke und Eberhard Veit vom Automatisierungsspezialisten Festo, das sich bereits den demografischen Herausforderungen stellt. Oder man könnte die Ämter und Behörden präsentieren, die sich heute schneller als früher bewegen und gezielter den Bürger unterstützen.

Jenseits von Sparwut und tiefen Einschnitten lassen sich bereits die ersten Wegweiser in eine viel versprechende Zukunft ausmachen, und dies in allen gesellschaftlichen Bereichen. Nur müssten sie stärker ins öffentliche Bewusstsein rücken. Eine größere Präsenz und eine Aufwertung dieser Ansätze in den Medien würde mehr Mut machen und den bestehenden Reformbedarf erklären – und zudem den Kontakt von Reformern und Umsetzern untereinander initiieren und zur gegenseitigen Unterstützung von Ideen und Innovationen führen.

Das eindimensionale Bild, das die Medien vermitteln, bewirkt stattdessen ein wachsendes Misstrauen gegenüber den Führungskräften in Politik und Wirtschaft. „Die da oben“ scheinen jeglichen Kontakt „zu denen da unten“ verloren zu haben. Immer wieder ist über Politiker und Experten zu lesen, die sich für kleinliche Interessen von Lobbyisten und Verbänden kaufen ließen. Viele Manager scheinen mehr mit der Durchsetzung von Privilegien und Versorgungsansprüchen beschäftigt zu sein als mit neuen Geschäften oder Zukunftsstrategien. Statt die Richtung vorzugeben, belasten sie sich gegenseitig mit Vorwürfen oder schießen sich gemeinsam ein auf die überzogenen Erwartungen von Bürgern, auf deren Faulheit und Desinteresse. Wen wundert, dass die Deutschen ihren Führungsriegen das denkbar schlechteste Zeugnis ausstellen?

So geschehen im Jahr 2004, als das internationale Gallup-Institut weltweit rund 50.000 Menschen über die Vertrauenswürdigkeit ihrer Politiker und Wirtschaftslenker befragte. Besonders hoch war das Misstrauen in Deutschland: 76 Prozent der Befragten hielten die Politiker für unehrlich, 70 Prozent nannten die Manager unaufrichtig und egoistisch. 80 Prozent wiederum meinten, die Macht der Unternehmenslenker sei viel zu hoch.[9] Nur in Albanien oder Costa Rica haben Politiker und Unternehmer ein noch schlechteres Image.

Wie so oft in der Geschichte der Republik (vgl. Kapitel II, 2) fühlen sich in Deutschland die Menschen von ihren Eliten wieder einmal verraten. Es ist auch kaum zu vermitteln, dass Politiker und Wirtschaftslenker von Bürgern und Angestellten materielle Einschnitte und mehr Leistung verlangen, aber selbst nicht bereit sind, ihr persönliches Scherflein zu den Reformen beizutragen. Während die Bezüge und Diäten von Vorständen, Führungskräften oder Politikern in den vergangenen Jahren regelmäßig gestiegen sind, nehmen sie bei den Arbeitern und Angestellten seit Jahren stetig ab, und auch die Rentner müssen mit einer Absenkung ihres Alterseinkommens rechnen.

Nicht zuletzt zeigen die eingeschlagenen Lösungswege, vor allem das strikte Sparen und die harten Einschnitte in der Sozialversorgung, in der Regel nicht die erhofften Wirkungen. Selbst durch erhebliche Einsparungen und höhere Zuzahlungen im Gesundheitsbereich konnten die Sozialabgaben auf die Löhne bisher nicht dauerhaft gesenkt werden. Die knapper bemessene Höhe von Arbeitslosengeld und -hilfe entlastete bisher nur kurzfristig die öffentlichen Kassen, doch die geänderten Regeln schufen neue Härtefälle. Ältere Arbeitslose, die bereits Jahrzehnte für ihre Absicherung bezahlten, beklagen sich zu Recht darüber, dass ihre Ansprüche sinken, wenn Unternehmen sie auf dem Arbeitsmarkt ignorieren und aussortieren.

Haben Politiker nicht jahrzehntelang die demografische Entwicklung missachtet und die Sicherheit der Renten betont? Galt die deutsche Wirtschaft nicht gerade noch als besonders stark und wettbewerbsfähig? Wurde nicht aus den nun gebeutelten sozialen Kassen sogar die deutsche Einheit finanziert? Waren es also nicht die Eliten selbst, die uns die salzige Suppe eingebrockt haben und nun herbe Einschnitte fordern?

Verständigungsschwierigkeiten

Zur wachsenden Orientierungslosigkeit in einer sich immer schneller wandelnden Welt addiert sich der Vertrauensverlust gegenüber den

Führungskräften und ihren Lösungsvorschlägen. Die Kluft zwischen den sozialen Schichten wird größer, auch weil sich Führung und Geführte heute nicht mehr verstehen. „Die Eliten rufen nach Reformen, sie beklagen das Elend des Landes, sie diskutieren wortreich, was zu tun sei – aber für die meisten Deutschen reden sie in fremden Zungen", stellt Markus Reiter in der Stuttgarter Zeitung fest.[10] „Der gesellschaftliche Dialog funktioniert schon auf der untersten Ebene nicht, der sprachlichen." Das Verständnis für Reformen in Politik und Unternehmen fehlt, wenn ihre Wirkung nicht erläutert und an angestrebten Zielen festgemacht wird.

Die in Stellenanzeigen so oft geforderten „Soft Skills" oder „Kommunikationskompetenzen" sind für die meisten Leser ebenso aufgeblasene Worthülsen wie manch neue Berufsbezeichnung. Als Managementberater in Unternehmen und von Führungskräften bekomme ich auf der Suche nach den Gründen, weshalb Projekte scheiterten, oft zuallererst den Begriff „Kommunikationsschwierigkeiten" zu hören. Doch die Ursachen liegen oft gerade nicht in Missverständnissen, sondern in Fehleinschätzungen von Ressourcen und Möglichkeiten.

Gerade bei wirtschaftlichen und finanziellen Themen sind die Deutschen oft noch nicht umfassend informiert. Dass der so genannte Kleinsparer gerade mal mit der Geldanlage in Aktien oder Optionen begonnen hat und sich dabei mit für ihn ganz neuen wirtschaftlichen Zusammenhängen auseinandersetzt, haben Manager wie Politiker offensichtlich schon wieder vergessen: „Die heute Mächtigen sind groß geworden mit einem Jargon der Betriebswirtschaft, des Marketings, der Sozialwissenschaften. In Selbstbezogenheit kreisen sie sprachlich nur um sich selbst", führt Reiter weiter aus, und: „Wenn die wirtschaftliche und politische Elite in Deutschland beklagt, dass die Menschen die Notwendigkeit von Reformen nicht verstehen, dann kann man das durchaus wörtlich nehmen: Sie verstehen sie schlichtweg nicht, weil die Gründe und Folgen unverständlich formuliert sind."

Die nächste Generation

Vermittlung ist gefragt: Leitbilder, die dem unbekannten Neuen ein Gesicht geben könnten, und Brückenbauer. Es bleibt zu hoffen, dass die Jüngeren, die jetzt und in den nächsten Jahren die Zügel in die Hand nehmen, diese Rolle ausfüllen werden. Ob sie das allerdings tun, ist fraglich: Elitebewusstsein haben diese Generationen der Wohlstandsjahre gerade nicht ausgebildet. Näher betrachtet, stellen sich die allgemeine Orientierungslosigkeit und die Klagen über das Führungsverhalten auch als Auswirkungen eines Generationswechsels dar, der sich gerade in Politik und Wirtschaft vollzieht und mit einem neuen Führungsverständnis einhergeht.

Hier wie dort übergeben die noch im Krieg Geborenen, die heute 60- bis 70-Jährigen also, allmählich das Zepter an die Jüngeren, die heute 40- bis 50-Jährigen. Gleichzeitig verändern sich gewohnte Macht- und Industriestrukturen. Schritt für Schritt entwirrt sich etwa das Netz aus gegenseitigen Beteiligungen und persönlichen Abhängigkeiten der Deutschland AG. Es ist nicht mehr selbstverständlich – siehe Jürgen Schrempp von DaimlerChrysler oder Wolfgang Urban von Karstadt-Quelle –, dass der Vorstandsvorsitzende nach seiner Amtsperiode automatisch an die Spitze des Aufsichtsrats wechselt. Wegbegleiter aus vergangenen Tagen werden nicht mehr unter allen Umständen mitgezogen oder protegiert; wichtige Positionen werden weniger aufgrund von persönlichen Beziehungen und mehr unter Berücksichtigung von Kompetenzen und betrieblichen Erfordernissen vergeben.

Deutschland befindet sich im Umbruch. Der anstehende Generationswechsel in den Führungsetagen von Politik und Wirtschaft wird bei der Analyse der herrschenden Orientierungslosigkeit, aber auch beim wachsenden Vertrauensverlust der Eliten gerne übersehen. Er erklärt jedoch einiges – vor allem das zu beobachtende Zaudern der Jüngeren vor Macht und Einfluss: „Denn entgegen einer weit verbreiteten Auffassung genügt es nicht, wenn die Leistung stimmt", stellen die beiden Unternehmensberater Klaus-Peter Gushurst und Gregor Vogelsang von Booz-Allen-Hamilton fest.[11] „Eliten müssen sich ebenso um die Bereiche Einfluss und Orientierung kümmern." Das jedoch fällt den heute Mittfünfzigern und ihren jüngeren Kollegen besonders schwer. Sie haben diese Aufgabe nicht gelernt und lehnen sie oft sogar aus Gründen ab, die mit der Geschichte Deutschlands zu tun haben. Näher betrachtet braucht Deutschland nicht nur Macher und neue Eliten, noch stärker gefragt ist ihr Bewusstsein für ihre Leit- und Vorbildfunktion.

In der Wirtschaft verkörpern die Vorstandsvorsitzenden von Dax-Konzernen, Thomas Middelhoff (Karstadt-Quelle), Dieter Zetsche (DaimlerChrysler) oder Michael Dieckmann (Allianz) den angesprochenen Stabwechsel. Auch im Mittelstand haben bereits vielerorts Jüngere das Steuer übernommen. Ihnen allen gemeinsam ist, dass sie mitten in den Aufbaujahren der jungen Republik geboren und von den politisch-kulturellen Auseinandersetzungen der 60er Jahre beeinflusst wurden. Diese historische Zäsur brachte einen prägnanten Wertewandel in die Gesellschaft. Traditionen, Gewohnheiten und Autoritäten wurden in Frage gestellt und auch von jenen neu interpretiert, die nicht zu den Vorreitern der 68er gehörten.

Es entwickelten sich die Ideale von Chancengleichheit, Offenheit, Individualismus und Freiheit. Werte, die die Politik aufgriff und in vielen Gesellschaftsbereichen, besonders aber in der Bildung, im Kulturbetrieb sowie in Unternehmen umzusetzen versuchte. „Man sollte sich nicht darüber täuschen, dass Standards, die noch in den 60er Jahren nur von Außenseitern bestritten wurden, massenhaft in Zweifel gezogen sind", erläutert Peter Glotz in seiner Zustandsbeschreibung der heutigen Gesellschaft.[12] „Dazu kommt, dass die Kulturrevolution von 1968 zwar einerseits fragwürdige autoritäre Fixierungen aufgelöst, andererseits aber auch Halt gebende Selbstverständlichkeiten zersetzt hat."

Abgesehen davon, dass die Chancengleichheit bisher weder im Schul- noch im Arbeitsalltag befriedigend gelungen ist, gelten Macht und Einflussnahme heute für den Einzelnen nicht mehr als erstrebenswerte Werte. Im Gegenteil: Privilegien und Positionen sind seither generell der Unrechtmäßigkeit oder Ungerechtigkeit verdächtig. Folglich definiert sich ein großer Teil der gegenwärtigen Eliten selbst nicht als Elite oder Vorbild für andere. Auch das verstärkt die allgemeine Richtungslosigkeit und Unsicherheit.

Die alten Führungszirkel, die nun sukzessive abgelöst werden, sind noch in einem anderen Umfeld groß geworden. Die Lebensläufe von Politikern wie Gerhard Schröder (SPD), Wolfgang Schäuble (CDU) oder Wolfgang Gerhardt (FDP), aber auch von Unternehmenslenkern wie dem ehemaligen Chef von Karstadt-Quelle, Walter Deuss, sind von den erlittenen Entbehrungen in Kindheit und Jugend gezeichnet. Verständlich, wenn sie viel Wert auf Aufstieg, Positionen und auch die damit verbundenen Privilegien oder Sicherheiten legen und diese im Alter manchmal sogar verbissen verteidigen. Nicht anders ist beispielsweise das öffentliche Ausrasten von Gerhard Schröder nach seiner Abwahl 2005 zu erklären. Mit Verve verteidigte der Politiker über Tage hinweg seine Stellung und interpretierte die Niederlage als Sieg: ein Machthungriger, der sich dagegen wehrte, Einfluss abgeben zu müssen. Oder Walter Deuss, der durchaus die Grundlagen geschaffen hatte für die wirtschaftlichen Schwierigkeiten des Handelskonzerns Karstadt, der aber dennoch von seinen Ansprüchen nicht abzurücken vermochte. Per Gericht setzte er Anfang 2006 durch, dass das angeschlagene Unternehmen auch noch die Überstunden seines Chauffeurs zu bezahlen hatte.

Anders die neue Riege: Im Vergleich zu ihren jeweiligen Vorgängern wirken die neuen Spitzenkräfte der Dax-Konzerne schon äußerlich dynamischer und lockerer als jene bei ihrer eigenen Inthronisation. Dieter Zetsche beispielsweise gilt als unprätentiöser Macher, der im Gegensatz zu seinem poltrigen Vorgänger Jürgen Schrempp wenig Wert legt auf Eitelkeiten und Privilegien und der auch im persönlichen Umfeld durchaus Kritik oder eine eigene Meinung zulässt. Vergleichbares ist auch in der Politik zu beobachten. Mit Angela Merkel (CDU) betrat dabei nicht nur eine Frau, sondern auch eine in den Nachkriegsjahren in der ehemaligen DDR Aufgewachsene die Bühne der Spitzenpolitiker.

Doch mit Einflussnahme und Vorbildfunktion tut sich diese Generation schwer. In der Regel gut ausgebildet, größtenteils aufgewachsen im Widerstand gegen Autoritäten und dann gegen die 68er, fehlt dieser noch relativ jungen Elite das Verständnis für die Menschen am Rand der Gesellschaft, aber auch für das deutlich höhere Bedürfnis nach Sicherheit der Älteren. Gewohnt, eigene Wege zu gehen, Chancen zu nutzen und überbordender Bürokratie auszuweichen, fällt es diesen jüngeren Eliten schwer, sich einzufühlen und mitzureißen. Zumal die Kulturrevolution der 60er Jahre neue Auswahlkriterien und Voraussetzungen zur Elitenbildung schuldig blieb. Wer zählt denn heute zur Elite – und vor allem warum?

Zwei Fragen, die es zu klären gilt und zu denen auch dieses Buch seinen Beitrag leisten will. Es soll außerdem dabei helfen, denjenigen, die zur Elite gehören, ihre Aufgaben bewusst zu machen: Sie haben heute mehr denn je eine Vorbildfunktion, die darin besteht, Richtung und Sinn aufzuzeigen und Brücken zu schlagen zwischen den Standpunkten. Daraus ergibt sich auch eine Forderung an das Bildungssystem: Statt weiterhin die Gleichbehandlung aller zu postulieren und damit ein Ziel zu verfolgen, das niemals realisiert wurde, ist es an der Zeit, Kinder, Jugendliche und junge Erwachsene individueller zu fördern und auch zu fordern. Vor allem aber müsste bereits das Kind lernen, dass Begabung und Leistung auch eine Verpflichtung gegenüber den anderen beinhaltet – die Pflicht nämlich, Vorbild zu sein und Schwächere zu unterstützen.

Deutschland steht vor gewaltigen Herausforderungen. Es motiviert allerdings nicht dazu, sie anzupacken, wenn uns ständig das Lamentieren über Schwächen in den Ohren klingt. Wir müssen vielmehr die überall vorhandenen Stärken herausstellen. Das Land braucht Visionen und Vorbilder, eine neue Elite und vor allem Macher, die Lösungen finden und vorantreiben wollen.

3 Das muss anders werden! Herausforderungen für die neuen Macher

In Deutschland, so stellt das Statistische Bundesamt in Wiesbaden fest, hat sich die Lebenserwartung in den letzten 130 Jahren mehr als verdoppelt. Für den Geburtenjahrgang 1871 ist ein Durchschnittsalter von gerade mal 40 Jahren verzeichnet; die 2004 geborenen Menschen können darauf hoffen, über 80, teilweise sogar über 90 Jahre lang zu leben. Ein Großteil der Menschen wird mindestens 65 Jahre alt werden – vorausgesetzt, es finden keine Weltkriege statt und die Zahl der Umweltkatastrophen und Epidemien hält sich in überschaubaren Grenzen.

Die Kehrseite der Medaille: Der längeren Lebenserwartung steht eine stetig sinkende Geburtenrate gegenüber, und deshalb müssen wir mit der „Schrumpf-Rente" und milliardengroßen Lücken in Sozial- und Gesundheitskassen rechnen. Regelmäßig ermahnen uns die Medien, auf die künftig unzureichende materielle Versorgung in der Nacherwerbszeit und ein künftiges Heer von unterversorgten Alterspflegefällen mit Eigeninitiative, sprich Altersvorsorge, zu reagieren.

Laut einer Studie des Berlin-Instituts für Bevölkerung und Entwicklung kommen in Deutschland auf 1.000 Einwohner lediglich rund neun Geburten. Statistisch gesehen bringt eine Frau hierzulande nur noch 1,36 Kinder zur Welt – zu wenig, um die heute aktuelle Bevölkerungszahl von rund 82 Millionen Einwohnern stabil zu halten. „Damit stehen immer weniger junge Menschen zur Verfügung, die für die Alten sorgen können", beschreibt Institutsleiter Reiner Klingholz gegenüber der Tageszeitung „Financial Times" die Folgen.[13] „Das ist ein gewaltiger Sprengstoff für die sozialen Sicherungssysteme."

Eine Gesellschaft im Wandel

Höhere Lebenserwartung, weniger Kinder – typisch für Deutschland, dass die aus dem demografischen Wandel entstehenden Fragen und Aufgaben vor allem in nüchternen Zahlen oder mehr noch in ökonomischen Konsequenzen dekliniert, aber immer pessimistisch und resignativ diskutiert werden. Diese Sichtweise hemmt das Fortkommen. Die eigene, unsichere Zukunft im Blick, zögern junge Menschen immer öfter (und länger), eine Familie zu gründen. Das zunehmende Tempo im Berufsleben, härtere Arbeitsbedingungen, steigende Anforderungen an die persönliche Flexibilität und Mobilität sind nicht geeignet, diese Bedenken zu zerstreuen.

Doch man kann die Dinge auch aus einem anderen Blickwinkel betrachten: Fakt ist zwar, dass unsere Gesellschaft altert. Andererseits sind die „Alten" heute viel gesünder, kräftiger und leistungsfähiger als die vergangener Generationen. Und hört man sich unter den viel beschriebenen „jungen Alten" um, erfährt man nicht selten vom Interesse, sich über das Renten-Eintrittsalter hinaus im Beruf engagieren oder sich sozialen, ehrenamtlichen Aufgaben widmen zu wollen. Neugier und ausfüllende Beschäftigung aber stärken erwiesenermaßen Immunsystem und Gesundheit. Daher muss nicht zwangsläufig die demografische Entwicklung die Krankenkassen teuer zu stehen kommen.

Es ist richtig, dass diese Gesellschaft langfristig gesehen schrumpfen wird. Aber Geburtenraten können auch wieder steigen, wenn der Staat die entsprechenden Anreize gibt, etwa durch ausreichende Unterstützung der Familien und Förderung familienfreundlicher Lebens- und Arbeitsbedingungen.

Wir müssen uns die richtigen Fragen stellen und gemeinsam nach Antworten suchen, um die passenden Initiativen zu ergreifen: Wie wollen wir in einigen Jahrzehnten leben? Und wie könnte bzw. sollte das Leben mit einem höheren Anteil an Senioren und insgesamt weniger Einwohnern aussehen? „Vielleicht sind die viel beschworenen Probleme gar keine Probleme", gab Bundespräsident Horst Köhler in einer Rede zum demografischen Wandel zu bedenken,[14] „sondern Teil der Lösungen – zum Beispiel im Umweltbereich." Was er damit meinte: Der Rückgang der Einwohnerzahlen, wie er im Osten Deutschlands zu beobachten ist, bietet auch Chancen. Beispielsweise ließen sich landschaftliche Freiräume zurückgewinnen, indem Siedlungen um- oder abgebaut werden. Eine geringere Einwohnerdichte senkt außerdem zum Nutzen der Umwelt den Verbrauch von natürlichen Ressourcen.

Köhler jedenfalls stellte abschließend fest: „Wir sollten solche Fragen zulassen und nicht durch Dramatisieren die Menschen einschüchtern."

Viel zu tun

Fragen stellen, Standpunkte klären, Chancen sondieren – das führt aus dem weit verbreiteten Pessimismus, weist neue Perspektiven und ist der einzige Weg, um aktuelle und künftige Aufgaben klar zu erkennen und die drängenden Herausforderungen der Zukunft zuversichtlich anzugehen.

Die wesentlichen Punkte sind diese:

- Immer mehr alte stehen immer weniger jungen Menschen gegenüber: Das fordert Wirtschaft und Politik heraus. Unternehmen sollten schon heute die Reserven für morgen bilden, indem sie auf der einen Seite das Wissen, die Erfahrungen und die Tatkraft der Älteren nutzen, anstatt sie viel zu früh in Rente zu schicken. Auf der anderen Seite gilt es, gezielt aus- und weiterzubilden, junge Talente zu fördern und ihre Arbeitsbedingungen mit Hilfe neuer Techniken und Führungsstrukturen frauen- und vor allem familienfreundlicher auszugestalten. Die Politik wird sich parallel dazu um die Sanierung der Renten-

und Pflegeversicherungskassen sowie um neue Lebensformen für Ältere zu kümmern haben.

- Rund sechs Millionen Menschen suchen Beschäftigung. Nur in acht Bundesländern gibt es derzeit noch mehr Erwerbstätige als Arbeitslose und Rentner. Gleichzeitig erodiert durch geförderte Billigarbeitsplätze und Teilzeitstellen die Zahl der Vollzeit-Arbeitsplätze, die die vollständigen Sozialabgaben einbringen. Das belastet nicht nur die öffentlichen Kassen, sondern zunehmend auch das Miteinander in der Gesellschaft: Die Kluft zwischen denjenigen, die unterbeschäftigt und materiell unterversorgt sind, und denen, die gut bezahlt und beruflich nicht selten bis zum Burn-out gefordert werden, wird größer. Gegen die Massenarbeitslosigkeit helfen vor allem kreatives Denken und originelle Innovationen, die nicht von Konvention und Lobbyismus im Keim erstickt werden. Universitäten und Unternehmen sind in besonderem Maße gefordert, hier für neue Chancen zu sorgen. Der Staat muss Subventionen umschichten, sodass mehr Geld für Forschung und (Weiter-)Bildung fließt. Gleichzeitig müssen die Arbeits-Nebenkosten sinken.

- Massenarbeitslosigkeit und demografischer Wandel führen dazu, dass Schulen und Universitäten nach neuen Bildungsidealen suchen. Um die Wettbewerbsfähigkeit Deutschlands zu erhalten, muss es Ziel aller Institute und Einrichtungen sein, auch bildungsferne Gruppen für das lebenslange Lernen und für wissensbasierte Berufe zu begeistern. Die viel gerühmte, aber bisher nicht wirklich umgesetzte Chancengleichheit muss deshalb in Schulen wie auch an Universitäten endlich realisiert werden – eben nicht durch „gleiche“, sondern durch unterschiedliche, sprich individuelle Förderung von Begabten auf der einen und Unterstützung von Schwächeren auf der anderen Seite. Eine Selektion nach Herkunft können wir uns angesichts mangelnder Fachkräfte und Spezialisten nicht mehr leisten. Das Land braucht wieder Lust auf Leistung, Interesse an unterschiedlichen Standpunkten und Menschen- und Kompetenz-Vielfalt in den Führungszirkeln von Politik, Wirtschaft, Wissenschaft und Kultur. Anstelle von reiner Wissensvermittlung sollten zudem in Schulen das Know-how der Informationsgewinnung und der Umgang mit Wissen und Informationen trainiert werden.

- Ende 2004 waren von rund 39 Millionen Erwerbstätigen nur etwa 26 Millionen sozialversicherungspflichtig beschäftigt. Die hohe Arbeitslosigkeit, die Zunahme der älteren Bevölkerung und die geförderte Frühverrentung sprengen die öffentlichen Sozialkassen. Wir werden uns damit abfinden müssen, dass Vollbeschäftigung nicht mehr zu erreichen ist. Doch nach wie vor basiert unser Sozialsystem darauf. Ein

Wechsel von der lohnabhängigen Finanzierung hin zur Finanzierung beispielsweise aus Verbrauchssteuern würde dagegen Wachstum fördern. Eine stärkere Anerkennung und Förderung ehrenamtlichen Engagements könnte wie die längeren Lebensarbeitszeiten dabei helfen, Kosten zu senken. Doch beides erfordert von den Unternehmen, standardisierte Lebensläufe und die gängige Personalwahl zu überdenken sowie neue Karrierewege im höheren Alter zu entwickeln. Auch von jedem Einzelnen ist mehr Eigeninitiative zur Existenzsicherung und Altersvorsorge einzufordern.

- Zuzahlungen zunächst bei Medikamenten, dann auch beim Arztbesuch, Erhöhung (2007) statt wie versprochen Senkung der Kassenbeiträge – wollen wir unsere Gesundheit (und damit auch Arbeitskraft) weiterhin über die solidarische Umlagefinanzierung sichern, muss das medizinische System deutlich effizienter werden. Verwaltungs- und Bürokratieabbau, mehr Wettbewerb unter Kassen, unter Praxen und Kliniken, eine intelligente Vernetzung aller Beteiligten und Mitarbeit und Eigenverantwortlichkeit jedes Einzelnen können dabei helfen. Prophylaxe muss attraktiv für alle werden.

- Brennpunkt Ostdeutschland: In den neuen Bundesländern liegt die Arbeitslosenquote um bis zu zehn Prozent höher als in den alten Ländern. Viele Städte und Gemeinden registrieren die Abwanderung vor allem von jungen, arbeitsfähigen Menschen in die Ballungszentren Richtung Westen. Fehlende Zukunftsaussichten führen zunehmend zu Gewalttätigkeit mit rassistischem und/oder rechtsradikalem Hintergrund. Laut der Langzeitstudie des Berliner Soziologen Peter Förster, der seit Ende der 80er Jahre junge Menschen aus den neuen Bundesländern befragte, zeigen sich nur noch 12 Prozent der Jugendlichen zuversichtlich, in Ostdeutschland eine Zukunft zu finden. Froh darüber, in einem kapitalistischen Deutschland zu leben, waren gerade noch 15 Prozent. Das beweist: Die deutsche Einheit ist noch lange nicht real. Statt bloßer Transferzahlungen von West nach Ost brauchen die neuen Bundesländer bessere wirtschaftliche Zukunftsaussichten und die Ausbildung eines funktionierenden, aktiven Mittelstands.

- Exportweltmeister Deutschland: Kein anderes Land hat so von der Globalisierung profitiert. Die zunehmende internationale Vernetzung der Wirtschaft führt dabei zu immer mehr Arbeitsteilung. Zwar wurden in den vergangenen Jahren einige Tausend Arbeitsplätze von Deutschland ins billigere Ausland verlagert, parallel dazu hat sich aber der Wirtschaftsraum als Forschungsstandort für viele Unternehmen aus dem Ausland etabliert. Um weiterhin für Investoren attraktiv zu bleiben, braucht das Land mehr hoch qualifizierte

Arbeitskräfte, ein effizientes Steuersystem und eine schlankere, wirkungsvollere Gesetzgebung und Bürokratie. Eine bewusste Vernetzung von Wissenschaft und Wirtschaft würde zudem die Innovationskraft stärken.

- Zwischen sechs- und siebenhunderttausend Menschen aus allen Regionen der Erde haben laut Statistik[15] zwischen 2000 und 2004 alljährlich ihr Glück in Deutschland gesucht. Neue Köpfe bringen frische Ideen und helfen dabei, die negativen Auswirkungen der Überalterung abzufedern. Doch bisher hat die Integration von Ausländern nur unzureichend funktioniert. Als Einwandererland muss Deutschland in allen Bereichen Toleranz und Offenheit gegenüber dem Fremden fordern, fördern und schulen, aber vor allem auch die Integration von Immigranten unterstützen.

Raus aus der Sinnkrise

Trotz aller Erfolge wird sich Deutschland wie andere Länder auch in vielen Bereichen bewegen und verändern müssen. Doch während wir uns zurzeit wirtschaftlich wie politisch mit meist kurzfristigen Strategien gegen Massenarbeitslosigkeit, Billiglöhne im Ausland, ständig steigende Gesundheits- und Sozialkosten, gegen die allgemeine Reformunfähigkeit, die steigende Staatsverschuldung oder Abgabenlasten beschäftigen, haben wir es versäumt, uns die grundsätzlichen Fragen für die nächsten Schritte zu stellen. Deshalb fehlt noch die generelle Richtung: Wohin sollen wir uns bewegen? Dabei sollten wir zunächst klären, wie wir uns das Zusammenleben in Zukunft vorstellen und wie das Land aussehen soll, für das wir uns engagieren wollen.

Solche Fragen lenken den Blick weg von wirtschaftlichen und politischen Sachzwängen hin auf das Grundsätzliche und auf langfristige Ziele. Das Nachdenken über die Antworten bildet das Fundament für das Zukunftsmodell von Deutschland, mit dem sich diese Gesellschaft identifizieren und an dem sie sich orientieren kann. „Wir sind der Auffassung“, befanden auch Unternehmer und Wissenschaftler, die sich 2005 auf Einladung des Studiengangs Philosophie und Wirtschaft der Universität Bayreuth zu den zweiten „Bayreuther Dialogen“ trafen, in ihrem Thesenpapier[16], „dass die anhaltende Krise des Standorts keine originär wirtschaftliche, sondern vielmehr eine Sinnkrise ist. Somit kann sie auch nicht allein durch eine Wirtschaftspolitik gelöst werden, die Antworten auf die postulierten Sachzwänge geben will.“

Der Teilnehmerkreis fordert statt „Sachzwanglogik“ einen „identitätsstiftenden Zielsetzungsprozess“, der sich an den Stärken des Landes orientiert: „Diese Stärken, zu denen wir uns neu entschließen müssen, können Grundlagen für ein neues Wertefundament und damit Ausgangspunkt für ein neues Erfolgsmodell Deutschland legen.“ Statt dem Herumdoktern an Symptomen ist also eine breit angelegte Diskussion um Werte gefragt – eine Aufgabe für Eliten, doch auch sie erscheinen in den aktuellen Debatten orientierungslos und verunsichert.

Tatsächlich fehlt es nicht so sehr an guten Ideen, sondern mehr noch an einem allgemeinen Konsens über die Leitlinien, an denen sich diese Gesellschaft in Zukunft orientieren kann. Ein neuer, gemeinsamer Wertekodex gäbe auch den jungen Eliten die Richtung vor für den im vorigen Kapitel konstatierten Umbruch und Führungswechsel in Wirtschaft und Politik. Denn, so stellen auch die Berater Gushurst und Vogelsang fest: „Bevor sie der Gesellschaft Orientierung geben können, müssen die Eliten erst selbst Orientierung finden. Sie sollten sich darüber klar werden, wofür sie stehen, welchen Werten sie sich verpflichtet fühlen.“[17]

Ein einheitliches Werte-Bild ist derzeit jedoch weder in der Politik noch in der Wirtschaft auszumachen. Gestritten wird – und das ist zunächst auch gut so – zurzeit vor allem über die wirtschafts- und sozialpolitische Ausrichtung dieses Landes. Die soziale Marktwirtschaft steht zur Disposition: Fordern die einen eine striktere Kontrolle und staatliche Eingriffe zum Erhalt der sozialen Komponente der Marktwirtschaft, drängen die anderen für dasselbe Ziel auf die Eigenverantwortung der Menschen sowie auf die Effizienz der Märkte. Die Zukunft wird wohl in der Mitte liegen, denn beide Lösungsansätze zeigen Schwächen.

Die Verlässlichkeit des Staates und seine vielfältige Unterstützung haben in den vergangenen Jahrzehnten alle Beteiligten weidlich ausgenutzt. So verführten etwa die Anreize, sich subventionieren zu lassen, sowohl die Arbeitslosen und vermeintlich Schwachen wie auch die Unternehmer zur Bequemlichkeit. Ein Abbau der Vergünstigungen ist und war deshalb unabdingbar, ebenso wie eine stärkere Kontrolle, die nun gezielt auszubauen ist. Umgekehrt vermag aber auch die Effizienz der Märkte offensichtlich nicht alle gesellschaftlichen Probleme zu lösen. Jüngste Beispiele aus den USA schrecken ab.

Um nur ein Beispiel zu nennen: Dort hatten Angestellte des Stromversorgers Enron Eigeninitiative bewiesen, indem sie für ihre Rente in Fonds ihres Arbeitgebers investierten. Börse und Investoren ließen sich jedoch lange, zu lange von geschönten Bilanzen blenden. Die Folge war 2004 nicht nur ein veritabler Wirtschaftsskandal mit erheblichen Kurseinbrüchen und Strafanzeigen gegen die Vorstandsriege, sondern auch eine ungesicherte materielle Zukunft für viele ältere Mitarbeiter, denen es nicht mehr gelingen wird, in den nächsten Jahren die Verluste aus dem Wertverfall ihrer Anlagen auszugleichen. Eine staatliche, vor solchen Betrügereien geschützte Rente erscheint vor diesem Hintergrund sicherer – und deutlich sozialer.

Aus Großbritannien wiederum motivieren Nachrichten über die maroden Gesundheits- oder Bildungssysteme, aus denen sich der Staat zugunsten der Privatwirtschaft weitestgehend zurückgezogen hat, zum intensiveren Nachdenken über öffentlich finanzierte Krankenhäuser, Schulen und Universitäten. Vor allem in der Bildung haben die Briten eine Zwei-Klassen-Gesellschaft gefördert. Wer es nicht in ein Elite-Institut schafft, hat später im Arbeitsleben dauerhaft schlechte Karten. Ähnliches wurde bei uns durch eine Benachteiligung der Hauptschulen bewirkt. Deren Absolventen haben heute vielerorts so gut wie keine Aussichten auf Weiterbildung und Beschäftigung. Sehenden Auges geben wir damit wie die Briten einen Teil der jungen Generation auf, deren Wissen und Kompetenzen wir doch ausbilden und auf die wir in Zukunft – siehe demografischer Wandel – eigentlich bauen müssten.

Wie also wollen wir in Zukunft leben? Der Blick auf die Stärken dieses Landes könnte einen Weg weisen. Absolventen der führenden Business Schools verbinden Deutschland einer Studie der Beratung *Boston Consulting*[18] zufolge mit Fleiß, Effizienz und nach Sicherheit strebend. Produkte „made in Germany“ werden weltweit immer noch wegen ihrer hohen Qualität und Zuverlässigkeit geschätzt. Und laut Umfragen schätzen die Deutschen an ihrem eigenen Land die Selbstbestimmtheit, die Freiheit und den sozialen Frieden zwischen den Schichten. Zudem werden Werte wie Qualität, Wohlstand und Leistungsbereitschaft besonders positiv beurteilt.[19] Mit der Mobilisierung der Pfunde auf dieser Liste ließe sich wuchern und vieles bewerkstelligen.

Zwischen Sicherheit und Selbstbestimmung

Sicherheitsdenken und das Bedürfnis nach sozialem Frieden haben dem Land Erfolge gebracht. In den vergangenen Jahrzehnten sind in Deutschland nur wenige streikbedingte Arbeitsausfälle zu verzeichnen gewesen. Ghetto-Bildung gibt es bisher nur vereinzelt in einigen sozialen Brennpunkten, auch wenn die Kluft zwischen den Schichten größer wird. Die Kriminalität hält sich in Grenzen. Noch können wir daher das Ruder herumreißen. Die guten Ausbildungsmöglichkeiten zogen und ziehen Studenten und Forscher aus aller Welt an. Nicht umsonst konstatiert die Deutsche Bank in einer Studie[20]: „Deutschland ist zu einem ‚Inshoring-Standort' geworden. Firmen wie AMD, General Electric, Honda, GlaxoSmithKline oder red (*Red Hat, Anm. d. Autors*) haben zentrale Forschungs- und Marketingfunktionen in Deutschland angesiedelt.“

Die deutsche Mentalität mit ihrem Streben nach Sicherheit und sozialem Frieden wird vermutlich verhindern, dass sich wie in den USA liberale Märkte oder ein hohes Maß an Privatisierungen durchsetzen. Die Deutschen werden – auch im Sinne ihrer Zuverlässigkeit aus der Sicht des Auslands – weiterhin auf die Kompromissfähigkeit der Sozialpartner setzen. Das sollten sich deren Führungszirkel verdeutlichen. Gleichzeitig ist große Leistungsbereitschaft zu beobachten. Die Bereitschaft, mehr Verantwortung für die eigene Existenz und die Zukunft zu tragen, ist latent vorhanden – um sie zu aktivieren, müssen die Perspektiven realistisch und aussichtsreich sein. Doch dies ist noch nicht der Fall.

Gerade jüngere Jahrgänge stehen der als Gängelei empfundenen Regelwut des Staatsapparats äußerst kritisch gegenüber. Sollten wir uns nicht darauf verständigen können, auf die Gesetze, Bestimmungen und Zusatzregeln, die mehr hemmen als helfen, zu verzichten? Ein schlanker Staat kostet den Steuerzahler weniger Geld, dient seinen Interessen effizienter und bietet größere Freiheit und Flexibilität.

In der Wirtschaft ist eine wachsende Eigenständigkeit von Beschäftigten zu beobachten. In vielen Bereichen ist der von den Angestellten eingeforderte Unternehmergeist längst Wirklichkeit. Konzerne wie Siemens, DaimlerChrysler oder auch die Deutsche Bahn verweisen Jahr für Jahr mit Stolz auf tausende Ideen ihrer Mitarbeiter, die Prozesse und Produkte verbessert oder zu Innovationen geführt haben. Mitdenkende Mitarbeiter allerdings sind eine Herausforderung an die Manager und Unternehmer – an die Eliten der Wirtschaft also. In den meisten Betrieben sind sie dabei, ihr Führungsverhalten und ihre Methoden zu überprüfen. Sie haben erkannt, dass starre Strukturen und Hierarchien nicht mehr funktionieren, dass autoritäres Führen nicht mehr greift, dass aber auch das kooperative Führen noch nicht recht funktioniert. Die alten Eliten sind abgelöst, die neuen noch nicht ganz angekommen, auch weil sich das Land in einem gewaltigen Umbruch befindet. Die Symptome sind auf die Politik übertragbar: Zunehmend geforderte Bürger finden sich nicht mehr ab mit mangelhafter Führung, mit Notlösungen, faulen Kompromissen und sinnlosen Gesetzen.

Die ersten Schritte in die Zukunft liegen bereits hinter uns. Doch ein „Erfolgsmodell Deutschland" ist bisher nur schemenhaft zu erkennen. Noch verharren die Führungszirkel wie die übrige Gesellschaft in Orientierungslosigkeit: „Ein Grund dafür ist", meinen die Berater Gushurst und Vogelsang[21], „dass es innerhalb der Eliten keinen wirksamen Wertekodex gibt. Was noch als akzeptabel durchgeht und was als schwerer Verstoß gegen die guten Sitten zu betrachten ist, darüber sind sich die Eliten häufig nicht im Klaren." Es geht also zunächst weniger um Problemlösung und mehr um die Verständigung über die Werte unserer Gesellschaft und wie wir sie anwenden und Nutzen aus ihnen ziehen. Wir werden das ideelle Vakuum, das die 60er und 70er Jahre durch das Hinterfragen von Traditionen und Autoritäten geschaffen haben, füllen und für neue Leitlinien sorgen müssen.

4 Der Stoff, aus dem Eliten sind: Ethik – Werte – Verantwortung

Tugend will ermuntert sein,
Bosheit kann man schon allein.
Wilhelm Busch

„Tugend“[22] galt dank der 68er Bewegung lange als spießig. Mittlerweile aber ist wieder gefragt, was sich dahinter verbirgt, vor allem mit Blick auf Politik und Wirtschaft: Anstand, Sitte, Moral. Wie kommt das? Die Menschen reagieren mit der Sehnsucht nach einer besseren Welt auf ihre Existenzängste. Leider ist Tugend nicht so leicht zu haben wie Bosheit (siehe oben). Die vielen Medienberichte über Anstandsregelbrecher und Moralignoranten größeren Kalibers, in diesen Zeiten vermehrt aus der Wirtschaft, bedienen und schüren zugleich das Interesse an ethischen Grundsätzen und die öffentliche Diskussion darüber – so zum Beispiel über die Frage, in welchem Verhältnis unternehmerisches Interesse und Verantwortung für Belegschaft und Gesellschaft stehen sollten. „Es genügt zweifellos nicht mehr, die Gewinnmaximierung als einziges Ziel eines Unternehmens auszugeben. Die Wirtschaft ist stärker denn je eingebettet in die gesellschaftliche und politische Kultur und muss daran teilhaben“, schrieb der damalige Wirtschaftsressortleiter der *Welt* im April 2005[23].

Für die Ethik einer Gesellschaft sind natürlich nicht nur Teile von ihr, sondern alle Beteiligten verantwortlich, und es bringt nicht viel, mit dem Finger nur auf die bösen Wirtschaftsbonzen und skrupellosen Manager zu zeigen. Ulrich Hemel nennt ein plastisches Beispiel für ethische Zusammenhänge: „Wenn in der Gesellschaft soziale Gesichtspunkte immer stärker unter Kostengesichtspunkten betrachtet werden, wäre es erstaunlich, wenn ausgerechnet die Aktionäre von großen Konzernen andere Betrachtungsweisen an den Tag legen.“[24]

Immerhin, stellt Johannes Heinrichs[25] fest, sei der „Ethik-Boom“ ein Zeichen von Krisenbewusstsein: „Ethik gehört zu den ‚Dingen‘, bei denen ein häufiges Bereden und Fordern sichere Zeichen dafür sind, dass sie fehlt. Sie ist eine ausgesprochene Krisentheorie, die das Fehlen eines selbstverständlich gelebten Ethos anzeigt. Es ist gewiss kein Fehler, solches Fehlen in unserer komplizierten Umwelt einzugestehen."

Dass alle Welt nach mehr Ehrlichkeit, Anstand, Respekt und Verantwortung ruft, ist ein Alarmsignal. Wie können wir diese Werte zurückholen? Bevor wir diese Frage beantworten können, brauchen alle Mitglieder der Gesellschaft ein starkes Bewusstsein dafür, dass es so nicht weitergehen kann; weiter müssen wir erkennen, wie wesentlich Ethik und gelebtes Ethos für eine „neue Wende" sind; und schließlich ist die bewusste Entscheidung zu treffen, eine solche Ethik anzunehmen und anzuwenden.

Wovon aber reden wir konkret, wenn wir von Ethik und ihrer Notwendigkeit sprechen? Ethik lebt von Werten, die allgemein als gut, richtig und wichtig gelten. Den Pfad der Tugend (also der ethischen Prinzipien) zu verlassen bedeutet, diese anerkannten Werte zu ignorieren. Wer aber Werte ignoriert, die für anständiges Verhalten unverzichtbar sind, handelt verantwortungslos.

Um das zu verstehen, brauchen wir Antworten auf die Fragen:

- Was heißt Ethik?
- Welchen Wert haben Werte?
- Weshalb wiegt Verantwortung so schwer?

1.4.1 Ethik – Die Haltung des Aufrechten

Warum tun wir überhaupt irgendetwas? Weil wir ständig irgendetwas brauchen, wollen, wünschen. Wir haben Motive und Ziele. Wie wir dabei zu Werke gehen, hängt sowohl von unserer persönlichen Sicht der Dinge ab als auch von Regeln, die „von außen" kommen. Das heißt, unser Tun wird bestimmt vom Ethos, also der moralischen Gesinnung und dem sittlichen Charakter des Einzelnen, und von der normativen Ethik (siehe weiter unten „Exkurs"), die ungeschriebene, aber allgemein bekannte Regeln für das „richtige Handeln" vorgibt.

„Ethik" ist die Wissenschaft vom Sittlichen. Ihr Arbeitsmaterial sind die Werte, die in einer Gesellschaft oder Gemeinschaft von allen anerkannt sind. Die Ethik gießt aus diesen Werten Verhaltensnormen, die für alle gelten können, damit das Zusammenleben so gut wie möglich funktioniert. Vereinfacht kann man sagen: Ethik ist die Lehre vom guten Handeln, und Ethos ist das gute Handeln selbst. Es bedeutet „gelebte Ethik".

Die Frage nach Gut und Böse

Wenn man den Begriff „Ethik" googelt, erhält man „ungefähr 8.020.000 Treffer" (Stand dieser Information: März 2007); inzwischen sind es wohl noch mehr. Das kann nicht verwundern: Wie die Begriffsdefinition zeigt, geht es bei der Ethik um die Frage nach dem richtigen Handeln. Die Antworten sind, vorsichtig ausgedrückt, zahlreich und obendrein nicht endgültig, sie ändern sich von Zeit zu Zeit, weil sich auch manche der Werte ändern, auf denen sie aufbauen. Auch gesellschaftliche Entwicklungen und historische Ereignisse haben Einfluss auf die Ethik. Aber es gibt auch ein paar grundsätzliche Werte, moralische Prinzipien und Verhaltensregeln, die seit Jahrtausenden gelten und in allen Religionen grundsätzlich die gleichen sind. Das macht die Sache etwas einfacher.

EXKURS

Jetzt wird es ein wenig philosophisch, aber es lohnt sich für ein besseres Verständnis des Gegenstandes: Ethik ist seit Aristoteles eine Hauptdisziplin der Philosophie. Für das Thema dieses Buchs ist der Teil der Ethik wichtig, der *normative Ethik* heißt, denn hier geht es um Antworten auf die Frage: Was soll ich tun?

Die normative Ethik versucht, auf der Grundlage der geltenden Moral Anweisungen zum richtigen Handeln zu geben. Dabei sind zwei Hauptrichtungen zu unterscheiden:

Die ältere der beiden ist die *Pflichten- und Gesinnungsethik*, die auf den deutschen Philosophen Immanuel Kant (1724–1804) zurückgeht. Sein berühmter „kategorischer Imperativ" lautet: „Handle so, dass die Maxime deines Willens jederzeit zugleich als Prinzip einer allgemeinen Gesetzgebung gelten könne." Nichts anderes, wenn auch stark vereinfacht, meint das Sprichwort: „Was du nicht willst, das man dir tu', das füg' auch keinem Andern zu." Klingt perfekt, hat aber Schwächen: Hier entscheiden wir subjektiv, also aufgrund unserer ganz eigenen Gesinnung bzw. Absicht. Gesinnungen sind aber verschieden, und wenn einer seine Absicht völlig in Ordnung findet, muss das der Andere noch lange nicht so sehen. So kann sich auch eine „gute" Absicht unter Umständen ins Gegenteil verkehren. Außerdem ignoriert diese Verhaltensmaxime die Folgen einer Handlung, die ich mir vielleicht doch auch vorher überlegen sollte.

Diese Probleme versucht die *Folgen- oder Verantwortungsethik* zu lösen. Sie fragt: Ist der Nutzen einer Handlung für die Gesellschaft gut oder schlecht? Hierbei geht es also um Verhaltensregeln, die den größtmöglichen Nutzen für alle anpeilen. Unmoralischer Egoismus soll so ausgeschaltet werden.

Max Webers Analyse und Begriffsbestimmung der beiden Ethikrichtungen sind für Soziologie und Politikwissenschaft bis heute aktuell. Er nennt den Gegensatz zwischen Gesinnungs- und Verantwortungsethik „abgrundtief“[26]: „Wenn die Folgen einer aus reiner Gesinnung fließenden Handlung üble sind, so gilt ihm (*dem Gesinnungsethiker, Anm. des Autors*) nicht der Handelnde, sondern die Welt dafür verantwortlich, die Dummheit der anderen Menschen oder – der Wille des Gottes, der sie so schuf. Der Verantwortungsethiker dagegen rechnet mit eben jenen durchschnittlichen Defekten der Menschen, (...) er fühlt sich nicht in der Lage, die Folgen eigenen Tuns, soweit er sie voraussehen konnte, auf andere abzuwälzen. Er wird sagen: diese Folgen werden meinem Tun zugerechnet.“ Etwas einfacher ausgedrückt: Wer die eigene für die beste aller Gesinnungen hält, kann keine Fehler machen. Wenn etwas schief geht, liegt es an den anderen. Wer sich aber klar macht, dass keiner vollkommen ist, einschließlich der eigenen Person, übernimmt auch selbst die Verantwortung für das, was er tut.

Weber wirft dem Gesinnungsethiker vor, dass er den Zweck über die Verhältnismäßigkeit der Mittel stellt. Die Frage nach dem Verhältnis von Mittel und Zweck ist für ihn der grundsätzliche Knackpunkt: „Keine Ethik der Welt kommt um die Tatsache herum, dass die Erreichung ‚guter‘ Zwecke in zahlreichen Fällen daran gebunden ist, dass man sittlich bedenkliche oder mindestens gefährliche Mittel und die Möglichkeit (...) übler Nebenerfolge mit in den Kauf nimmt, und keine Ethik der Welt kann ergeben: wann und in welchem Umfang der ethisch gute Zweck die ethisch gefährlichen Mittel und Nebenerfolge ‚heiligt‘.“ Webers Fazit: „Es ist nicht möglich, Gesinnungsethik und Verantwortungsethik unter einen Hut zu bringen oder ethisch zu dekretieren: welcher Zweck welches Mittel heiligen solle.“

Die Zwickmühle von Mittel und Zweck lässt sich an einem Beispiel aus unseren Tagen einfach illustrieren: „Soll ein Unternehmen, das hohe Gewinne einfährt, auf Entlassungen von Mitarbeitern verzichten? Es kann dies tun um den Preis der Gewinnminderung. Dadurch würden dann die Eigentümer geschädigt. Ein in Folge sinkender Aktienkurs kann das ganze Unternehmen in Gefahr bringen. Ist es also ethisch, das kurzfristige Wohl der Arbeitnehmer über das Wohl des Unternehmens zu stellen? Wohl kaum.“[27] Dieser Schlussfolgerung ließe sich mit ebenso guten Argumenten eine andere Position entgegenstellen, und nur der Gesinnungsethiker käme wohl zu einer (für ihn) eindeutigen Lösung.

Auch der Philosoph Hans Jonas verwendete den Begriff der Verantwortung, formulierte sein „Prinzip Verantwortung“ aber etwas anders, einfach und streng zugleich. Es besagt, dass wir alle aufgrund der schlichten Tatsache unserer Existenz eine Seinsverantwortung in uns tragen, und zwar für alles um uns herum. Das heißt, dass jeder Einzelne (mit-)verantwortlich ist für das gesunde Fortbestehen von Menschheit und Natur.

Da die Diskussion zur Ethikfrage wohl nie zu einem verbindlichen Ergebnis führen wird, ist es umso wichtiger, sie am Laufen zu halten. Im Alltag müssen wir derweil im täglichen Entscheidungs-Marathon die Antwort(en) immer neu suchen und die Folgen unserer Taten verantworten. Denn die Ethik, der unsere Gesellschaft folgt, ist die Verantwortungsethik.

Die Qual der Wahl

Hägar der Schreckliche[28] kann sich nicht entscheiden: Welche von beiden Festungen soll er überfallen? „Entscheidungen! Immer diese Entscheidungen!“ jammert er seinem Knappen Sven Glückspilz vor. „Wirf doch eine Münze!“, schlägt der vor. Hägar ist begeistert. Sven Glückspilz kramt eine Münze hervor: „Kopf oder Zahl?“ – Hägar verzweifelt erneut: „Entscheidungen! Immer diese Entscheidungen!“

Wir müssen uns von morgens bis abends andauernd entscheiden. Nicht immer stellt sich dabei die Frage nach dem richtigen Handeln aus ethischer Sicht, aber oft genug. Bei der Entscheidungsfindung zählt, warum wir etwas wollen und was wir uns davon versprechen, sowie die Handlungsnormen und die moralischen Grundsätze (eigene und die der Gesellschaft). Im obigen Exkurs stand zu lesen, dass diese Normen von unterschiedlichen Ethikrichtungen vorgegeben werden. Und die hängen in jedem Fall von den Werten ab, von denen wir selbst auf der einen und unsere Umwelt auf der anderen Seite überzeugt sind. Es gibt Werte, über die sich alle einig sind. Andere ändern sich hingegen im Lauf des Lebens. Damit wird klar, warum das Entscheiden oft so schwer ist: Unsere ethische Einstellung ist flexibel.

Wenn wir auf die Welt kommen, kennen wir noch keine Werte. Haltungen, Verhaltensweisen und moralische Prinzipien übernehmen wir von den Eltern und von anderen Menschen. Kirche und Schule vermitteln uns diejenigen ethischen Normen, die zum Moralerbe der Menschheit gehören und seit Jahrtausenden gelten. Ethikunterricht steht in allen sechzehn deutschen Bundesländern auf dem Lehrplan, in unterschiedlicher Form und Bezeichnung (u.a. Praktische Philosophie,

Lebensgestaltung-Ethik-Religionskunde) und meist als Ersatzfach für „Religion". Am Graf-Stauffenberg-Gymnasium Osnabrück zum Beispiel heißt das Fach „Werte und Normen"; hier lernen und diskutieren die Schüler unter anderem die Grundsätze, über die sich auch die Vertreter unterschiedlicher Entwürfe der normativen Ethik einig sind. Danach sollte jeder von uns

- alles unterlassen, was schädigt,
- die Autonomie und die Ziele anderer Personen respektieren,
- das Wohlergehen anderer fördern,
- Gerechtigkeit üben, also in ähnlichen Fällen ähnlich beurteilen und handeln.[29]

Was für möglichst viele gelten soll, kann nicht allzu konkret sein, und so werden im Einzelfall auch dem streng nach diesen Grundsätzen lebenden Menschen beim Abwägen von Entscheidungen eigene Prinzipien und Wertvorstellungen in die Quere kommen. Da kann Hans Jonas mit seinem „Prinzip Verantwortung" vielleicht weiterhelfen, indem er sagt, dass sich der Mensch vor allem durch eben diese Fähigkeit auszeichnet: Verantwortung zu tragen. Diese „Auszeichnung" mag mancher nur ungern akzeptieren, aber wenn wir sie annehmen, wird sich die Entscheidung zwischen Gut und Böse – um diese Alternative geht es im Grunde bei ethischen Fragen – dem inneren Auge vielleicht klarer zeigen.

Was spielt sich im Inneren während der unzähligen Denkvorgänge ab, die einer Entscheidung und dem Handeln vorausgehen? Zuerst präsentieren sich natürlich unsere *individuellen* Vorstellungen von Gut und Böse, also von dem, was wir für uns selbst als nützlich, und dem, was wir für uns als schädlich empfinden. Weil aber jeder von der Gemeinschaft abhängig ist und diese nur durch Mehrheitsbeschlüsse funktioniert, steht über der individuellen die *kollektive* Vorstellung von Gut und Böse. Das kollektiv Gute ist das, was die größtmögliche und dabei gleichberechtigte Freiheit aller Beteiligten gewährleistet. Das bedeutet für den Einzelnen: Persönliche Wünsche sind nur insoweit erfüllbar, als dies nicht auf Kosten anderer geschieht.

So weit die Theorie; in der Praxis sind Verstöße gegen diese Regel programmiert: „Da die Zwingkraft jeder Ethik gering ist, kann sich eine Gesellschaft (...) nur rechtlich schützen. Tatsächlich dürfen wir nicht bloß auf die Bereitschaft des Einzelnen vertrauen, seinen Nächsten zu achten und diesem in der Not tätig beizustehen. Was wir brauchen, sind weltweit durchsetzungsfähige Rechtsinstitutionen, welche verhindern, dass sich die Menschen gegenseitig noch mehr Demütigungen, Leid und Unrecht antun."[30] Daran arbeiten wir, darf man anmerken, seit es menschliche Gemeinschaft gibt – also schon immer.

Aber sind wir wirklich so schlimm? Geht das eigene Wohl immer vor, und würden wir alle dafür über Leichen gehen, wenn uns geschriebene oder ungeschriebene Gesetze nicht daran hinderten? Der Philosoph Norbert Hoerster[31] sagt: Nein. „Es ist eine nicht zu leugnende Tatsache, dass Menschen – ganz unabhängig von jeglicher Moral – neben egoistischen auch altruistische, ja oft sogar auch ideelle Interessen haben und dass die Realisierung dieser Interessen für sie nicht weniger rational ist. Die altruistischen Interessen finden sich vor allem im Nahbereich, gegenüber Verwandten und persönlich nahe stehenden Menschen. Aber auch im Fernbereich haben viele Menschen gewisse, wenn auch im Vergleich zum Nahbereich stark abgeschwächte altruistische Interessen. Dass ich in einer Notlage wie etwa einer Flutkatastrophe vor allem an mich selbst, an meine Familie und an meine mir befreundeten Nachbarn denke, bedeutet nicht, dass mir das Schicksal der übrigen Opfer völlig gleichgültig ist und dass ich ihnen gegenüber nicht zur der geringsten freiwilligen Hilfsmaßnahme bereit bin." Da ist was dran. Es besteht also noch Hoffnung.

Angewandte Ethik

Meine oder unsere Interessen hier, deine oder die der anderen dort – dieser Grundkonflikt kennzeichnet jede Art von Gemeinschaft. Und so versucht auch jede (Interessen-)Gemeinschaft ab zwei Mitgliedern aufwärts, die für sie passende normative Ethik zu entwickeln und zu leben. Wir müssen dabei aber die Ethik nicht jedes Mal neu erfinden: Es gibt einen „Überbau", der aus verschiedenen Lebensbereich-Ethiken besteht. Ein paar Beispiele[32]:

Die *Umweltethik*, ein Produkt der Umweltkrisen der vergangenen Jahrzehnte, sucht Antworten auf Fragen wie: Wie soll man mit der Umweltverschmutzung fertig werden? Ist die zunehmende Industrialisierung eine Gefahr für die Erde? Kann fortgeschrittene Technologie unsere Umweltprobleme lösen? Ist der Export ‚unseres' Mülls in die Dritte Welt bzw. in den Weltraum zu vertreten? Sind landwirtschaftliche Methoden wie Monokulturen und der massive Einsatz von Chemikalien gerechtfertigt?

Die *Bioethik* macht mit Albert Schweitzer die Ehrfurcht vor dem Leben zur ethischen Grundlage. Was für Jonas die einfache Tatsache unserer Existenz ist, ist für Schweitzer die Heiligkeit des Lebens als Ursache unserer grenzenlosen Verantwortung für die Welt, in der wir leben. Die

Fragestellungen der Bioethik lauten unter anderen: Wie wertvoll ist die Erhaltung der Artenvielfalt (Biodiversität)? Sind radikale Eingriffe in die Natur erlaubt, die Artensterben verursachen? Ist das Aussterben von Pflanzenarten moralisch bedenklich? Können Pflanzen empfinden?

Entsprechend beschäftigt sich die *Tierethik* mit dem Umgang des Menschen mit Tieren. Erst seit wenigen Jahren sind Tiere juristisch keine „Sachen" mehr wie noch vor der Grundgesetz-Änderung im Mai 2002, als der Tierschutz in den Artikel 20a eingefügt wurde.[33] Beispiele aktueller Fragen der Tierethik: Empfinden Tiere Mitleid oder andere Gefühle wie Angst, Freude? Lässt sich ihr Leid mit dem Leid von Menschen vergleichen? Ist Massentierhaltung gerechtfertigt? Ist das Aussterben von Tierarten moralisch bedenklich? Sind Tierversuche moralisch gerechtfertigt? Inwieweit ist die Züchtung gentechnisch veränderter Lebewesen vertretbar?

Die *Medizinethik*, als letztes Beispiel, befasst sich mit moralischen Fragen im Umgang mit menschlicher Krankheit und Gesundheit. Eine ihrer Unterabteilungen, sehr alt und bis heute aktuell, ist die *Standesethik* der Ärzte. Sie ist ein Beispiel für die oben erwähnte normative Ethik, die einzelne Interessengemeinschaften – hier die von Arzt und Patient – für sich entwickeln. Ein Zeitgenosse Platons, der Wanderarzt Hippokrates, hat sie um 400 vor Christus in ihren Grundzügen formuliert.

Im antiken Griechenland gelobten angehende Ärzte unter anderem, das erworbene Wissen zum Nutzen der Patienten einzusetzen. Sie erlegten sich die Schweigepflicht auf, entschieden sich gegen Sterbehilfe (wollten also „niemandem, auch nicht auf seine Bitte hin, ein tödliches Gift verabreichen oder auch nur dazu raten"), gegen Abtreibungen und Gallenstein-Operationen (die damals beide oft tödlich endeten) und verboten sich „alle Werke der Wollust" an Patienten.

„Die hippokratische Ordnung ist eine Mischung aus ethischer Selbstverpflichtung und praktischen Grundsätzen, die das Ansehen und damit die ökonomische Grundlage des Berufsstandes sichern sollten. Sie erwies sich als so erfolgreich, dass Grundsätze wie die Schweigepflicht oder die Verbote, das Leben von Patienten zu beenden oder die Lage eines Patienten zu missbrauchen, bis heute Bestandteil der ärztlichen Berufsordnungen sind."[34]

Weshalb ist diese Standesethik der Ärzte so erfolgreich? Weil sie bestimmte, allgemein anerkannte und dauerhaft gültige Werte der normativen Ethik in konkrete Handlungsregeln übersetzt. Sie stellt die „Gemeinschaft" von Arzt und Patient auf die Grundlage von Würde und Respekt. Dadurch sorgt sie in ihrer praktischen Anwendung dafür, dass eine der wichtigsten Voraussetzungen für ein erfolgreiches Miteinander erhalten bleibt: Vertrauen. Von diesem heiklen und kostbaren Wert wird in diesem Buch noch öfters die Rede sein.

Wirtschafts- und Unternehmensethik

Die Meldung schaffte es auf die Seite 1, auch bei der Süddeutschen Zeitung: „Weltgrößter Einzelhändler Wal-Mart scheitert in Deutschland“[35]. Nach acht verlust- statt wie erhofft ertragreichen Jahren strich der US-Gigant die Segel. „Das ist eine der größten Niederlagen für die erfolgsverwöhnten Amerikaner. Das großsprecherisch angekündigte Abenteuer Deutschland ist gescheitert – weil Wal-Mart gegen die Billig-Konkurrenten Aldi, Lidl & Co. nicht bestehen konnte“, stellte die Zeitung fest.

Woran hatte es gelegen? An der Idee nicht: Das Familienunternehmen wollte in Europa als erste die Deutschen mit einer aggressiven Preispolitik, einem breiten Angebot und einem freundlichen, kompetenten Service überzeugen. „Dieses Konzept ist nicht aufgegangen“, bilanziert die *Süddeutsche*. „Fünf Mal wurde der Chefposten neu besetzt, ohne dass sich die Zahlen spürbar verbesserten. Hinzu kam, dass das Unternehmen mehrfach aufgrund schlechter Arbeitsbedingungen Schlagzeilen machte.“

Und hier, in der Unternehmens-Ethik, liegen vermutlich auch die Gründe, denn zu diesen Arbeitsbedingungen gehörte auch ein Verhaltenskodex für Mitarbeiter, in dem Wal-Mart den Angestellten untereinander quasi jeglichen privaten Kontakt, besonders am Arbeitsplatz, verbot. Das Landesarbeitsgericht Düsseldorf verbot diese Richtlinie als Verstoß gegen die Menschenwürde. Das heißt: Wal-Mart musste sich vorwerfen lassen, einen der höchsten gesellschaftlichen Werte ignoriert zu haben. Damit ist der weltgrößte Einzelhändler zum ersten Mal überhaupt gescheitert, weil Mitarbeiter und Öffentlichkeit seine Unternehmens-Ethik ablehnten. Dass diese „Premiere“ in Deutschland stattfand, ist ein klarer Beleg für die gerade bei uns gestiegene Nachfrage nach Ethik, nach der Berücksichtigung von Werten wie Respekt, Rücksicht, Anstand und Würde.

Es gibt noch andere Anzeichen dafür. Wirft man einen Blick auf die Hitliste „Wort des Jahres 2005“, die immer auch ein Indikator für die Stimmung im Volk ist, so entdeckt man unter den ersten fünf die *Heuschrecke* auf Platz 4 – nach *Tsunami*, Wir sind *Papst* und *Gammelfleisch* (Platz 1: *Bundeskanzlerin*). Die Börse Düsseldorf übrigens entschied sich 2005 ebenfalls für *Heuschrecke* – allerdings als Börsen*un*wort des Jahres. Ein schönes Beispiel für die Kollision von Berufsethik (von Brokern) und gesellschaftlicher Ethik.

Franz Müntefering, damals noch SPD-Vorsitzender, war der Initiator des Begriffs „Heuschrecke". Am 17. April 2005 schimpfte er in einem Interview in der *Bild am Sonntag* mit unverhohlenem Zorn auf Private-Equity-Gesellschaften, Hedge-Fonds und andere Formen der Kapitalbeteiligung mit mutmaßlich kurzfristigen oder überzogenen Renditeerwartungen. Es gebe darunter solche, die „verschwenden keinen Gedanken an die Menschen, deren Arbeitsplätze sie vernichten. Sie bleiben anonym, haben kein Gesicht, fallen wie Heuschreckenschwärme über Unternehmen her, grasen sie ab und ziehen weiter".

Bereits fünf Monate zuvor hatte Müntefering in einem öffentlichen Vortrag am 22. November 2004 diesen Begriff gebraucht: „Wir müssen denjenigen Unternehmern, die die Zukunftsfähigkeit ihrer Unternehmen und die Interessen ihrer Arbeitnehmer im Blick haben, helfen gegen die verantwortungslosen Heuschreckenschwärme, die im Vierteljahrestakt Erfolg messen, Substanz absaugen und Unternehmen kaputtgehen lassen, wenn sie sie abgefressen haben. Kapitalismus ist keine Sache aus dem Museum, sondern brandaktuell."[36] Auch ein Hinweis auf den Ethik-Hype in der Öffentlichkeit: „Der Kapitalismus" ist wieder in der Kritik.

Die *Unternehmensethik* ist eine Unterabteilung der *Wirtschaftsethik*. Ethiknet[37] definiert den Begriff so: „Die Wirtschaftsethik beschäftigt sich mit den Fragen, auf welche Weise und mit welcher Konsequenz ethische Gesichtspunkte und Prinzipien in der modernen Wirtschaft zur Geltung gebracht werden können. Dabei ist die Auffassung leitend, dass Wirtschaft als ein kulturelles Phänomen allgemeine gesellschaftliche Problemstellungen mitbeachten muss, wenn es um die Frage der Gegenwarts- und Zukunftsgestaltung geht."

Damit ist die Richtung vorgegeben. Eine Ethik der Wirtschaft muss gesellschaftliche Fragen berücksichtigen und kann sich nicht ausschließlich auf die Belange der Unternehmen beziehen. Entsprechend beschäftigt sich Unternehmensethik (auch) mit der Frage, welchen moralischen Wertvorstellungen Unternehmen genügen sollten. Bevor man diese Frage diskutiert, muss man sich jedoch bewusst machen, wozu Menschen Unternehmen gründen: um Gewinn zu machen. Das ist der Zweck von Wirtschaftsunternehmen, und er ist per se weder gut noch böse. Aber weil es der einzige Zweck ist, kann auch der korrekteste Unternehmer die Frage der Moral bestenfalls gleichrangig neben die des Profits stellen. Also muss die Unternehmensethik vor allem Antworten auf die Frage(n) suchen: Wie sind unternehmerisches Gewinnstreben und moralische Ideale miteinander vereinbar? Sind sie überhaupt vereinbar?

Für Aristoteles waren moralisches, wirtschaftliches und politisches Handeln nicht voneinander zu trennen; Wirtschaft und Ethik bildeten seinerzeit zusammen mit der Politik den Bereich der praktischen Philosophie, und hier sprach der Philosoph der Ethik die Priorität zu. Allerdings leben wir nicht mehr in den überschaubaren Verhältnissen eines griechischen Stadtstaates, sondern in einer globalisierten, hochkomplexen Wirtschaftswelt. Und heute hat es den Anschein, als seien Wirtschaft und Ethik kaum mehr unter einen Hut zu bringen. Die Zielrichtungen sind allzu unterschiedlich. In der Wirtschaft geht es um den Profit, die Gesetze des Marktes dirigieren das Geschehen. Die normative Ethik zielt auf eine humane und sozial handelnde Lebensgemeinschaft, in der das Wohl ihrer Mitglieder und der Zusammenhalt zählen.

Verrechenbare und nicht verrechenbare Werte stehen sich also gegenüber: materielles Wachstum hier, humanistische Ideale wie Würde, Selbstbestimmung und Solidarität dort; Beurteilung des Menschen nach Leistung und Arbeitskraft auf der einen, Einschätzung der Person nach Charakter und Gesinnung auf der anderen Seite. Die Basler Philosophie-Professorin Annemarie Pieper resümiert und fragt folgerichtig: „So stehen sich Wirtschaft und Ethik zwar nicht als Feinde, aber ganz gewiss auch nicht als Freunde gegenüber. Wie können wir also Wirtschaft, Ethik und Politik in unserer heutigen Zeit zu Verbündeten in der Not machen, so dass sie nicht gegeneinander kämpfen, sondern an einem Strick ziehen?“[38]

Die Interessengemeinschaft „Firma“

Auch Unternehmen sind Interessengemeinschaften mit eigener Ethik. Ihren konkreten Ausdruck findet eine Unternehmensethik in der Unternehmenskultur. Jede Organisation (oder Interessengemeinschaft) entwickelt eine spezifische Kultur. Auch die Zweckverbindung „Unternehmen“ stellt eine Gemeinschaft dar. Nicht nur die Unternehmensethik prägt die Kultur einer Firma, sondern auch Hierarchien, Symbole und Rituale wie Logo, Dresscode, Versammlungen etc. Die Unternehmenskultur hat einen großen Einfluss auf das Verhalten von Führungskräften und Mitarbeitern – untereinander und nach außen, in Form von Corporate Identity, Corporate Design, Kunden- und Geschäftskontakten. Deshalb liegt es im Interesse jedes Unternehmens, die Unternehmenskultur so zu gestalten, dass sie optimale Voraussetzungen zur Erreichung der Unternehmensziele bietet. Zum Beispiel sollte die Firmenleitung für eine durch alle Ebenen funktionierende Kommunikation[39] sorgen. Wie wichtig Kommunikation ist, scheint inzwischen vielen Führungskräften bewusst zu sein. Eine 2003 von der Akademie für

Führungskräfte durchgeführte Befragung hat ergeben, dass das Gespräch zwischen Vorgesetztem und Mitarbeiter das häufigste Personalführungsinstrument ist.[40]

Im Idealfall wirkt sich die Unternehmensethik bzw. -kultur nach innen so aus, dass sie den Mitarbeitern das Gefühl vermittelt, „gut aufgehoben" zu sein. Das heißt, sich in der Betriebsgemeinschaft auf gewisse Weise „zu Hause" zu fühlen, auch als Einzelner wahr- und ernst genommen zu werden und eine Wertschätzung der eigenen Leistung zu erfahren, die sich nicht nur in der Bezahlung ausdrückt. Dann bekommt das Unternehmen im Gegenzug von den Mitarbeitern Loyalität und Einsatzbereitschaft.

Genauso wichtig wie die Wirkung der Unternehmensethik nach innen ist die nach außen, denn das Image einer Firma gleicht einer Aktie mit steigender Notierung an der öffentlichen Aufmerksamkeitsbörse. Wer in unserer Leistungsgesellschaft seine Frau oder seinen Mann stehen muss, erwartet ganz besonders von denen, die Macht, Einfluss und Verantwortung haben, eine gelebte ethische Haltung. Ein Unternehmen riskiert seine gesellschaftliche Legitimation, wenn es dieses Bedürfnis der Öffentlichkeit nach Tugend ignoriert und moralische Wertvorstellungen nicht berücksichtigt.

Dafür gibt es genügend Beispiele. Der Shell-Konzern erlebte 1995 ein solches Image-Desaster, als er die überflüssig gewordene Nordsee-Ölplattform Brent Spar im Meer versenken wollte. Greenpeace schlug Alarm und besetzte die Plattform. Das Medienecho war enorm und seine Wirkung auch: Nicht nur Normalverbraucher, sondern auch einige deutsche Behörden tankten nicht mehr bei Shell, andere Organisationen riefen offen zum Boykott von Shell auf. Die Umsätze der deutschen Shell-Tankstellen sanken dramatisch. Schließlich lenkte Shell ein und entschied, die Plattform an Land zu entsorgen. Der spätere Vorstand der Deutschen Shell AG, Fritz Vahrenholt, gab das „Image-Problem"[41] unumwunden zu und die Shell-Manager reagierten in seltener Offenheit mit einer PR-Kampagne unter dem Motto „Wir haben verstanden". Dass sich später herausstellte, dass nicht, wie von Greenpeace geschätzt, 5.000 Tonnen giftige Ölrückstände an Bord der Plattform waren, sondern nur 75 bis 100 Tonnen, wog den Imageverlust von Shell nicht auf.

Es gibt viele andere Beispiele: Etwa der Sportartikelhersteller Nike, der seine Arbeitnehmer in der Dritten Welt menschenunwürdig behandeln soll, oder Konzerne wie die Deutsche Bank, die Massenentlassungen bei gleichzeitigen Rekordgewinnen ankündigten. Die missbilligende Reaktion der Öffentlichkeit hat gezeigt, dass die Bevölkerung nach Wirtschaftswunder, Jahrzehnten des Überflusses, der größten bisherigen Nachkriegs-Wirtschaftskrise und dem Geiz-ist-geil-Hype sensibel geworden ist für Ethik und Moral und fordert beides von Wirtschaft und Politik.

Der Grund wirtschaftlichen Handelns, der Gewinn, ist ursprünglich kein Selbstzweck, sondern ein mittelbarer: Der Profit (nach Peter F. Drucker ein Produkt, das einen Nutzen stiftet) dient seinerseits weiteren Zielen des persönlichen Lebensunterhalts und des unternehmerischen Wirtschaftens. Ohne das Korrelat der Ethik droht das Ziel „Gewinn" jedoch zum unmittelbaren, das heißt zum Selbstzweck zu werden. Dann besteht die Gefahr einer „Entmenschlichung" der wirtschaftlichen Praxis.

„Ethik zielt auf das gute und richtige Handeln. Ethik sucht Vernunftgründe für das eigene und fremde Tun. Sie entfaltet sich häufig als geistiges System. Immer aber als regulatives System des Alltags", stellt Ulrich Hemel fest.[42] Auch die Wirtschaft insgesamt sowie das einzelne Unternehmen bedürfen dieses „regulativen Systems", denn wenn das Ziel nur noch die Durchsetzung von Eigeninteressen und größtmöglichem Profit ist, öffnet sich die Schere zwischen Arm und Reich immer weiter, mit allen Konsequenzen für die Gesellschaft. Wir können diesen Mechanismus längst beobachten. Doch das ausschließliche und rücksichtslose Streben nach Nutzenmaximierung, das ungerechte Verhältnisse fördert, ist ethisch nicht zu rechtfertigen.

Allerdings kann dies, wie schon erwähnt, dem Unternehmen, da sein ursprünglicher Daseinsgrund der Profit ist, nicht als hinreichendes Kriterium genügen. Es gibt jedoch auch handfeste Gründe für eine Unternehmensethik. Ulrich Hemel sieht ethisch verantwortliches Handeln als „Produktivkraft" im Unternehmenskontext: „Die Wahrscheinlichkeit ist nämlich durchaus hoch, dass im ethischen Sinn besser vorbereitete Entscheidungen, über deren Folgen in angemessener Zeit und in wesentlichem Umfang hinreichend informiert wird, letzten Endes auch die unternehmerisch tragfähigen Entscheidungen sein werden."[43]

Wirtschaft braucht Ethik – im Interesse sowohl der Unternehmer als auch der übrigen Mitglieder einer Gesellschaft, denn beide profitieren vom Zusammengehen dieser auf den ersten Blick unvereinbaren Bereiche. Ich möchte zugespitzt formulieren: Wirtschaften ohne Rücksicht auf ethische Normen kann sich eine zivilisierte Gesellschaft nicht gefallen lassen, will sie dieses Adjektiv weiterhin verdienen, und auf lange Sicht wird ein Unternehmen ohne ethische Grundsätze wirtschaftlich nicht erfolgreich sein.

Werte – mindestens haltbar bis?

Was sollen und dürfen wir tun und was sollten wir besser lassen? Bei der lebenslangen Suche nach den Antworten hilft uns Ethik, die „Wissenschaft vom Sittlichen". Sie sucht, findet und formuliert moralische Verhaltensregeln, nach denen wir uns richten (sollten). Woher aber „weiß" die Ethik, was richtig und was falsch ist? Sie erfährt es von denen, für die sie die Regeln macht: von uns. Die Ethik, nach der wir uns richten, bildet eine Art Koordinatensystem, in dem wir uns bewegen.

Der Rohstoff dieser „normativen Ethik" sind Werte. Ein Wert ist aber zunächst nur ein leerer Begriff (daraus folgt auch, dass es „absolute" Werte nicht gibt) – „gefüllt" wird er erst vom Individuum und von Gemeinschaften auf Konsensebene. Wir haben erstens Bedürfnisse und machen zweitens Erfahrungen. Das Ergebnis sind Empfindungen, Meinungen und Beurteilungen und diese münden in die Entdeckung und Benennung von Werten, mit deren Hilfe wir uns in der Welt, in der wir leben, zurechtfinden.

Wir bewerten Dinge und drücken damit Überzeugungen aus. Meinungen und Überzeugungen sind aber nicht nur sehr unterschiedlich, sondern großenteils auch flüchtig. Sie ändern sich, je nach Objekt schneller oder langsamer, und mit ihnen auch die Bewertungen. Das heißt nicht, dass Werte grundsätzlich einer Mindesthaltbarkeit unterliegen, denn es gibt auch Überzeugungen, die zum dauerhaften Konsens geworden sind: die vom Wert der Freundschaft, der Gesundheit, der Sicherheit ... Das Paradoxe an Werten, die „ewig" gelten: Wir verlernen, sie zu schätzen. Erst wenn sie uns abhanden kommen oder wir ihr Fehlen unangenehm spüren, fällt uns wieder auf, wie kostbar das nur scheinbar Selbstverständliche ist.

„Ihre Meinung ist das genaue Gegenteil der meinigen, aber ich werde mein Leben daran setzen, dass Sie sie sagen dürfen." Diese nonchalante Kampfansage des französischen Philosophen Voltaire (1694–1778) macht auf großartige Weise den hohen Wert Meinungsfreiheit deutlich, die zusammen mit der Presse- und der Versammlungsfreiheit zu den kaum zu überschätzenden, uns längst als unbestreitbar und als selbstverständlich geltenden Grundwerten der Demokratie zählen. „Zählen", also als Werte hochgehalten, werden diese drei wohl immer – aber das heißt nicht, dass sie unangreifbar sind.

Neben solchen ideellen und abstrakten stehen die materiellen, konkreten Werte. Sie sind allerdings ursprünglich nur Mittel zum Zweck: Der Wert „Geld" gilt uns nur deshalb so viel, weil wir damit indirekt andere Werte kaufen wollen: Unabhängigkeit, Glück, Sicherheit, Unbeschwertheit, Geltung, Bewunderung. Doch auch das Geld als solches ist – wie die meisten anderen „konkreten" Werte – ein recht flüchtiger Wert. Das letzte Hemd hat keine Taschen, wie der Volksmund diese Tatsache so lakonisch wie treffend ausdrückt.

Die Ethik baut natürlich nicht auf vergängliche, sondern auf möglichst haltbare Werte wie Anstand, Mitgefühl, Rücksichtnahme und Gerechtigkeit. Eben auf die sittlichen Werte, die mit Hilfe der ethischen Verhaltensregeln im täglichen Leben ihre Anwendung finden sollen, auf dass wir nicht nur gut miteinander auskommen, sondern auch jeder möglichst viel davon hat, sich in die Gemeinschaft zu integrieren und sich an ihre Regeln zu halten.

Das klingt so einfach – warum ist es trotzdem so schwer? Weil erstens jedes Individuum sich dadurch auszeichnet, dass es ganz persönliche Vorstellungen, sprich Werte, verteidigt. Die können leicht mit denen der anderen und/oder mit denen der Gemeinschaft in Konflikt geraten. Und zum Zweiten ändert sich die persönliche Werteskala immer wieder: Was ich heute wichtig finde, kann ich morgen als nebensächlich abtun. Und diese unüberschaubare Menge von Werten verschiedener Kategorien stößt in jedem Augenblick wie eine Million Legosteine in einer riesigen Waschtrommel gegeneinander. Deshalb bedarf es der übergeordneten, dauerhaften Werte, die in geschriebenen Gesetzen und ungeschriebenen ethischen Normen (Beispiele: BGB/Die Zehn Gebote/Der kategorische Imperativ) festgehalten werden und dafür sorgen, dass das Sozial- und Wirtschaftsleben funktioniert.

Wertvolle Prägungen – Wie wir werten lernen

Wenn wir geboren werden, haben wir noch keine bewussten, reflektierten Meinungen und Werte. Dazu muss das Gehirn so weit entwickelt sein, dass wir uns als Ich in Abgrenzung zum Rest der Welt begreifen. Damit beginnt der lebenslange „Werte-Unterricht", zunächst natürlich vor allem in der Regel durch die Eltern, deren Vorbild wir nachahmen. Das gelebte Vorbild der Menschen, die uns als Kinder am nächsten stehen und denen wir von Natur aus bedingungslos vertrauen, beeinflusst uns viel stärker als bloße Vorschriften und Verbote. Und auch in späteren Jahren bleiben wir offen für Vorbilder (vgl. auch Kapitel III).

Weitere Wertevermittler sind Schule, Kirche, Medien und die Sozialkontakte außerhalb des Elternhauses. Unsere Sozialisation ist die Zeit unserer grundsätzlichen Prägung von Vorlieben, Abneigungen, Meinungen und Werten, die ihrerseits auf genetische Gegebenheiten trifft. Es ist der Beginn einer lebenslangen, in Wechselwirkung ablaufenden Entwicklung: Wir ändern unsere Meinungen, Ansichten, Urteile und auch Werte, weil wir uns mit jedem Tag voller Erfahrungen verändern. Das betrifft den Teil der „Festplatte" in unserem Kopf, der immer wieder überschrieben werden kann. Dass wir uns irgendwann von zu Hause lösen und uns schwören, nie so zu werden wie unsere Eltern, nur um später immer öfter festzustellen: „Ich rede genau wie sie", ist unserem „Betriebssystem" geschuldet, sprich: unseren Genen.

Werte und die ethischen Normen, die auf ihnen basieren, gelten also nicht *an sich*, sondern immer nur *für uns*. Moralisch zu begründen sind nicht die Werte selbst, sondern nur, warum es für uns sinnvoll ist, sie zu akzeptieren und uns nach ihnen zu richten. Werte werden er- und gelebt. Ein paar Beispiele, die dieses „Werte-(Er)Leben" in Worte fassen:

„Was für ein Glück ist die Schönheit! Man zieht sie der Anmut der Seele vor." So klagte einst die Schwester Goethes, Cornelia. Sie war nicht besonders hübsch und musste erleben, dass die Werte, die sie vorzuweisen hatte, nämlich Klugheit und Bildung, gegen den der Schönheit nicht ankamen.

„300 Jahre meines Nachruhms für eine gute Verdauung." Noch ein Zitat von Voltaire, gar nicht philosophisch-theoretisch, sondern menschlich-konkret. Auch große Denker haben einen Körper, der ihnen Probleme macht. Dieses Beispiel drückt erstens aus, welchen hohen Stellenwert die Gesundheit bzw. die für das Wohlbefinden grundlegende Verdauung auch bei Voltaire hat. Zweitens belegt es – dadurch, dass nicht jeder diese Aussage nachvollziehen kann –, dass wir solche Werte nur dann richtig schätzen, wenn wir sie missen müssen.

„Schmeckt genau wie Pepsi Cola."[44] Eine harmlos erscheinende (und sicher auch so gemeinte) Bemerkung von Eduard Schewardnadse nach einer Trinkprobe in einer neuen Coca-Cola-Fabrik 1993 in Georgien. Der damalige georgische Staatspräsident hatte als Kind nicht den amerikanischen Wert „Coca Cola" kennen gelernt bzw. erlebt, dass die Entscheidung für eines der beiden Cola-„Lager" in den USA nahezu eine Glaubensfrage ist. Er hat mit diesem Satz schlicht seiner persönlichen Wertung Ausdruck verliehen – und damit vermutlich Millionen Amerikaner in ihrem Werteempfinden beleidigt.

„Gott, erhalte uns die D-Mark und bewahre uns vor dem Euro. Und bestrafe den Waigel, wenn der diese Währung doch noch durchsetzen sollte." Die gute, alte Mark mochte eigentlich niemand in Deutschland hergeben. Sie war nicht nur ein Geld-Wert, sondern verkörperte auch andere deutsche Werte: den Wirtschaftsaufschwung der Nachkriegszeit, das Ansehen des „Made in Germany" im Rest der Welt, die nationale Identität, wirtschaftliche Stabilität und Leistung. Deshalb fürchteten sich viele Deutsche vor der Einführung des Euro. Dieser Furcht vor dem Werteverlust durch die Einführung einer europäischen Einheitswährung gab ein Besucher der Münchner St. Lukas-Kirche mit diesem Gästebucheintrag am 7. Mai 1997 zornigen Ausdruck.

Es gibt viele unumstößliche Werte, deren Dauerhaftigkeit damit zusammenhängt, dass sie für das Miteinander unverzichtbar sind. Der Mensch kann nicht allein existieren, er ist angewiesen auf die Interaktion mit anderen. Und für diese Interaktion braucht es grundsätzliche Werte und Regeln, die dem aktiven Gemeinschaftswesen einen dauerhaft festen Grund bieten.

Man könnte sich nun fragen, wie es denn sein kann, dass viele dieser hehren Werte – Anstand, Rücksichtnahme, Respekt, Toleranz, Lauterkeit, Geduld, Vertrauen – so oft mit Füßen getreten werden, wenn sie doch so unabdingbar sind. Darauf gibt es eine einfache Antwort: Die Gemeinschaft wird zusammengehalten von Menschen, die diese Werte oft ganz unbewusst tagtäglich leben. Wären die großen und kleinen Werteschänder und ihre Missetaten in der Mehrheit, würde unsere Gesellschaft in Anarchie verfallen. Aber die schweigende Masse, die jeden Tag ihren Pflichten nachgeht, die vielen, die gut für ihre Familie sorgen, alle diejenigen, die sich als Nachbarn helfen, die Probleme lösen und ungefragt Unterstützung geben, wo es nötig ist, die mitmachen, ohne lange zu fragen, einfach, weil es sein muss: diese noch immer überwältigende Mehrheit ist es, die das ganze Riesen-Netzwerk „Gesellschaft" am Laufen hält, das so tragfähig ist, dass es die Regelbrecher nicht zerstören können.

Andersherum und mit Ulrich Hemel ausgedrückt: „Obwohl viele Menschen darin geübt sind, Werte vor allem unter dem Gesichtspunkt ihrer Relativität zu sehen, gelingt es zum Glück nur wenigen, sich auf Dauer der elementaren Kraft ihres eigenen Gewissens zu verschließen."[45] Die Mehrheit lebt danach und sichert somit den Fortbestand der Gesellschaft. Ein Übriges tun die in Gesetze gegossenen Werte, vor allem die Grundrechte der Demokratie, wie die unantastbare Würde des Menschen und die ihm garantierte Freiheit der Rede, der Versammlung, der Presse und der Religionsausübung.

Es lässt staunen, wenn man bedenkt, dass es eine durchaus überschaubare Anzahl von Dauer-Werten ist, die unser Zusammenleben ermöglichen, während die allermeisten Werte aber flexibel sind. Derzeit ist viel vom Wertewandel die Rede; die Diskussion über das, was wichtig und richtig ist, wird in allen Medien geführt. Werte, sprich Tugenden, sind viel mehr als bloß „en vogue", da die Sehnsucht danach tief und echt ist und eher noch wachsen wird, wie immer in Zeiten zunehmender Ängste: „Nicht Werteverlust, sondern Wertewandel und Orientierungslosigkeit prägen das Bild unserer Zeit", stellt u.a. Ulrich Hemel fest.[46]

Das Wertesystem einer Gesellschaft ändert sich mit ihr und ihrer Kultur, die man allgemein etwa umschreiben könnte mit „das sich fortentwickelnde Gesamtbild der Denkweisen, Handlungen, Regeln in einer Gesellschaft, alle Bereiche betreffend". Forschung, Entwicklung und technischer Fortschritt, politische und wirtschaftliche Entscheidungen und Aktivitäten tragen maßgeblich zur Kultur einer Gesellschaft bei. Im Zuge dieser ständigen Bewegung ändern sich auch Werte. Dramatisches Beispiel: Im Krieg erfährt der Wert des Lebens – ausgedrückt im Verbot zu töten – eine Änderung. Um den Wert „Heimat" oder „Nation" zu schützen, wird der des Lebens (auch des eigenen) vorübergehend untergeordnet. Zurzeit erleben wir die Infragestellung der Absolutheit des Wertes „Leben" in den Diskussionen um Embryonenforschung und Sterbehilfe.

War früher alles besser? – Werteentwicklungen

Der Ideologie der Nationalsozialisten lag ein ganz eigener Zugriff auf Werte zugrunde. Ihre Verfechter pervertierten bestimmte Werte derart, dass sie lange in Quarantäne waren, „Vaterland" und „Nationalstolz" zum Beispiel. Oder „Pflicht" und „Ehre" im Zusammenhang mit nationalen Fragen. Außerdem haben die Nazis Werte eingeführt wie den der „überlegenen Rasse" und des „Herrenvolks" der Arier. Menschenwürde und Menschenrechte, Freiheit und Gerechtigkeit, Respekt und Toleranz, die Ideale von Humanismus und Aufklärung waren im Dritten Reich außer Kraft gesetzte oder missbrauchte Werte.

Die Werteentwicklung in der Nachkriegszeit entsprach der Gefühlslage der Nation, die mit einem zerstörten Land, völliger Entehrung im internationalen Ansehen und der unbezifferbaren Schuld nicht nur am Tod von Millionen Menschen zurechtkommen musste. Den psychologischen Teil der Problematik verdrängten die meisten Deutschen aufgrund seiner Unerträglichkeit bis auf weiteres; die „neuen" Werte betrafen daher und aus purer Not heraus zunächst nicht die Aufarbeitung des Geschehenen, sondern den Wiederaufbau und die Existenzsicherung: Die „bürgerlichen" Tugenden Sparsamkeit, Fleiß und Opferbereitschaft kennzeichneten die Wirtschaftswunderjahre, die der Wirtschafts- und Währungsreform Ludwig Erhards folgten.

Den „68ern" waren im Gegensatz dazu neben diesen auch andere geltende Werte wie Keuschheit vor und Monogamie in der Ehe oder strenge Autorität in Hierarchien suspekt. Ihre Be-Wertung lautete: überholt und entsorgungsbedürftig. Von den Eltern, sprich der Kriegsgeneration, hochgehaltene und gepredigte Werte wurden zu Unwerten: Aus „Tradition" wurde „Muff", „Ordnung" geriet zur „Einengung", „Treue" (in der

Zweierbeziehung) zu „Egoismus“ und „Spießigkeit“. Die Protestgeneration hat langfristig einen massiven Wertewandel bewirkt, besonders für die Stellung der Frau in Bildung und Erziehung und im sexuellen Bereich. Die Werte Gehorsam und Unterordnung wichen denen der Selbstständigkeit und des freien Willens sowie einem Rechtsanspruch, der sich in dem Motto „Gleiches Recht für alle“ ausdrückte.

Die weitere Werte-Entwicklung war geprägt von jahrzehntelangem Frieden, der ständigen Steigerung des materiellen Wohlstands, stetigem technischem Fortschritt und der Globalisierung. Sie führte zur jüngsten Neuausrichtung des allgemeinen Wertekanons: Materielle Werte verloren an Bedeutung, während postmaterielle Werte wie Selbstverwirklichung, bürgerschaftliches Engagement und die Rückkehr zur Religiosität an Bedeutung gewannen.

Doch noch bestimmt das Freiheitsversprechen der Ökonomie die Werte-Konstellation der Mehrheit. Gleichzeitig drückt sich das Unbehagen an einer übersteigerten Individualisierung, die in Egozentrik mündete, und am herrschenden Materialismus in der Wertediskussion aus. Den Menschen ist bewusst, dass jede Gesellschaft, will sie überleben, gemeinsame Werte braucht – und dass jeder Einzelne, will er sich „selbst verwirklichen“, dazu beitragen muss, dass diese Werte in der Gesellschaft gelebt werden.

Ist heute alles schlechter? – Werte aktuell

„Die Deutschen definieren Wohlstand neu“, so betitelt das BAT Freizeitforschungsinstitut aus Hamburg das Ergebnis seiner repräsentativen Umfrage nach der persönlichen Wohlstands-Definition von 2.000 Bundesbürgern.[47] Nach dem Ende des materiellen Daueraufschwungs passt sich der Wert „Wohlstand“ den Tatsachen an: Hartz IV, sinkende Realeinkommen und unsichere Zukunftsvorsorge führen dazu, dass die Bundesbürger lieber glücklich (67 Prozent) als reich (46 Prozent) sein wollen. Wohlstand ist demnach für die Bevölkerung zu einer Frage des sozialen Wohlbefindens geworden. Und dazu gehören vor allem Familie (64 Prozent) und gute Freunde (64 Prozent), außerdem eine „intakte Natur“ (67 Prozent), eine „tolerante Welt“ (64 Prozent) und das Dasein füreinander (68 Prozent). Wohlstand kann also heute auch bedeuten, weniger Güter zu besitzen und trotzdem besser zu leben.

Gleichzeitig und aus denselben Gründen stellt „Arbeit“ einen hohen Wert dar. Arbeit ist knapp, und sie ist auch mehr als nur Geldverdienen. Wer arbeitslos ist und im Lotto gewinnt, wird zwar beneidet, glücklich ist er in der Regel aber (langfristig) nicht, wenn er nicht trotz des Geldsegens irgendeiner sinnvollen Tätigkeit nachgeht. Denn Arbeit gibt dem Leben selbst im Fall, dass man sie nicht besonders liebt, einen Sinn. Man wird gebraucht, findet Bestätigung und sieht, was man geschafft hat. „In den meisten Fällen macht Arbeit zufrieden“, stellt Rainer K. Sprenger fest.[48]

Die Leistungsgesellschaft zeichnet sich aber nicht nur durch die aus, die – zumindest vorübergehend – auf der (Job-)Strecke bleiben, sondern auch durch die, die (unbezahlte) Überstunden anhäufen und zu wenig davon haben, wovon die ohne Job zu viel haben: Freizeit. Freizeit wird für diese Menschen zum Luxus und hat für sie einen besonders hohen Wert. „Die Arbeitsbelastung der Deutschen nimmt zu, das Geld wird knapp und Zeitnot kehrt in die privaten Haushalte ein“, resümierte das BAT Freizeitinstitut.[49] „Jeder dritte Bundesbürger (34 Prozent) hat keine drei Stunden Freizeit pro Tag zur Verfügung. Für die Hälfte (50 Prozent) der Berufstätigen (Frauen: 55 Prozent, Männer: 46 Prozent) fängt der Feierabend frühestens gegen 19.00 Uhr an und ist noch vor 23 Uhr, wenn sie müde ins Bett fallen, schon wieder zu Ende. Arbeitszeitverlängerungen ohne Lohnausgleich und der Trend zur 40-Stunden-Woche können folgenreich sein: Auf der einen Seite überwiegt die Freude über Beschäftigungs- und Standortgarantien, andererseits wird über Freizeitverluste und wachsende Zeitnot geklagt. Die Jobsicherung ist schließlich nicht umsonst zu haben: Sie kostet ein Stück Privatleben.

Und wie steht es mit den Tugend-Werten? Wie hat die wirtschaftliche Abwärtsentwicklung die Moral der Deutschen beeinflusst? Das Institut für Demoskopie Allensbach hat Mitte des Jahres die Resultate der Erhebung „Moral 2006“ veröffentlicht.[50] Der Autor Edgar Piel stellte zur Ausgangsfrage „Wie halten es die Deutschen mit der Moral?“ lapidar fest: „Ziemlich strikt, zumindest verbal“. Konkret heißt das: „Trunkenheit am Steuer“ ist für fast 80 Prozent der Befragten „unter keinen Umständen in Ordnung“. Der „Drogenkonsum“ kam beim Negativ-Ranking mit 73 Prozent noch vor „Bestechlichkeit“ und „Diebstahl von Kleinigkeiten“ (jeweils 70 Prozent). Weit weniger dramatisch scheint Schwarzarbeit für uns zu sein (nur für 20 Prozent „unter keinen Umständen in Ordnung“). „Für den eigenen Vorteil auch mal zu lügen“ ist ebenfalls nur für die Minderheit untragbar (23 Prozent). Steuerhinterziehung finden 55 Prozent absolut unmoralisch und 69 Prozent verurteilen den Missbrauch von Sozialleistungen aufs Schärfste. Bleiben 45 beziehungsweise 21 Prozent, die nichts dabei finden, den Staat respektive die anderen Steuerzahler zu betrügen – oder die es zumindest zugeben. Bei solchen Umfragen bekommt man natürlich auch „erwünschte“, aber nicht unbedingt ehrliche Antworten.

Der Vergleich mit früheren Allensbach-Umfragen demonstriert den Einfluss der Veränderungen in der Lebenswelt des Einzelnen auf seine

Werte: Das Thema „Trunkenheit am Steuer“ ist in seiner Wertigkeit seit 1981 fast unverändert geblieben – für eine Veränderung hat es keinen äußeren Anlass gegeben. Gleich geblieben ist auch das Anstandslevel in Sachen Missbrauch von Sozialleistungen, was den Klagen aus der Politik über das angebliche „Schmarotzertum“ in aller Klarheit entgegenzuhalten ist. Die Ablehnung von Bestechlichkeit ist heute um vier Prozentpunkte strikter als 2001 (66 Prozent), die von Steuerhinterziehung sogar um 6 Prozentpunkte (2001: 49 Prozent). Dass diese beiden Straftaten heute strenger beurteilt werden als vor fünf Jahren, hängt sicher damit zusammen, dass die Bevölkerung in schlechten Zeiten genauer hinschaut, wie es die „Großkopfeten“ in Wirtschaft und Politik mit der Tugend halten. Wenn der Gürtel enger geschnallt werden muss, erwarten die Menschen von den Verantwortlichen der Gesellschaft, von der Elite, Solidarität und Vorbildcharakter, und das völlig zu Recht.

EXKURS

Der Deutsche ist humorlos, verkrampft und ewig am meckern – ein Klischee, das uns im Ausland lange anhing. Die Fußball-WM war eine große Chance, dieses Bild zurechtzurücken, und wie es aussieht, haben die Deutschen diese Gelegenheit genutzt. Die *Financial Times Deutschland*[53] hat eine Auswertung von mehr als 400 englischsprachigen Zeitungsartikeln und Agenturberichten aus aller Welt veröffentlicht und das Deutschlandbild im Ausland nach der WM untersucht. Vorher, im Januar und Februar 2006, hatte die ausländische Presse und Februar noch recht kühl „typisch“ deutsche Eigenschaften wie „sicher“ und „erfolgreich“ betont. Nahezu euphorisch waren die Attribute dagegen nach dem wochenlangen direkten Kontakt mit den Germans: *The Daily Telegraph* lobte den „Weltmeister der Organisation“ und garnierte diesen Titel mit Adjektiven wie „freudig, entspannt und begeisterungsfähig“, „herzlich, weltoffen und vergnügt“. Die *Times* fügte „patriotisch und leidenschaftlich“, „unaggressiv und freundlich“ hinzu. Die *New York Times* befand: „Stereotypen über das Land wie beispielsweise die ausgeprägte Liebe zur Ordnung erwiesen sich als größter Irrtum eines Turniers, das mit festivalartigem Charakter und überschwänglicher Generosität der Deutschen ausgetragen wurde.“ „Neu gefundenen Nationalstolz“ attestierte die asiatische *The Straits Time* den Deutschen, und die amerikanische *Daily Post* ergänzte: „Der neue deutsche Patriotismus definiert sich nicht politisch, sondern kulturell.“

Und welche Werte attestieren die Deutschen sich selbst? *Die Welt* fragte nach. Das Resultat: Auf Platz 1 der nationalen Identifizierung steht der Wert der „Freiheit, seine Meinung öffentlich frei äußern zu können". Mit Stolz (auch ein Wert) blickten die Befragten auf „das, was nach 1945 ihre freiheitliche Antwort auf die destruktive Tyrannis gewesen ist: Wiederaufbau und Grundgesetz, in dessen Zentrum die Würde des Menschen steht." Außerdem bewerten sich die Deutschen als fleißig und gründlich, gerechtigkeitsliebend und höflich.

„Was die Zahlen lehren, ist die Wahrheit", kommentierte der Historiker Christoph Stölzl.[55] „Die Deutschen leben in ihren Gefühlen dort, wo sie eigentlich immer hingehört haben, im Gehäuse der europäischen Werte von Freiheit, Gleichheit und Brüderlichkeit. Die heutigen Deutschen sind in den Tiefenschichten ihrer nationalen Mentalität ihren europäischen Nachbarn zum Verwechseln ähnlich. Gerade weil sie die totale Zerstörung ihres Lebenshauses noch so gut erinnern, sind sie gänzlich desinteressiert an anderen Grundwerten als denen, die allen Menschen guten Willens gleich heilig sind." Und Stölzl resümiert: „Was ist typisch deutsch? Das typisch Menschliche: Stolz aufs gemeinsam Vollbrachte, Freude am Leben, so wie es der Gattung Mensch eingeboren ist: in Freiheit."

Werte in Wirtschaft und Unternehmen

„Wirtschaft" kommt von „Wert schaffen". Damit sind in erster Linie materielle Werte, z. B. Geld und Güter, gemeint. Wir schaffen sie, indem wir „handeln", etwas „unternehmen". Das können wir nicht aus dem Nichts, dazu müssen wir auf bereits vorhandene Werte (Ressourcen) zugreifen.[56] Auch unsere eigene Arbeitskraft gehört dazu. Vom Angestellten bis zum Inhaber einer Firma gilt: Alle investieren wesentliche Teile der Guthaben ihrer persönlichen Wertkonten wie Zeit, körperliche Kraft und geistige Leistungen in ein Unternehmen mit dem Ziel, einen Gegenwert zu erhalten, zum Beispiel in Form eines Lohns oder eines (Bilanz-)Gewinns.

Ein Unternehmen kann aber, genau wie jeder einzelne Mensch, nur durch Interaktion mit anderen existieren. Deshalb enthält Wirtschaften auch die Komponente des sozialen Handelns. Damit dies möglichst problemlos funktioniert, ist zweierlei zu berücksichtigen: auf der einen Seite der übergeordnete gesellschaftliche Wertekanon und die Ethik, die diesem entsprechende Verhaltensregeln aufstellt, und auf der anderen Seite die individuellen Wertepools der einzelnen Menschen sowie der unterschiedlichen Gruppierungen, mit denen man interagiert (Mitarbeiter, Vorgesetzte etc.). „Da Unternehmen innerhalb einer Gesellschaft agieren, können sie langfristig nur dann überleben, wenn sie sich an die Regeln und Normen der Gesellschaft halten. Diese Normen sind nicht nur ökonomischer (Gewinn erwirtschaften), rechtlicher (Gesetze einhalten), sondern auch moralischer (nicht gegen die geltende Moral verstoßen) Natur", formuliert Matthias König.[57]

Die immer wieder neu aufgelegte Diskussion in diesem Zusammenhang dreht sich also um die Frage: Wie muss das Verhältnis zwischen den unternehmerischen Wert-Interessen und den denen der Beteiligten aussehen? Die Tatsache zu kritisieren, dass Profit das erste Ziel eines Wirtschaftsunternehmens darstellt, ist naiv. Genauso gut könnte man sich darüber beschweren, dass Wasser nass ist. Das Wort „Profit" wird zwar umgangssprachlich oft mit negativem Beigeschmack verwendet. Dennoch ist der Begriff objektiv wertfrei.

Im Zusammenhang betrachtet ist Profit die Voraussetzung für die Entscheidung, ein Unternehmen zu gründen. Das können wir jederzeit praktisch nachvollziehen: Vor jedem Handgriff, den wir tun (sobald wir also irgendetwas „unternehmen"), steht uns ein Ziel vor Augen. Und nur, wenn wir dieses Ziel wirklich erreichen wollen, setzen wir uns „in Bewegung". Ich muss Energie investieren, weil ich etwas „gewinnen" will. Auch der Unternehmer in spe braucht für seine Entscheidung und ihre Umsetzung zunächst das Ziel vor Augen, eine Motivation, die ihn „bewegt".

Profit oder Wertschöpfung ist also keine wertende Bezeichnung. Erst die Art und die Umstände des Vorgangs drücken dem Ganzen den Beurteilungs-Stempel auf. Ulrich Hemel stellt dazu ganz richtig fest, dass das Erwirtschaften von Gewinnen nicht grundsätzlich etwas mit Habgier und Selbstsucht zu tun habe, „sondern auch mit Freiheit, Initiative, Kreativität und Gestaltungswillen (...). Es ist ethisch wertvoll und geboten, soweit und so lange es in einem geordneten Rahmen praktiziert wird."[58]

Die Abmessung dieses Rahmens ist dabei Interpretationssache. Die Klage der Basler Philosophieprofessorin Annemarie Pieper jedoch ist Allgemeinkonsens: „Wir kennen trotz der Vielfalt an Werten in den verschiedenen Dimensionen unserer Lebenswelt nur noch einen Grundwert: den des Profits. Der Wertbegriff hat sein qualitatives Moment verloren und wird nur noch auf quantifizierbare Gegenstände bezogen. Wo von Wertakkumulierung und Wertsteigerung die Rede ist, gilt nur das als wertvoll, was zur Gewinnmaximierung beiträgt. Das Geld avanciert zum Wert schlechthin."[59]

Noch einmal auf den Punkt gebracht: Der Wert „Gewinn" bzw. das Erwirtschaften von Gewinn ist per definitionem das Ziel eines Unternehmens. Es muss jedoch so geschehen, dass jedes Unternehmen Teil der Gesellschaft und damit von Interaktion abhängig ist. Das Wirtschaften hat daher bestimmten Regeln zu folgen, den Regeln einer Ethik der Verantwortung im umfassenden Sinn. Sie schließt interne und externe, konkret-materielle wie abstrakt-ideelle Werte ein. Zu den internen Werten gehören Sach- und Finanzkapital, Fremdkapital, Rohstoffe, Verbindlichkeiten, Produktionsanlagen, Immobilien auf der einen, Nachhaltigkeit, Kundenorientierung, Teamgeist, Transparenz, Glaubwürdigkeit auf der anderen Seite, um nur einige wenige Beispiele zu nennen. Zu den externen und die Verantwortung des Unternehmens ebenfalls tangierenden Werten zählen unter anderem die Umwelt, Infrastrukturen oder kommunale Einrichtungen. Umgekehrt müssen die Kommunen Verantwortung beispielsweise im Umgang mit den Gewerbesteuern übernehmen.

Der wichtigste Unternehmenswert aber sind die Mitarbeiter, das „Humankapital", was nicht die Menschen als solche meint, sondern ihre Leistung, ihre Loyalität und alle übrigen in ihre Arbeit eingebrachten Werte. Diese Tatsache, dass auf Platz 1 des Firmenwerte-Liste die Mitarbeiter stehen, ist ein Beleg für den Wandel von Unternehmenswerten. Zur Zeit der industriellen Revolution war der Fabrikarbeiter noch so gut wir gar nichts „wert", was sich in Hungerlöhnen und inhumanen Arbeitsbedingungen widerspiegelte. Die gesellschaftlichen Werte „Hierarchie" und „Stand" gelten auch heute noch, waren damals aber sehr viel ausgeprägter. Der bis zur Selbstverleugnung reichende „Respekt" von Angestellten gegenüber den Firmeninhabern, Geschäftsführern und Prokuristen (und allen anderen Vertretern damaliger Eliten – Militär und Behörden vor allem), der seinen optischen Ausdruck im „Kotau" fand, galt als unverzichtbar für die damalige Vorstellung von Karriere.

Heute setzt sich allmählich die Erkenntnis durch, dass das Menschliche wertvoller ist als das Materielle, auch in einem kapitalistischen Wirtschaftssystem. Das echte, das wesentliche Vermögen eines Wirtschaftsunternehmens besteht nicht in Geld und Gut, sondern in den lebendigen Werten. Bernhard von Mutius zählt zu diesen „immateriellen Vermögenswerten" vor allem das „intellektuelle Kapital, das in den Köpfen und in grenzüberschreitenden Beziehungsnetzwerken kaum sichtbar verborgen ist. Dazu gehören Kreativität und Kundenorientierung, Kommunikations- und Kooperationsfähigkeit ebenso wie Teamgeist, Toleranz, Transparenz und Integrität. Diese „Beziehungs-Werte" ermöglichen erst die wertschöpfenden Prozesse der Verwandlung von Wissen in funktionierende, marktfähige Innovationen."[60]

Die Beziehungs-Werte von Mutius sind von grundlegender Bedeutung. Ich möchte jedoch noch einen Schritt weitergehen, hinein in den besonders in Wirtschaftskreisen ungern offen thematisierten Bereich der menschlichen Psyche, der Vertrauen heißt – ein Wert, der in Führungsetagen (und nicht nur dort) zwar Lippenbekenntnisse erfährt, dem in der Praxis aber offenbar unüberwindliche Hürden entgegenstehen. Vertrauen heißt Kontrolle abgeben, Risiken eingehen, wird womöglich mit „Schwäche" übersetzt. Es stimmt, dass Vertrauen enttäuscht werden kann. Doch wie wir noch sehen werden, ist das Gegenteil viel öfter der Fall. Vertrauen, so heißt es nach wie vor, muss man sich verdienen. Aber es wird umgekehrt ein Schuh daraus: Eine Führungskraft muss es zuerst wagen, ihren Mitarbeitern zu vertrauen, damit diese überhaupt beweisen können, dass sie das Vertrauen ihrer Vorgesetzten verdienen.

Es kann nicht oft genug betont werden: Vertrauen ist einer der kostbarsten Werte, wenn nicht sogar der kostbarste, jeder Form der sozialen Beziehung bzw. Zusammenarbeit, also auch in jedem Wirtschaftsunternehmen. Man darf das Wort „kostbar" hier durchaus im doppelten, also auch im materiellen Sinn verstehen: Vertrauen – übrigens sowohl das nach außen als auch das nach innen, das Selbst-Vertrauen – ist einer der profitabelsten Unternehmenswerte überhaupt.

Verantwortung – der Rucksack des Handelns

Der Wortstamm des Begriffes Verantwortung lautet „Antwort", also Erwiderung. Gebraucht wird das Verb „verantworten" seit dem Mittelhochdeutschen (etwa zwischen 1050 und 1350). Zuerst bedeutete es „verstärkt antworten", dann „vor Gericht antworten, eine Frage beantworten", und daher kommt auch der heutige Wortinhalt: „für etwas einstehen, etwas vertreten" und „sich rechtfertigen".[61]

Die Pflicht zur „Antwort"

Die Etymologie des Begriffs macht klar, dass wir alle, aus welcher gesellschaftlichen Schicht und in welcher Funktion auch immer, grundsätzlich Verantwortung tragen, de jure mit der Volljährigkeit, de facto jedoch schon als Kind. Und dabei bleibt es, solange wir zurechnungsfähig sind: Existieren bedeutet handeln, und für sein Tun hat sich ein jeder – in jedem Falle vor sich selbst, meistens aber auch vor anderen – zu rechtfertigen. Tut er es nicht, bekommt er irgendwann Probleme, in seiner Umwelt und in seiner Psyche. Denn in jedermanns Leben gibt es andere Menschen, die ein Recht darauf haben, nach den Gründen und Folgen seines Handelns zu fragen. Und wenn wir uns dieser Verantwortung zu entziehen versuchen, verleugnen wir uns damit selbst.

Wenn wir Verantwortung übernehmen, geben wir eine positive Antwort auf eine der Herausforderungen, vor die wir unablässig gestellt werden oder die wir selbst wählen. Damit binden wir uns an eine Verpflichtung. Wir haben jetzt für etwas geradezustehen: für die Folgen einer eigenen Handlung, oder auch für die eines anderen, für ein Ereignis, ein Projekt, eine Aufgabe. Verantwortung übernehmen heißt, die Konsequenzen zu tragen, entweder die bereits eingetretenen oder die künftigen, die womöglich noch gar nicht absehbar sind. Verantwortungsbewusstsein hilft, diese Konsequenzen so weit wie möglich im Voraus zu bedenken.

Verantwortung wiegt schwer, sagt der Volksmund. Wie schwer, das hängt davon ab, wie groß dieser Rucksack des Handelns ist, den wir uns mit dem Objekt der Verantwortung aufbürden. Die größte Verantwortung – neben der für sich selbst – ist sicher die für einen anderen Menschen, zum Beispiel das eigene Kind, die alten Eltern, einen Freund. Auch die Ehe ist das gegenseitige Versprechen, füreinander einzustehen, also Verantwortung zu tragen. Es gibt kaum einen Moment im Leben, der frei ist von Verantwortung. Die für die eigene Person gilt uneingeschränkt und dauert lebenslang. In den meisten anderen Fällen aber ist sie begrenzt. Diese Begrenzung von Qualität und Quantität der (beiderseitigen) Verantwortung wird beispielsweise in Verträgen konkret geregelt. Oft folgen wir bei Annahme und Aufkündigung von Verantwortung jedoch ungeschriebenen Gesetzen: denen der normativen Ethik (vgl. Kapitel I, 4).

Manchmal ist die Theorie golden und des Lebens Baum nicht grün, sondern schmutzig grau. Denn dass man sich bereit erklärt, Verantwortung zu übernehmen, bedeutet längst nicht, ihr auch gerecht zu werden. Manchmal überfordern wir uns in verzerrter Selbstwahrnehmung, manchmal ändern sich Umstände und wir uns mit ihnen und damit die Voraussetzungen, die noch galten, als man die Verantwortung übernahm. Manchmal ist das Versprechen auch schlicht eine Lüge. Es gibt viele Gründe – und kaum einen guten – dafür, dass der ausgesprochen oder stillschweigend erklärten Annahme von Verantwortung nur kurzfristig oder gar keine Taten folgen.

Allzu oft aber drücken wir uns gleich von vornherein davor, Verantwortung zu übernehmen, heute mehr denn je. Warum? Erstens, weil wir heute viel freier sind und häufig die Wahl haben. Wir sind bequemer, selbstsüchtiger geworden, weil wir uns entscheiden können, anstatt von den Umständen einfach gezwungen zu sein: Was wir werden wollen, ob wir Kinder wollen, ob wir einen Job annehmen, ob wir ein Vorbild für andere sein möchten.

Zweitens hat die Verantwortungs-Unlust mit dem Wertewandel zu tun. Früher mal war „Pflicht“ ein sehr gewichtiger und positiver Wert, seit den 68ern war er jedoch desavouiert. Inzwischen gilt die muffig gewordene „Pflicht“, heute im verjüngten Sprachgewand als „Engagement“

daherkommend, wieder mehr. Das wird zum Beispiel deutlich an der Zunahme des bürgerschaftlichen Engagements. Allerdings ist „Engagement“ nicht mehr ganz das, was früher „Pflicht“ war. Nicht mehr das absolut selbstlose, ja selbstverleugnende Pflichterfüllen kennzeichnet diesen Wert, sondern eine Parallelität, eine Gleichwertigkeit von Pflicht dem anderen und sich selbst gegenüber. Entsprechend hat sich der Sprachgebrauch um diesen Wert herum verändert: „Es ist deine verdammte Pflicht und Schuldigkeit“ – diese Forderung hört man heute kaum noch. Dies ist unter anderem langfristig der Idee der Gleichheit (égalité) geschuldet. Aus der Gleichheit wurde Individualismus, der entwickelte sich bei vielen Menschen zur Egozentrik, und die Umgangsformen und ihre Motive passten sich an: Wir sind oft nicht aus humanistischen Gründen nett zueinander, sondern aus Opportunismus oder aus Selbstschutz. Positiv ausgedrückt: Wenn ich einen freundlichen Ton wähle, erreiche ich mehr.

Anders ist die Motivation beim „Engagement“. Nehmen wir als Beispiel das Ehrenamt: Wer etwas für das Gemeinwohl tut, hat dabei zwar auch den eigenen Vorteil im Auge, und zwar letztlich die persönliche, innere Bereicherung, die so ein Engagement einbringt. Aber genau das ist der Punkt: Wer sich heute vor der Verantwortung drückt, weil er Werte wie persönliche Freiheit, Geld oder Unabhängigkeit vorzieht, verkennt den tatsächlichen Wert, den Verantwortung hat, und den man ruhig Profit nennen darf. Sie bedeutet nicht nur Last, Bindung und Verzicht. Das sind nur ihre (manchmal allerdings beträchtlichen) Nebenwirkungen. Natürlich darf die Verantwortung die eigenen Möglichkeiten nicht überfordern – ein Aspekt, der seinerseits Probleme bereitet, da diese Frage immer nur subjektiv zu klären ist.

Grundsätzlich aber bringt Verantwortung reichen Gewinn: wertvolle Erfahrung, persönliche Entwicklung, innere Reifung, zusätzliche Kraft (Verantwortung verbraucht nicht nur Energie – sie generiert sie auch), und last but not least das unbezahlbare Gefühl, gebraucht zu werden, und die Befriedigung, die eigenen Bemühungen in sinnvolle Resultate münden zu sehen. Darüber hinaus erntet man Anerkennung, Freude und Dankbarkeit der Adressaten. Beim unbezahlten sozialen Engagement machen wir doppelten „Reibach“: Selbstwertgefühl innen, Imagegewinn außen.

Verantwortung in Unternehmen

Unterscheidet sich die Verantwortung des Unternehmers beziehungsweise des Managements einer Firma inhaltlich von der aller übrigen Menschen auf diesem Planeten? Grundsätzlich nicht, wie die oben stehende Begriffsbestimmung klarmacht. Verstanden als ethisch-moralisch korrektes Verhalten bezüglich der Ziele, der Vorhaben und der Handlungen, die konkreten Einfluss auf andere Menschen, die Umwelt und das Gemeinwesen haben ist Verantwortung allgemeingültig und inhaltlich nicht vom jeweiligen Träger verhandelbar.

Quantitative Unterschiede gibt es allerdings durchaus: Die Unternehmer-Verantwortung stellt sich in der Regel deutlich umfangreicher dar als beispielsweise die des einzelnen Mitarbeiters. Vermutlich (und aus subjektiver Sicht verständlich) wird diesem sein eigener Verantwortungs-Rucksack bereits (zu) groß erscheinen. Aber absolut gesehen ist der des Unternehmers größer, denn er enthält zusätzlich zu der im persönlichen Bereich auch gewisse Verantwortung für öffentliche und gesellschaftliche Belange, soweit sie im Zusammenhang mit seiner wirtschaftlichen Tätigkeit stehen. „Wir tragen als Unternehmer Verantwortung in mehrfacher Weise: für unsere Kunden und Mitarbeiter, für unsere Aktionäre und Geschäftspartner sowie für das nachhaltige Wirtschaften des Unternehmens“, so hat Hubertus Erlen, damals Vorstandsvorsitzender der Schering AG, 2005 in einem Interview[62] betont. „Wesentlicher Bestandteil des täglichen unternehmerischen Handelns ist es, eine angemessene Balance zwischen diesen Verantwortungen zu finden. So verstehe ich auch den Begriff Unternehmensethik.“

In einem Betrieb bilden die Mitarbeiter den wichtigsten „Unternehmenswert“, denn der Erfolg hängt wesentlich von ihnen ab, indem sie ihm ihre eigenen Werte zur Verfügung stellen: Leistungs- und Einsatzbereitschaft, Kreativität, Loyalität. So stellen die Mitarbeiter den größten „Verantwortungsposten“ des Unternehmers dar, auch, weil sie von ihrer Arbeit bzw. der Entlohnung leben, also existentiell abhängig sind. Die Pflicht zur Verantwortung ist dabei nicht einseitig; selbstverständlich hat auch der Mitarbeiter im Rahmen der vertraglichen Beziehung zwischen ihm und dem Unternehmer für seine Arbeit Verantwortung zu übernehmen, indem er im Job derselben wertebasierten Verantwortungsethik folgt. Sorgfalt, Geradlinigkeit und Zuverlässigkeit sind keine „Geschenke“ an den Arbeitgeber über die reine Arbeitsleistung hinaus, sondern Ausdruck dieses Verantwortungsbewusstseins.

Ein zweiter wichtiger Bereich der Unternehmerverantwortung beginnt gerade erst, die ihm gebührende Anerkennung zu bekommen: die Corporate Social Responsibility. Diese Verantwortung betrifft das Wohl aller, das Gemeinwohl (vgl. Kapitel III). Dabei geht es keineswegs um „Gutmenschentum“, sondern um harte Ökonomie, wie wir noch sehen werden. Ulrich Greiner formulierte provokant in der *Zeit*: „Die allgemeine Ökonomisierung des Denkens geht nicht weit genug. Das wahre ökonomische Denken müsste die eigenen Kosten ebenso in Rechnung stellen wie die gesellschaftlichen, es müsste vom Augenblicksvorteil die nachwirkenden Verluste abziehen. So gesehen, ist das Gemeinwohl – und mithin der Anstand – eben doch eine ökonomische Tugend."[63]

In unübertrefflich einfachen Worten drückt der WVIB[64] in seinem Leitbild vorbildliches Verantwortungsbewusstsein aus: „Ein erfolgreiches Unternehmen bezahlt Steuern, Löhne und Gehälter, bildet aus und weiter, schafft Innovationen und Wohlstand, stiftet Sinn und Gemeinschaft. Erfolgreiche Unternehmen teilen ihren Erfolg mit ihrer nahen und fernen Umwelt."

II Eliten heute: Kritische Betrachtung

Elite? Das war einmal – heute ist Deutschland nur noch eine „Führungskräftegesellschaft". Der Bildungssoziologe Karl Ulrich Mayer, nicht als Einziger dieser Auffassung[65], sieht in den längerfristigen personalen Veränderungen in den oberen Etagen der Republik beispielhafte Belege dafür: von Herman-Josef Abs und Alfred Herrhausen zu Josef Ackermann, von Lothar Späth zu Günther Oettinger.

Diese Aussage kann man provokant nennen, aber in Provokationen steckt immer auch Wahrheit, wenn auch nicht die ganze. Richtig ist, dass die Elite seit Jahren ein Thema ist, mit dem sich die Gesellschaft kritisch auseinandersetzt: Die Elite sei zu „elitär", leiste zu wenig, sei zu egoistisch und zu gierig, werde ihrer besonderen Verantwortung fürs Gemeinwohl nicht gerecht. Dabei schert die öffentliche Meinung, üblicherweise von Klischees durchtränkt, viele Aspekte und Personen über den sprichwörtlichen einen Kamm und schimpft pauschal auf „*die* Elite", die es bekanntlich ebenso wenig gibt wie „*die* Deutschen", „*die* Männer", „*die* Frauen" oder „*die* Manager". „Die in der sozialwissenschaftlichen Literatur unterschiedenen Begriffe von Wert-, Leistungs- und Funktionseliten scheinen in den öffentlich kommunizierten Erwartungen an Eliten zu verschmelzen", formulieren Herfried Münkler, Grit Straßenberger und Matthias Bohlender im Vorwort des neuen Standardwerks zur Elitenforschung „Deutschlands Eliten im Wandel"[66].

Hört man bei der scheinbar vernichtenden Eliten-Rundumkritik genauer hin, erkennt man das Positive: Sie verrät das Bedürfnis nach dem Gegenteil der Vorwürfe. Man will die Eliten nicht etwa abschaffen, sondern vielmehr in die Pflicht nehmen. Wie Münkler und Kollegen schreiben: „Angemahnt wird eine Verbesserung der Elitenqualität, um den Herausforderungen der Zukunft gewachsen zu sein. Die deutsche Elitendiskussion wird von der Befürchtung bestimmt, dass man nicht hat, was man dringlich haben müsste: leistungsfähige, die soziale Zusammensetzung der Gesellschaft repräsentierende und in ihren Einkommens- und Versorgungserwartungen zurückhaltende Eliten."

Stimmt diese Befürchtung? Mangelt es in Deutschland an „Elitenqualität"? Ich möchte es so formulieren: Es besteht Verbesserungsbedarf. Den allerdings sehen bereits viele Eliten-Vertreter selbstkritisch, und so manche tun auch was dafür. Gerade das gehört zu den Kennzeichen einer „echten" Elite.

1 Was ist das: „Elite"? – Begriff und Beschreibung

Das Lexikon definiert:

„*Eli-te, die; -,-n* 1. Auslese, Auswahl, das Beste, die Besten 2. Führungsschicht 3. Gruppe, Gesellschaftsschicht, die sich als aus höherwertigen Mitgliedern der Gesellschaft zusammengesetzt versteht."[67]

Auswahl? Das beschreibt einen höchst subjektiv gesteuerten Vorgang[68]. Führungsschicht? Ein neutraler Begriff. Zwar sollte, wer führt, hohen Anforderungen an Charakter und Ethik genügen, doch wird aus Theorie nicht von selbst Praxis. Und schließlich: Die Gruppe, die sich besonders dünkt, muss es nicht (im positiven Sinn) auch für den Rest der Welt sein. Nur die Erläuterung „das Beste, die Besten" scheint eindeutig: Zur Elite gehört die Crème de la crème. Doch auch das ist kein Wert per se. „Elite" ist nichts Absolutes, Unveränderliches, ein für alle Mal definiert. Mit den Zeitläufen ändern sich Werte und die Anforderungen und damit auch die Eliten, sowohl in ihrer Zusammensetzung also auch in ihrer Wahrnehmung und Achtung in der Öffentlichkeit.

Günther Grass überraschte im Spätsommer 2006 im Alter von fast 80 Jahren mit dem Geständnis, er sei als 17-Jähriger in der SS gewesen. Der Grund, weshalb er mit diesem Bekenntnis so lange gewartet hat, ist ein Beleg für das oben Gesagte: Grass fürchtete um seine Reputation als jahrzehntelanger Angehöriger der bundesrepublikanischen Kultur-Elite. Im „Dritten Reich" aber galt die SS ihrerseits als Elite-Organisation. Bekanntlich hat es viele „Eliten-Wechselfälle" vom Tausendjährigen Reich in die Nachkriegs-Republik gegeben: Nicht wenige ehemalige Angehörige der Nazi-Eliten in Verwaltung und Justiz konnten nach Kriegsende in den neuen Eliten ihre Karriere nahtlos fortsetzen.

Wer gehört für uns zur Elite? Wie definieren wir sie heute?

„In den Sozialwissenschaften hat sich seit den sechziger Jahren die Definition durchgesetzt, dass es sich bei (Funktions-) Eliten um einen Personenkreis handelt, der Einfluss auf Struktur und Wandel der Gesellschaft bzw. ihre funktional differenzierten Bereiche hat", schreibt der Soziologe Bernhard Schäfers[69]. Allerdings: „Diese Definition suggeriert eine Eindeutigkeit, die aus mehreren Gründen nicht gegeben ist. Der Begriff ist (...) zu weit gefasst. Der Terminus ‚Elite' bedarf also der Erläuterung, eines Zusatzes wie ‚Machtelite', ‚Bildungselite', ‚politische Elite'." Das heißt, die Trennung Eliten – Gesellschaftsbasis ist zu einfach; die „Oberschicht" ist nicht homogen, sondern sehr unterschiedlich besetzt: von Menschen von besonders hoher Intelligenz und entsprechender Bildung („Intelligenzija"), von Menschen in hohen Führungspositionen (z.B. in der Wirtschaft), von Menschen mit besondere Machtbefugnissen (z.B. in der Politik).

„Mag der Elitebegriff in den Sozialwissenschaften als analytische Kategorie und als Element der Sozialstruktur weitgehend unstrittig sein – in der Bevölkerung ist er es keineswegs. In der kritischen Öffentlichkeit wird mit Interesse verfolgt, wie breit die personale und institutionelle Basis der Eliten ist (...)", sinniert Schäfers.

Für den womöglich weniger kritischen Teil der Öffentlichkeit zählen allerdings auch Filmstars und Schlagersternchen, betuchte Vertreter der High Society oder Modezaren zu den „oberen Zehntausend", also zur „Elite". Die besonderen Eigenschaften, die in den Augen dieses Publikums eine Person als zur Elite gehörend ausweisen, scheinen mit den Kriterien der Sozialwissenschaft kaum vereinbar.

„*Die* Elite" gibt es also jedenfalls nicht. Die erwähnten, unterschiedlichen Etiketten bringen das zum Ausdruck: Werte-, Leistungs-, Funktions-, Positions-, Machtelite. Dabei sind die Grenzen teilweise durchlässig. Die Sozialwissenschaftlerin Roswita Königswieser stellt fest: „Viele Mitglieder einer Elite gehören sowohl der einen als auch der anderen an."[70] Und sie alle finden sich in den unterschiedlichen gesellschaftlichen Gruppen-Eliten wieder: in der Politik-, Kultur-, Sport-, Wissenschafts- und in der Wirtschaftselite. „Das sind Menschen in Schlüsselpositionen", so definiert die Sozialwissenschaftlerin die Wirtschaftselite, „die eine besondere Durchsetzungsfähigkeit auszeichnet, die leidenschaftlich gestalten und steuern wollen. Sie gehören zur Machtelite. Um zur Elite im ursprünglichen Sinn zu zählen, gehört aber noch mehr: etwa in der Lage zu sein, über den Tellerrand hinaus zu gucken. Das sind Denker, die das Unternehmen als Teil der Gesellschaft betrachten. Eben nicht ausschließlich als Geldmachmaschine, sondern auch als institutionelle Einrichtung."[71]

Wozu die langen Erläuterungen, wer und was die Elite ist – so mag der Bürger bei sich denken. Man kennt die doch sowieso alle, aus dem Fernsehen, dem Radio, den Zeitungen und Zeitschriften. Medienpräsenz allerdings ist ganz gewiss kein hinreichendes Kriterium dafür, einer Elite anzugehören. Der wohl bekannteste deutsche Eliteforscher, Michael Hartmann, unterscheidet zwischen einem engeren und einem weiter gefassten Elitekreis, und darin lassen sich überhaupt keine „Prominenten“ im klassischen Sinne finden (falls man nicht Spitzenpolitiker dazu rechnen will): Zum engeren Kreis zählen für ihn die Eigentümer und Top-Manager der 400 größten deutschen Unternehmen, Spitzenpolitiker und Richter an den Bundesgerichten. Zum etwas größeren die Inhaber und Leiter von mittelständischen Firmen, Juristen ab der Position Landesgerichtsvizepräsident sowie Richter am und oberhalb des Oberlandesgerichts, Bundestagsabgeordnete und Oberbürgermeister wichtiger Großstädte und schließlich Professoren.[72]

Klug und schlicht lautet die Eliten-Triade von Meinhard Miegel, der zwischen Herkunfts-, Stellungs- und Leistungselite unterscheidet: „Jene, die durch ein Ereignis oder eine Entwicklung, die außerhalb ihres eigenen Lebens liegen, von der Masse der Bevölkerung abgesondert wurden, ich nenne sie Herkunftselite; jene, die – aus was für Gründen auch immer – eine irgendwie herausgehobene Stellung in der Gesellschaft innehaben, ich nenne sie Stellungselite; und schließlich jene, die persönlich herausragende Leistungen erbringen oder erbrachten, ich nenne sie Leistungselite.“[73]

Klar, welcher der drei die Sympathie des Soziologen gehören: der Leistungselite – die er durchaus nicht nur in den gehobenen Gesellschaftsschichten verortet. „Sie besteht ausschließlich aus Persönlichkeiten, die sich durch Individualität, Originalität oder Eigenwilligkeit auszeichnen, obgleich diese Qualitäten noch nicht ausreichen, um der Leistungselite zugerechnet werden zu können. Hinzukommen muss eine bestimmte Leistung, von der allerdings genau genommen immer erst im Nachhinein festgestellt werden kann, ob sie erbracht wurde – möglicherweise erst postum. Ganz allgemein gilt für die Leistungselite das Bibelwort: „An ihren Früchten sollt ihr sie erkennen.“ Und von dieser Leistungselite, da kann man Miegel nur zustimmen, ist „der Souverän (...) existentiell abhängig“. Denn sie hält die Gesellschaft am Laufen, indem sie sie voranbringt: „Leistung, die zur Leistungselite qualifiziert, hat – so meine ich – weder etwas mit der Dauer der Ausbildung noch mit der physischen oder psychischen Beanspruchung des Leistenden zu tun. (...) Kennzeichen jener kleinen Minderheit ist (...), dass sie nicht nur die Blaupausen zeichnet, nach denen die Mehrheit tätig ist, sondern vor allem auch verbessert und gegebenenfalls überwindet. Dabei ist es grundsätzlich unerheblich, ob dies auf dem Niveau der Herzchirurgie oder der Abwasserentsorgung geschieht. Wer immer an die Stelle des Hergebrachten Besseres setzt, gehört nach meiner Auffassung zur Leistungselite.“

An die Stelle des Hergebrachten Besseres setzen – eine wohl formulierte Zusammenfassung dessen, was wir von unseren Eliten erwarten. Dieses

Buch beschäftigt sich mit der Art Elite, aus der sich in der Regel die Führung in Politik, Wirtschaft, Kultur und allen anderen Gesellschaftsbereichen rekrutiert, also die Menschen, von denen die elitenmisstrauische Öffentlichkeit hofft und erwartet, dass sie vordenken, Visionen entwickeln, Lösungen finden, die richtigen und wegweisenden Entscheidungen treffen und umsetzen, dabei gerecht und moralisch einwandfrei handeln, die sich also ihrer privilegierten Stellung als würdig erweisen. Diese Formulierung mag altmodisch erscheinen. Würde ist jedoch niemals altmodisch. Sie ist einer der ewiggültigen Werte (vgl. Kapitel I,4), auf deren Respektierung die zivilisierte Ordnung des menschlichen Zusammenlebens angewiesen ist. Und eine Elite erweist sich ihrer Privilegien – der materiellen wie der persönlich-geistigen und sozialen – dann als würdig, wenn sie der Ethik auch dort zur Anerkennung verhilft, wo sie bisher noch zu wenig gelebt wird: in den Top-Etagen von Wirtschaft und Politik.

2.2 „Die da oben, wir hier unten" Das Image unserer Eliten

Das Image derer, die in der Öffentlichkeit stehen, ist eine Art Etikett, das entweder die Person (die Initiative, die Institution) per Außenwirkung von sich vermittelt oder das ihr umgekehrt vom Publikum angeheftet wird. Image hat viel mit Emotionen zu tun: Das Publikum sucht sich Identifikations- oder auch Hassobjekte, Vor- und Leitbilder nach eigenem Gusto. Der Imageträger wiederum möchte in gutem Licht erscheinen, denn das generiert Sympathien.

Auf die Dauer wird aus einem positiven Image, falls es nicht angekratzt oder zerstört wird, ein „guter Ruf". Auch der zählt zu den dauerhaft geltenden Werten, mehr noch als das manchmal irreführende oder kurzlebige „Image". Gut dazustehen vor den anderen, etwas zu gelten, das ist uns allen wichtig. Denn Anerkennung und Respekt tun nicht nur dem Selbstwertgefühl gut, sondern zahlen sich oft auch ganz konkret, sprich in barer Münze aus: Ein Politiker mit dem Ruf des „Machers" hat mehr Anhänger als einer mit dem des „Zögernden"; jeder Unternehmer, der als seriös und korrekt gilt, hat mehr Kunden als einer, der noch keinen oder gar einen schlechten Ruf hat. Es ist ein schwergewichtiges Pfund, mit dem wir wuchern können, privat und beruflich. Ein ruinierter Ruf oder ein schlechtes Image bedeuten Misstrauen, Ablehnung, Misserfolg und Isolation. Vor allem für die Eliten aus Politik und Wirtschaft sind Image und Ruf kaum zu überschätzende Werte, die sich sehr konkret in den Erfolgen und Bilanzen niederschlagen.

Dass nach dem Wirbel um die Insolvenz der Ex-Siemens-Sparte im Herbst 2006 keiner mehr die Mobiltelefone mit dem Label BenQ kaufen mochte, fiel nicht sonderlich ins Gewicht, denn sie hatten schon vorher wie Blei in der Regalen gelegen. Aber die Entrüstung der Öffentlichkeit über die Geschäftspolitik der taiwanesischen Firma wirkte sich auch auf den Absatz der anderen BenQ-Produkte aus: „Deren Qualität ist viel höher als bei den Handys. Aber das mag kein Kunde hören", zitierte die Frankfurter Allgemeine Sonntagszeitung den Chef eines Frankfurter Computershops.[74]

„Die da oben..." – Kein Vertrauen in Eliten

„Die oberen Zehntausend", wie Eliten in Deutschland gern umschrieben werden, haben bei den übrigen Millionen keinen guten Stand. Das Institut für Demoskopie Allensbach fragte 2003 die Bundesbürger, ob sie den Begriff „Elite" als sympathisch empfinden. Nur knapp 32 Prozent der Befragten bejahten das. „Gleichheit" kam besser an: 71,4 Prozent nannten diesen Begriff sympathisch.

Dass „Elite" nicht eben beliebt ist, hat sowohl historische als auch aktuelle Gründe (vgl. Kapitel III, 2). Die misstrauische beziehungsweise ablehnende Haltung der Öffentlichkeit gilt vorwiegend den Eliten in Politik und Wirtschaft. Wissenschafts-, Kultur- und Sporteliten genießen sowohl mehr Sympathie als auch mehr Nachsicht. Ein ramponiertes Image kann für einen prominenten Künstler sogar verkaufsfördernd sein; ein Spitzenpolitiker oder ein Wirtschaftsboss muss sich als „seriös" erweisen, will er ernst genommen werden und Erfolg haben. Warum? Weil eine machtvolle Position Verantwortung mit sich bringt, je höher in der Hierarchie, umso mehr. Diese Macht möchten diejenigen, über die diese Macht ausgeübt wird, in guten Händen wissen. Ein „positives Image", mehr noch der „gute Ruf" sorgt für Vertrauen und die Überzeugung, dass diese Seriosität gegeben sei.[75]

Die gefragten Werte „positives Image" und „guter Ruf" erringen Verantwortungsträger dann, wenn sie das Richtige tun, also so handeln, wie es der in der Gesellschaft geltenden Ethik entspricht. „Es sind die Merkmale der Elite", stellte Heinrich P. Stampfli (Schweizer Ex-Banker und heute auf der Jagd nach Top-Managern für den Finanzbereich) am Beispiel des „Wunschmanagers" fest: Dieser habe „Commitment und Identität. Es geht ihm um die Sache, nicht um sich selbst. Seinen Erfolg misst er am Sacherfolg. Und wie es am Markt aussehen soll, nimmt er in die Hand. Aus Initiative und Kreativität macht er Innovation, statt Risiken wagt er den Paradigmen- und Systemwechsel, sein Ziel ist Leadership, sein Denken und Handeln ist geprägt von Rücksicht und Respekt."[76]

Aber gibt es solche Supermänner wirklich? Die Öffentlichkeit bezweifelt es stark: 2004 erkundigte sich das internationale Gallup-Institut weltweit bei rund 50.000 Menschen, für wie vertrauenswürdig sie ihre Politiker und Wirtschaftslenker hielten.[77] Ergebnis: In Deutschland war das Misstrauen besonders stark. 76 Prozent der Befragten zeigten sich hier von der Unehrlichkeit der Politiker überzeugt; 70 Prozent attestierten den Managern Unaufrichtigkeit und Egoismus. Nur in Albanien oder Costa Rica ergab die Umfrage ein noch schlechteres Image von Politikern und Unternehmern.

Im alljährlichen internationalen Vertrauensindex der Gesellschaft für Konsumforschung (GfK)[78] zeigt sich, dass Manager und Führungskräfte mit schöner Regelmäßigkeit eher schlecht als recht abschneiden: 2005 fiel der Wert noch einmal deutlich schlechter aus als in den Vorjahren. Lediglich 12 Prozent der Deutschen bringen demnach den Chefs und Vorgesetzten „ein wenig" Vertrauen entgegen, nur 1 Prozent hegt keinerlei Argwohn. Damit rangieren die Spitzenmanager Deutschlands nur knapp vor dem Schlusslicht der Vertrauensskala, nämlich den Politikern, denen nur 8 Prozent Vertrauen schenken.[79] Am 26. März 2006 nannte die *Welt am Sonntag* die Deutschen ein „Volk ohne Vertrauen". Dem Meinungsforschungsinstitut forsa hatten vier von fünf Bundesbürger erklärt, sie trauten dem Führungspersonal der Politik nicht über den Weg. Das Management war auch in dieser Umfrage kaum besser weggekommen: Drei Viertel der Befragten (76 Prozent) gestanden ein, Führungskräften nicht zu trauen.

Was tun, wenn „die da oben" kein Vertrauen genießen bei denen, die doch Erwartungen und Hoffnungen in sie setzen (möchten)? „Schwätze muss man mit de Leit", sagt der Schwabe. Ein kostbarer Rat: Offene Kommunikation, Vermittlung von Inhalten in konkreten und klaren Worten anstatt abgehoben und weltfremd in „elitären" Zirkeln und Zeitungen – die Verantwortung der Eliten beginnt hier, beim direkten Kontakt zu „denen da unten", beim gesellschaftlichen Dialog, den sie fördern, mit Inhalten füttern und in Gang halten müssen. Wenn die Eliten diesen so wichtigen Dialog nur unter sich führen und die Öffentlichkeit ausschließen, weil sie über den eigenen Tellerrand nicht hinausschauen und -denken können oder wollen, oder weil sie sich und ihre Entscheidungen nicht der öffentlichen Diskussion aussetzen wollen, dann bleibt diese Distanz des „Die da oben – wir hier unten" erhalten.

Dann beschließt die (politische) Elite harte, aber nötige Reformen, und keiner versteht sie und jeder lehnt sie ab – und das bei der attestierten Bereitschaft der Bürger, Opfer zu bringen, wenn man ihnen nur klarmachte, warum sie sein müssen. Und wenn ein Konzern wie VW auf die wirtschaftliche Entwicklung reagieren muss und die beispiellose 28-Stunden-Woche ohne Lohnausgleich aufstocken will auf ein Niveau, das immer noch weit unter dem der Wochenstunden aller übrigen Arbeitnehmer liegt, dann finden die guten Gründe dafür kein Gehör bei den Mitarbeitern, sondern nur die Gewerkschaften mit ihrem unverhältnismäßigen Protest.

„Die heute Mächtigen sind groß geworden mit einem Jargon der Betriebswirtschaft, des Marketings, der Sozialwissenschaften. In Selbstbezogenheit kreisen sie sprachlich nur um sich selbst“, kritisiert Markus Reiter in der *Stuttgarter Zeitung*, und weiter: „Wenn die wirtschaftliche und politische Elite in Deutschland beklagt, dass die Menschen die Notwendigkeit von Reformen nicht verstehen, dann kann man das durchaus wörtlich nehmen: Sie verstehen sie schlichtweg nicht, weil die Gründe und Folgen unverständlich formuliert sind.“[80] Würden die Eliten mehr ins Vermitteln, ins „Schwätze mit de Leit“, in eine dem Adressaten angepasste Kommunikation investieren, wäre allen Beteiligten geholfen, auch der Elite selbst, die so das zementierte Misstrauen der Menschen, für die sie Verantwortung tragen, nach und nach abbauen könnte.

„...wir hier unten.“ – Die Wurzeln der Eliten-Schelte

Eliten sind per se „etwas Besonderes“: Die Zahl ihrer Mitglieder liegt im Verhältnis zur gesamten Bevölkerung im Promillebereich, und sie heben sich von der Masse aufgrund bestimmter Merkmale ab (besondere Fähigkeiten, Privilegien qua Geburt oder Leistung). Wer „besonders“ ist, ganz gleich auf welche Art und Weise, der erfährt auch besondere – und nicht immer angenehme – Aufmerksamkeit.

Eliten üben Einfluss beziehungsweise Macht aus. Die Kehrseite der Medaille: Die Erwartungen der Masse an die Eliten sind hoch, und werden sie unzureichend oder gar nicht erfüllt, reagieren die Enttäuschten mit Ablehnung, Misstrauen, Empörung. Dabei spielt es keine Rolle, ob die Erwartungen oder die negative Reaktion bei Nichterfüllung berechtigt oder angemessen sind. Wer „oben“ steht, muss dafür „bezahlen“ durch eine Form der Exponierung, die nicht jedem gefällt (ein anonymer Aufenthalt in der Öffentlichkeit ist nicht mehr möglich, es herrscht ein permanentes bis penetrantes Medieninteresse, Bodyguards sind erforderlich, die Eingriffe in die Privatsphäre sind massiv), mit überdurchschnittlichem Engagement, mit großem Druck, der zu Sucht und Depressionen führen kann, etc. Und schließlich mit der Tatsache, dass „die da unten“ sich über diese andere Seite der „Besonderheit“ nicht im Klaren sind.

Die Geschichte der Elite

In früheren Zeiten waren die Eliten und ihre Rezeption durch die Öffentlichkeit anders. Der Begriff der Elite wurde ehemals, beispielsweise im Kaiserreich, vor allem im militärischen Zusammenhang gebraucht (es gibt bis heute „Elite-Einheiten" auch bei der Bundeswehr). Außerdem zählten Adel und höhere Beamte zur Elite. Die gesellschaftliche Hierarchie war streng, anerkannt und unantastbar. Das Volk akzeptierte und achtete die Eliten in der Regel bedingungslos; das wesentliche Zugehörigkeitskriterium kam ohne jede Eigenleistung aus: In die Familien von Adel, des gehobenen Bürgertums und der Offiziersränge wurde man schlicht hineingeboren.

Die damals und bis 1945 besonders ausgeprägte deutsche Mentalität, sich lieber führen zu lassen als selbst Verantwortung zu tragen, drückte sich auch im Scheitern der Weimarer Republik aus. Die nach dem Ersten Weltkrieg auftretenden politischen Kurzzeit-Eliten, mutige und kluge Männer aus verschiedenen Volksschichten, waren ihrer Zeit zu weit voraus. Die Republik war, beispiellos in der Geschichte, „von oben" verordnet statt revolutionär von unten erkämpft worden („Republik ohne Republikaner"), und sie wurde von der Mehrheit auch nicht goutiert. Die Elite der politischen Führung unterlag der des Militärs und des Beamtentums nicht nur de facto, sondern auch im Ansehen der deutschen Öffentlichkeit, die für eine freiheitliche Demokratie offensichtlich noch nicht reif war.

Die Nationalsozialisten konnten so auf fruchtbarem Boden den Elitebegriff im eigenen Sinne ausgestalten: Sie wollten einen Führer, dem die Masse bedingungslos folgt, und sie wollten dafür eine nationalsozialistische Elite vor allem im Militär, in der Politik, der Justiz und in den Behörden züchten, um die willfährige Masse zu dirigieren und zu kontrollieren. Grundlage für diese Ideen waren die klassischen machiavellistischen Elitetheorien, die auf der These basieren, dass es zwischen Masse und Elite einen unüberbrückbaren Gegensatz gibt und die Herrschaft der Elite eine naturgegebene Notwendigkeit darstellt.

Nach dem Zusammenbruch des Nationalsozialismus war der Elite-Begriff auf dem Höhepunkt seiner Ablehnung in der deutschen Bevölkerung angekommen. Aber erst die 68er rebellierten gegen die Mentalität, die Weimar zum Scheitern verurteilt und Hitler möglich gemacht hatte. Was ihre Eltern als Loyalität deklarierten, nannten die Sprösslinge kleinbürgerlich, engstirnig, denkfaul und bequem und empfanden die unbedingte Gehorsamshaltung gegenüber Militär und Obrigkeit als unerträglich. Sie wollten die Ideale der französischen Revolution – Freiheit, Gleichheit, Brüderlichkeit – nach eigenen Vorstellungen durchsetzen. Das Pendel schlug, seiner natürlichen Bewegung gemäß, in die Gegenrichtung aus, um wiederum im Extremen anzukommen: Vor allem den Gleichheitsgedanken verfolgten die „jungen Wilden“ so kategorisch, dass kein Einwand bezüglich naturgegebener Unterschiede zwischen Geschlechtern und Individuen Gehör fand. Der Begriff „Elite“ war zu dieser Zeit schwer beschädigt und Hierarchie zu einem Unwert geworden, denn beiden war die völlige Kontrolle und Gleichschaltung des Lebens in der Vorschriften- bzw. Verbotsnation der Kaiser- und der Nazizeit zu verdanken gewesen, die nicht nur Unfreiheit, sondern auch eine fatale Bequemlichkeit zur Folge hatten, die auf selbständiges Denken und Eigenverantwortung gerne verzichtete. Die 68er mussten die Elite aber auch deshalb ablehnen, weil sie per definitionem ihren Idealen von Gleichheit und der Abschaffung der Hierarchien widersprach.

Die Elite hat es bis heute schwer. In jüngster Zeit allerdings, da die Folgen von Globalisierung, Terrorismus und Wirtschaftskrisen dazu führen, dass die wertvollen Eigenschaften bestimmter Eliten – hohe Intelligenz, Leistungsfähigkeit und -bereitschaft, Vorbild- und Führungsqualitäten – auf neue Nachfrage treffen, haben ihre Vertreter neue Chancen, Skepsis und Misstrauen abzubauen, die ihr sowohl aus ihrer Geschichte geblieben sind als auch durch Enttäuschung der Öffentlichkeit aktuell unterfüttert wurden.

3 Das Scheitern der Elite – Die Hintergründe

Bildungsdesaster Deutschland

„Chancengleichheit“ – ein starker Begriff, den die 68er geprägt haben. Ihre Vorstellungen: Keiner sollte mehr gelten als der andere (deshalb duzten sich die Angestellten mit dem ja doch unvermeidbaren Chef) und alle sollten die gleichen (Bildungs-)Chancen bekommen. Frauen sollten nicht länger in einer Männerwelt unterdrückt und benachteiligt, Kinder von den Eltern nicht länger autoritär erzogen oder von den Lehrern im einseitigen Frontalunterricht gedrillt werden. Das Universitätsstudium sollte allen offen stehen, auch denen, die es sich finanziell nicht leisten konnten.

Respektable Ziele, die so allerdings nicht erreicht wurden. Die aktuelle Bildungssituation ist in wesentlichen Teilen schlechter als vor der Studentenrevolte. Das hat damit zu tun, dass „Chancengleichheit“ beziehungsweise ihre Voraussetzungen missverstanden wurden. Alle naturgegebenen Gegensätze und Unterschiede zwischen den Geschlechtern und zwischen Individuen sollten nicht mehr gelten; „antiautoritäre Erziehung“ sollte den Kindern Freiraum zur ungehinderten Persönlichkeitsentfaltung bieten; jeder ohne Frage nach Begabung und Persönlichkeit nach Lust und Laune studieren können – Selbstverwirklichung statt Karriere. Wohin hat das geführt? Dahin, dass Kinder die für das soziale Miteinander unverzichtbaren Regeln nicht mehr lernten; dahin, dass sie, ebenso wie ihre Eltern, völlig überfordert von dieser Art „Freiheit" keine Orientierung finden konnten und entsprechend schwierig wurden; dahin, dass Universitäten den Massenandrang nicht mehr bewältigten (was man mit dem „Numerus clausus" in einigen Fächern abzufangen versuchte, jedoch ohne großen Erfolg) und ihnen die finanziellen Mittel ausgingen; dahin, dass wir PISA, Qualitätsverluste an den Unis, brachliegende Talente und eine zunehmende Zukunftsangst bei der jungen Generation haben – all das, nur keine Chancengleichheit.

Die Prämisse, dass mehr Gerechtigkeit in der Gesellschaft nur zu erreichen sei, wenn auch die Unterschicht Zugang zu Bildung und Berufschancen bekommt, ist zwar richtig: „Ungerechte Verhältnisse haben zweifellos kulturelle Grundlagen. Teilhabegerechtigkeit ist undenkbar ohne kulturelle Kompetenzen – Bildung ist die grundlegende Ressource der selbstständigen Lebensführung", formulierte Jörg Lau in der *Zeit* treffend.[81] Die Idee der „Gleichheit" haben die 68er allerdings überdreht. Der Wunsch nach Homogenität in Bezug auf das menschliche Miteinander ist in jeder Hinsicht illusionär und gefährlich.

An der falsch verstandenen Chancengleichheit scheiterte auch die Erneuerung der Elite: Die Energien, die in Qualität von Forschung und Lehre hätten investiert werden müssen, in die besondere Förderung, die aus Guten die Besten macht, sie flossen in endlose Gruppen- und Gremienversammlungen und -diskussionen; die Ordinarienuniversität wurde zur Gremienuniversität, die den Kompromiss als oberste Maxime sah und nicht mehr den besten wissenschaftlichen Standard.[82] Was inzwischen wieder Priorität hat – Internationalisierung, Wettbewerb, Elitenbildung, Selbstverantwortung –, war ein langes Jahrzehnt über zweitrangig. „Dass sich Deutschland Massenuniversitäten leistet, weil man Begabungen nicht zu sortieren wagt, ist eine schlimme Fehlsteuerung der jugendlichen Ressourcen mit negativen Auswirkungen auf die Zukunft", moniert Wolfgang A. Herrmann, Präsident der TU München, und beklagt: „Wir Deutschen haben es nicht geschafft, uns zu unterschiedlichen Begabungen zu bekennen und diese zu achten, um sie zu fördern. Wir wollen nicht begreifen, dass ungleichartige Begabungen in einer so hoch arbeitsteiligen Gesellschaft gleichwertig sind, dass die exzellente handwerkliche Leistung ebenso wichtig ist wie ein genialer Algorithmus."[83]

Differenzierung tut also Not, die allerdings das Bekenntnis zu Werten wie Leistung und Eigenverantwortung voraussetzt. Chancengleichheit ist nicht dasselbe wie Gleichmacherei. Besser als Herrmann kann man es nicht ausdrücken: „Nehmen wir doch vor allem in der *higher education* Abschied von der Gleichheitsfiktion, die uns international ins Hintertreffen gebracht hat! Es bringt nichts, wenn *gleiche* Lehrer *gleiche* Schüler mit den *gleichen* Methoden darauf vorbereiten, an *gleichen* Universitäten das *Gleiche* zu lernen. Die Gleichheitsfiktion hat sich als niveauschädigend erwiesen und durch ein unsoziales Finanzierungssystem nicht einmal die soziale Integration geschafft. Es hat also zweimal versagt. Gerecht ist vielmehr, wenn *unterschiedliche* Begabungen auf unser Ausbildungs- und Bildungswesen abgebildet und gefördert werden. Ein Bildungsangebot zu unterbreiten heißt Unterschiede zuzulassen.“[84]

Elite qua Geburt – Leistung zweitrangig?

„Elite“ ist ein Sammelbegriff für viele verschiedene, sehr kleine Gruppen, die sich durch bestimmte Merkmale von der Mehrheit unterscheiden: Sie haben ein besonders privilegiertes Leben (Reiche), erbringen besondere Leistungen in speziellen Bereichen (Sport, Wissenschaft), üben Einfluss oder Macht aus (Politik, Wirtschaft). In diesem Buch geht es um Letztere, die Lenker dieses Landes. Sie müssen Führungsqualitäten haben: mentale, geistige, psychische Stärke; überdurchschnittliche Einsatz- und Leistungsbereitschaft mit dem dazugehörigen Energiepotential. Auch die körperliche Gesundheit zählt dazu, wird aber allzu oft sträflich ignoriert, von der seelischen ganz zu schweigen.

All diese Werte und Qualitäten sind es auch, so befindet jedenfalls der gesunde Menschenverstand, die den Zutritt oder den Aufstieg in die höheren Sphären dieser Eliten erst ermöglichen. Dass dies jedoch in vielen Fällen eine Illusion, ein Mythos ist, hat der Elitenforscher Michael Hartmann nachgewiesen. Die Erkenntnis aus seinen empirischen Untersuchungen[85] lautet: Leistung ist zweitrangig, vor allem die Herkunft macht den Elite-Sprössling. Deutsche Eliten kommen vor allem aus dem gehobenen Bürgertum. Diese etwa 3,5 Prozent der Gesamtbevölkerung stellen laut Hartmann zwischen 50 und 60 Prozent der Führungspersonen in Deutschland.

Ein konkretes Beispiel: Für den Sohn eines leitenden Angestellten sind die Chancen auf eine leitende Position zehn Mal höher als für den Sohn des Arbeiters. Denn das Auswahlverfahren orientiert sich eben nicht vorrangig an Intelligenz, Ausbildung und Leistungsbereitschaft, sondern am Habitus. Passt er zum klassenspezifischen der Managerriegen und Führungsetagen der Wirtschaft, dann hat der Kandidat so gut wie gewonnen.

Der Typ „souveräner Macher“ ist es, der ankommt, und dabei achtet man nach den Ergebnissen Hartmanns bei der Auswahl des künftigen Mitglieds der Wirtschaftselite auf vier Faktoren: Das Auftreten, unternehmerisches Denken, breite Allgemeinbildung plus ein bis mehrere Wissensfachgebiete und natürlich Souveränität. Letztlich ist jedoch ausschlaggebend, was im allgemeinen Sprachgebrauch „Chemie“ genannt wird: Wenn sie stimmt, kann der Kandidat in der Regel verkünden: „Ich bin drin.“

Anders ist es in der Politik, wie Hartmann festgestellt hat: Hier sorgen demokratische Auswahlverfahren und breite Parteienbasen dafür, dass Ehrgeiz und Durchhaltevermögen die wichtigsten Werte sind, über die einer verfügen muss, der nach oben will. Er schafft es nur über den mühsamen Weg der „Ochsentour“: von unten nach oben in vielen kleinen Schritten. Hartmann schränkt jedoch ein, dass sich auch hier die Zeiten mittlerweile ändern: Der Trend gehe zum Elitenbildungsmuster der Wirtschaft.

Chancengleichheit scheint zwar nach wie vor zumindest theoretisch gegeben – aber was nutzt dem ehrgeizigen jungen Menschen aus der Unterschicht der beste Universitätsabschluss, wenn er das Einmaleins der Wirtschaftseliten-Etikette nicht beherrscht und ihm der entsprechende „Stallgeruch“ fehlt? „Die Bildungsexpansion“, sagte Hartmann 2004 während einer Tagung der Akademie für Politische Bildung Tutzing, „hat nur den Zugang zu den Bildungsinstitutionen erleichtert, nicht aber jenen zu den Elitepositionen.“[86]

Ethik: Fehlanzeige! – Führen ohne „Haltung“

„O Tempora! O Mores!” Ciceros Ausruf in einer seiner berühmten Reden benutzen Lateinkundige, um das Kopfschütteln über den Mangel an Anstand auszudrücken, den auch wir mit Blick auf das Treiben um uns herum (selten auf unser eigenes) feststellen müssen: „Was sind das für Zeiten! Und (schlechte) Sitten!“ Besonders empört reagieren wir, wenn wir bei denen einen Mangel an ethischem Verhalten konstatieren, denen wir mit Recht außergewöhnliche Verantwortung zuschreiben, weil sie privilegierte, einflussreiche, machtvolle Positionen innehaben. Dazu gehört neben der politischen auch die Wirtschaftselite. Die Medien sind vielfach mit der Berichterstattung und Kommentierung von Unternehmensskandalen beschäftigt.

Siemens zum Beispiel hat es geschafft, über Jahre eine schlechte Presse zu bekommen: durch einen Korruptionsskandal; durch Massenentlassungen; durch den Verkauf der Handy-Sparte an BenQ und den nach dessen Insolvenz entstandenen Verdacht, tausende von Mitarbeitern hinters Licht und in die Arbeitslosigkeit geführt zu haben – bei gleichzeitigen satten Gehaltserhöhungen für den Vorstand (die dann unter dem Druck der öffentlichen Meinung lediglich verschoben wurden). Dazu eine kleine Anekdote am Rande: Der damals um das Renommee der Firma und sein persönliches Ansehen kämpfende Siemens-Chef Klaus Kleinfeld hatte ehemals in seiner Doktorarbeit den „engen Zusammenhang zwischen Image und Unternehmenserfolg" nachgewiesen. Je besser das öffentliche Bild, so Kleinfelds damalige Erkenntnis, desto besser die Chancen „im Absatz-, Personal- und Finanzmarkt sowie im gesellschaftspolitischen Umfeld".[87]

Zwischenzeitlich sind sowohl der Vorstandsvorsitzende Kleinfeld als auch der Aufsichtsratsvorsitzende Heinrich von Pierer im Zuge dieses Skandals zurückgetreten. Der neue Aufsichtsratsvorsitzende Gerhard Cromme, der auch Vorsitzender des Deutschen Corporate Governance Kodex ist, hat erstmalig in der Geschichte von Siemens mit Peter Löscher einen neuen Vorstandvorsitzenden von außen geholt. Der bis dato unbekannte Löscher, den selbst Eingeweihte nicht auf der Agenda hatten, gilt vor allem als integer und unbelastet.

Doch Siemens stand nicht allein an der Front der Ethik-Verstöße: Die Deutsche Bank meldete zeitgleich Rekordgewinne und einen beschlossenen Abbau von 6.000 Arbeitsplätzen. Electrolux kündigte an, seine Kühlschrank-Fabrik in Nürnberg noch früher als ursprünglich geplant zu schließen, nämlich zum Frühjahr 2007. VW, BMW, DaimlerChrysler, Thyssen-Krupp, Infineon und IKEA Deutschland waren wegen Betrugsdelikten bzw. Schmiergeld-Affären in den Schlagzeilen.

Die größte Medienaufmerksamkeit erntete der Millionen-Deal im Zusammenhang der Übernahme von Mannesmann durch Vodafone im Jahr 2000. In dem mit dem Herbert-Riehl-Heyse-Preis ausgezeichneten Essay „Eigentum verpflichtet. Aber wozu verpflichtet es?" beschreibt Stefan Geiger, Politikredakteur der Stuttgarter Zeitung, die Hintergründe der skandalösen Vorgänge bei der Übernahme von Mannesmann durch Vodafone. Dabei drückt er präzise aus, warum dieser Fall für die meisten Außenstehenden so abstoßend ist: „Insgesamt 30 Millionen Euro hat Klaus Esser damals nach nur acht Monaten Tätigkeit als Vorstandsvorsitzender zusätzlich zum regulären Gehalt bekommen: neben der nirgends vereinbarten 15,9-Millionen-Prämie noch eine annähernd gleich hohe Abfindung für sein Ausscheiden. Diese 30 Millionen Euro sind zu einem Symbol geworden, zu einem Symbol der Maßlosigkeit und der Selbstüberschätzung. Weil sie in keinem Verhältnis stehen zu dem, was in Deutschland sonst für reelle Arbeit gezahlt wird. Weil man angesichts der Größenordnung nicht mehr darüber streiten muss, welche Entlohnung für einen Spitzenmanager noch angemessen sein kann. Weil jeder weiß, dass kein Manager eine Leistung vollbringen kann, die eine solche Zahlung rechtfertigen würde. (...) In Wahrheit wurde damals ein Traditionsunternehmen gegen die Wand gefahren und zerschlagen. In Wahrheit hat Klaus Esser eine von ihm mutwillig provozierte Übernahmeschlacht verloren, im Abwehrkampf Millionensummen verschleudert und am Ende eine vernichtende Niederlage erlitten. Gemessen an seinen eigenen Maßstäben ist er ein Verlierer – ein Verlierer, der dafür mit Millionen überschüttet wird."[88]

Haltlose Gehälter?

Mit Millionen überschütten lassen sich auch die Top-Leute großer Konzerne im Rahmen ihrer Verträge, und laut einer Studie des *manager magazin* sind auch sie nicht unbedingt Gewinner in Bezug auf das Ergebnis ihrer Leistung, nach der sich die Entlohnung doch richten sollte.

„Ordentlich zugelegt" überschrieb die *Süddeutsche Zeitung*[89] ihren Bericht über die Einkünfte der Konzernspitzen in 2006. In diesem Jahr trat das Gesetz in Kraft, nach dem die Offenlegung der persönlichen Einkommen der Vorstände im Geschäftsbericht gesetzlich vorgeschrieben ist. „Experten schätzen, dass die 30 größten deutschen Aktiengesellschaften, die im Deutschen Aktienindex vertreten sind, im vergangenen Jahr ihre Bezüge um 15 bis 20 Prozent erhöhten. Die Erhöhung der Bezüge genau zu berechnen, ist schwierig, denn die Unternehmen schummeln noch viel zu viel bei der Angabe der Bezüge für ihre Top-Kräfte. Immerhin wird deutlich, dass auch das Wachstum der Bezüge rasant zunimmt." Das liegt auch daran, dass 2006 ein Jahr hoher Gewinnzuwächse und deutlich steigender Aktienkurse war.

Unter den Chefs der 30 im Dax notierten Unternehmen nimmt Josef Ackermann, Vorstandschef der Deutschen Bank, nach diesem Zeitungsbericht wiederum einen Spitzenplatz auf der Gehaltsrangliste ein: 2005 lag sein Einkommen bei insgesamt 11,9 Millionen Euro, ein Plus von 18 Prozent im Vergleich zum Vorjahr, 2006 gönnte er sich dann noch einmal 11 Prozent mehr, nämlich 13,2 Millionen Euro. (Womit er allerdings noch unter den – geschätzten – Bezügen von Porsche-Chef Wendelin Wiedeking bleibt, die bei über 15 Millionen Euro liegen sollen.) Im Jahr 2006 erhielten laut *Süddeutsche Zeitung* Linde-Chef Wolfgang Reitzle 7,4 Millionen Euro (2005: geschätzt 4), Dieter Zetsche (DaimlerChrysler) 5,1 Millionen Euro (2005: geschätzt 5,2), E.ON-Chef Wulf H. Bernotat 4,9 (2005: 4,4), Hans-Joachim Körber (Metro) 4,7 (2005: 2,7) und Klaus Zumwinkel (Deutsche Post) 4,2 (2005 geschätzte 2,8) Millionen Euro.

Verdient diese Wirtschafts-Elite, was sie verdient? Hohe Einkommen lassen sich nur mit entsprechender Leistung und Verantwortung begründen. Besteht hier also ein solcher Zusammenhang? Das Ergebnis der jüngsten Studie des *manager magazin*[90] spricht für sich: Die „beachtlichen Gehaltssteigerungen" der vergangenen Jahre seien „kaum je gerechtfertigt. Nur wenige Topmanager können mit einer Leistung aufwarten, die derartige Einkommenssprünge plausibel macht." Kein einziger hiesiger Konzernlenker habe im Ranking der größten Börsenfirmen Europas einen Spitzenplatz inne. „Entweder verdienen die Firmenchefs zu viel – so wie Deutsche-Bank-Chef Josef Ackermann oder der im vergangenen Jahr abgetretene DaimlerChrysler-Frontmann Jürgen Schrempp, der darüber hinaus laut *Handelsblatt* noch im Nachhinein Aktienoptionen in Höhe von über 50 Millionen Euro einlösen kann. Schwer nachzuvollziehen, wenn man bedenkt, dass sich gerade unter der Führung von Schrempp der Aktienkurs mehr als halbiert hat. Mit einer Kapitalvernichtung von über 20 Milliarden Euro auf den Börsenwert dürfte Schrempp nicht nur in der Geschichte von DaimlerChrysler einen historischen Wert einnehmen. Oder aber sie erwirtschaften eine im internationalen Kontext äußerst magere Rendite – wie etwa Telekom-Chef Kai-Uwe Ricke und Siemens-Vormann Klaus Kleinfeld."

Ob diese Entlohnung leistungsgerecht ist oder nicht: Solche Summen übersteigen in der Regel die Vorstellungskraft (nicht nur) der meisten Durchschnittsverdiener, die womöglich um ihren Arbeitsplatz fürchten oder ihn bereits aufgrund von „Wettbewerbsfähigkeits-Maßnahmen" verloren haben. Allianz-Finanzvorstand Paul Achleitner – auch sein Arbeitgeber will bei Rekordbilanzen 7.500 Arbeitsplätze streichen – wurde in einem Interview[91] gefragt, ob er Verständnis habe für die öffentliche Meinung, dass zwischen Rekordgewinnen und radikalem Stellenabbau ein Widerspruch bestehe. Achleitner bejahte dies; allerdings sei er „dennoch anderer Meinung, denn darin drückt sich eine zu kurzfristige Sicht aus. Wir wollen den Wandel nicht erst in der Krise einleiten. Wir müssen heute die Basis dafür legen, dass die Allianz auch morgen in Deutschland wettbewerbsfähig bleibt. (...) Sie müssen wettbewerbsfähige Renditen abliefern, weil sich sonst die Investoren abwenden und den erfolgreicheren Unternehmen zuwenden. Unsere Neuordnung in Deutschland dient aber nicht kurzfristigen Verbesserungen der Eigenkapitalrendite." Das mag sein. Ist die Vorgehensweise deshalb aber akzeptabel? Ulrich Greiner formulierte in der *Zeit*: „Wenn ein Unternehmen Verluste macht, lautet die Antwort: Entlassungen. Wenn ein Unternehmen Gewinn erzielt, lautet die Antwort neuerdings erst recht: Entlassungen. Wie soll man das nennen, wenn nicht Wahnsinn?"[92]

All das ist natürlich nicht nur unter dem Aspekt berechtigter Kritik abzuhandeln. Es ist leicht, unethisches Verhalten zu unterstellen – und selbstverständlich nicht immer richtig. Und: Wie weit soll Ethik gehen? Ist es unethisch, vor allem ökonomisch zu denken? Wir haben in Kapitel I festgestellt, dass der ursächliche Zweck eines Unternehmens der Gewinn ist. Dann muss die Ökonomie auch oberstes Ziel sein.

Aber die Frage geht hier ja gar nicht um das „Wohin", sondern um das „Warum" und das „Wie". Im Fall so gravierender Maßnahmen wie umfangreichen Entlassungen muss man die Frage stellen: Ist es unmoralisch oder der risikoreiche Versuch einer Rettungsmaßnahme? Ulrich Hemel meint: „Die Frage korrekter Risikoabschätzung und operativer Reaktionsfähigkeit ist (...) weit entfernt vom Thema Machtmissbrauch und Vertrauensbruch. Sie hat eher mit unternehmerischer Befähigung als mit Verschleierung betrügerischer Machenschaften zu tun. Und hier ist (...) sehr genau zu unterscheiden: Kriminelle, ethisch verwerfliche Handlungen sind anders zu behandeln als risikoreiche Gestaltungsmaßnahmen, die – aus welchen Gründen auch immer – nicht den gewünschten Erfolg hervorgebracht haben."[93]

Abgesehen davon, dass die Grenzen fließend sein können: Viele Zeitungsleser glauben, diese feine Unterscheidung sei unnötig, weil „diese Manager und Wirtschaftsbosse doch sowieso alle gleich skrupellos" seien. Diese Haltung ist die Folge davon, dass die Medien vor allem über die „schwarzen Schafe berichten; die unauffällige große Mehrheit der (vorwiegend) weißen interessiert sie nicht. Wozu Selbstverständliches hervorheben? Damit sind weder Leser zu gewinnen noch entspricht das dem Berufsverständnis vieler Journalisten, die aufzudecken, zu kritisieren und zu kontrollieren als ihre primären Aufgaben sehen. Die ungute Nebenwirkung: Es entsteht der Anschein, als sei die gesamte Wirtschaft ein einziger, von unmoralischem Vorgehen verseuchter Sumpf, oder der, dass die Begründung von geplantem Stellenabbau (künftige Wettbewerbsfähigkeit, Rettung der Firma) nur der tatsächlichen Absicht der Gewinnmaximierung vorgeschoben sei.

Das ist natürlich ein Irrtum. Mit Recht rügte der Deutsche Manager-Verband DMW anlässlich der Vorstellung seines neuen „Werteleitfadens für Manager"[94] die weit verbreitete Meinung, bei Managern handele es sich „nur um vaterlandslose Gesellen, Heuschrecken oder egozentrische Kapitalisten". Täglich würden in Deutschland hunderttausende Unternehmer einen „erstklassigen Job" tun. Der Beweis dafür ist jeden Tag erlebbar in unserem reichen Land – aber leider verwandeln sich auch außergewöhnlich positive Umstände, wenn sie andauern, im Denken der Nutznießer in Selbstverständlichkeiten.

Das nimmt allerdings den vielen Skandalen und dem ihnen zugrunde liegenden Mangel an Unternehmensethik nichts von ihrer Brisanz. Angewandte Ethik in der Wirtschaft ist nicht bloß wünschenswert, sondern unerlässlich. Um beim Beispiel der Entlassungsorgien zu bleiben: Eberhard Morawa, Mitautor des DMV-„Werteleitfadens für Führungskräfte", stellt fest, dass die Freisetzung solch großer Teile der Belegschaft langfristig der Untergang eines Unternehmens sei. Firmen mit ausgeprägter Unternehmenskultur kämen nach seiner Erfahrung „erst gar nicht in die Situation, sich von so vielen Angestellten trennen zu müssen".[95]

Ulrich Hemel denkt ähnlich: „Das Erwirtschaften von Gewinnen hat nicht nur etwas mit Habgier und Selbstsucht, sondern auch mit Freiheit, Initiative, Kreativität und Gestaltungswillen zu tun. Es ist ethisch wertvoll und geboten, soweit und so lange es in einem geordneten Rahmen praktiziert wird."[96] Grundsätzlich stimmt also nach Hemel die Richtung, denn die Stärke der ökologischen und sozialen Marktwirtschaft liege ja gerade darin, „dass sie ein Gleichgewicht zwischen Geltungsansprüchen aus sehr unterschiedlichen Feldern des Lebens anstrebt: der Freiheit des Wirtschaftens bis zur Bildung von Kapital und Eigentum, der Verantwortung für die Schwächeren in der Gesellschaft und der Aufmerksamkeit für nachhaltiges Wirtschaften, das über mehrere Generationen ohne verantwortliche Schadenswirkung durchgehalten werden kann." Allerdings stellt er gleichzeitig fest: „Der Unterschied zwischen Kapitalismus und sozialer Marktwirtschaft wird nicht mehr wahrgenommen."

Das ist jedoch nicht dem Unternehmertum, der Wirtschaftselite allein vorzuwerfen. Der VDI[97] wies darauf hin, dass sich „Allianz, Electrolux und Siemens, wo Geschäftsbereiche reihenweise überprüft und bei Bedarf abgestoßen oder stillgelegt werden, (...) jeden Tag messen lassen" müssen. Kunden verlangten günstige Produkte, die Eigentümer wollten Rendite sehen, lahmende Unternehmen würden von der Börse mit höheren Kosten der Kapitalbeschaffung bestraft. Und Hemel ergänzt: „Wenn in der Gesellschaft soziale Gesichtspunkte immer stärker unter Kostengesichtspunkten betrachtet werden, wäre es erstaunlich, wenn ausgerechnet die Aktionäre von großen Konzernen andere Betrachtungsweisen an den Tag legen."[98]

Das ist allerdings quasi die Umkehrung des Kant'schen kategorischen Imperativs. Teile der Wirtschaftselite scheinen diesen Zusammenhang konsequent zu ignorieren. Porsche-Chef Wendelin Wiedeking, selbst hoch geachteter Vorbild-Manager, liest den Kollegen mit deutlichen Worten die Leviten.[99] Er prangert Steuerflucht und Egoismus an. Er kritisiert Unternehmen wegen ihrer Klagen über steuerliche Mehrbelastungen, „die einen Bruchteil dessen ausmachen, was man gerade aus dem Subventionstopf geschöpft hat, der auch nur aus Steuermitteln gefüllt wird". Er stellt zur Diskussion um die Arbeitsplätze fest: „Ich verstehe die von vielen Managern und Verbandsfunktionären vertretene These überhaupt nicht, Arbeitsplätze seien in Deutschland zu teuer, neue könnten nur noch im Ausland entstehen."

Wiedeking fordert: „Zunächst einmal müssen Unternehmer auch ihrer gesellschaftlichen Verantwortung gerecht werden. Immer nur Arbeitsplätze ins Ausland zu verlagern ist der einfachste Weg. Arbeitsplätze in Deutschland zu schaffen ist die eigentliche Kunst. Und ich bin sicher, dass es auch geht. Wir haben noch viele Chancen, gemeinsam mit den Mitarbeitern in den Betrieben mehr Flexibilität zu erreichen. Man kann durch konsequente Prozessoptimierung noch mehr herausholen, ohne dass der einzelne substantielle Einbußen hinnehmen muss. Stattdessen der scheinbar einfache Weg. Es gibt zum Beispiel in der deutschen Automobilindustrie Großserienhersteller, die ihre Motorenproduktion ins östliche Ausland verlagert haben (...). Die Lohnkostenvorteile im Ausland allein können es (...) nicht sein, was die Manager bewegt, und sie sind es auch tatsächlich nicht. (...) Bei vielen Herstellern, die ihre Produktion verlagern, kommt der Gewinn einer solchen Standortentscheidung fast ausschließlich aus der in dem Land gewährten Steuerfreiheit oder -vergünstigung. Und wenn diese Hersteller ihre Motoren dann auch noch zollfrei nach Deutschland einführen können, muss man sich wirklich fragen, auf welchem Stern wir leben."

Und schließlich: „Es ist wenig sinnvoll, ja geradezu der Gipfel des Unsinns, wenn man in Zeiten, in denen rund fünf Millionen Menschen in Deutschland arbeitslos registriert sind, den Job-Export auch noch aus dem deutschen Steuertopf subventioniert. Was anderes ist es denn, wenn Unternehmen bei Standortverlagerungen ins Ausland die Kosten für die Planung der Investition, den Transfer der Arbeitsplätze, die Verwaltung und die Finanzierung des Tochterunternehmens voll steuerlich geltend machen können?"

Etwas umständlich, aber völlig richtig findet Hemel: „Es wird immer wieder Beispiele geben, die einen kurz- oder langfristigen Erfolg unethischen Handelns nahe legen. (...) Genauso eindeutig lässt sich aber auch argumentieren, dass die Widerlegung eines unmittelbaren Zusammenhangs von ethischem Verhalten und direktem wirtschaftlichen Erfolg durch Einzelfälle kein hinreichendes Argument für die Verteidigung unethischen Handelns darstellt."[100]

Schlichter drückt Ulrich Greiner es in der *Zeit* aus:[101] „Es ist an der Zeit, von Anstand zu reden." Oft ist ethisches Verhalten, moralisches Handeln, kurz: „das Richtige“, so einfach, dass man darüber hinwegsieht. Und „das Richtige“ ist: Als Chef eines Unternehmens für die, die abhängig von ihm sind, die Verantwortung zu tragen. Zu erkennen, dass nicht allein Effizienz und Kurswertsteigerung zählen, sondern auch das Wohl der Mitarbeiter und das der Gemeinschaft. Für den erzielten Gewinn dankbar zu sein und dies auch auszudrücken gegenüber denen, die ihn erarbeitet haben, in Form von Wertschätzung, auch in finanzieller Hinsicht.

„Selbst wenn Anstand keine ökonomische Tugend sein mag“, schreibt Greiner, „so ist er doch die Tugend, auf der unser aller Zusammenleben beruht. Sie wächst nicht von selbst nach. Sie bedarf des gelebten Vorbilds durch die Elite, gerade der ökonomischen. (...) ‚Eigentum verpflichtet. Sein Gebrauch soll zugleich dem Wohle der Allgemeinheit dienen.‘ So lautet Artikel 14 des Grundgesetzes. Das ist kein Gebot, für dessen Einhaltung Polizisten sorgen könnten. Dass es Beachtung findet, ist die Sache aller, zuvorderst der Elite.“

III Reformiert die Eliten!

1 Elite muss sein – Sinn und Zweck der Führungsschicht

Über die „Führungskräftegesellschaft“ zu schimpfen (vgl. Kapitel II, 2), zu der Deutschland geworden sei, entspringt der Empfindung bzw. Erfahrung, dass unsere Eliten die Erwartungen nicht erfüllen, die in sie gesetzt werden. Die von Enttäuschung bis Empörung reichenden Emotionen, die die öffentliche Kritik begleiten, sind auch deshalb so intensiv, weil diese Erwartungen zu Recht bestehen: Wer privilegiert oder überdurchschnittlich begabt ist, Macht ausübt oder Einfluss nimmt, hat auch besondere Verantwortung denen gegenüber, die sich dieser Macht unterwerfen müssen beziehungsweise über keine besonderen Privilegien oder überdurchschnittlichen Talente verfügen. (Übrigens berücksichtigen weder Langenscheidt noch die Internet-Enzyklopädie Wikipedia in ihren Definitionen des Begriffs „Elite“ das Kriterium der besonderen Verantwortung).

Aber ist „Führungskräftegesellschaft“ als Schimpfwort geeignet? Richtig verstanden, nämlich als Gesellschaft, die sich kompetenter Führungspersönlichkeiten, also einer bestimmter Elite, erfreuen darf, ist sie doch genau das, was wir brauchen. Aufgabe der Eliten sei es, den Zusammenhalt der Gesellschaft zu garantieren, formulierte der nordrhein-westfälische Ministerpräsident Jürgen Rüttgers im September 2006 anlässlich der Feier „30 Jahre Managerfortbildung Schloss Gracht“.[102] So ist es, denn: Die Gesellschaft besteht aus einer heterogenen Menge von Menschen mit unterschiedlichen Eigenschaften, Begabungen, Fähigkeiten. Diese unterschiedlichen Werte so zusammenzubringen, so anzuwenden und zu nutzen, dass alle – der Einzelne, die Gruppen, die ganze Gemeinschaft – etwas davon haben und gleichzeitig das große Ganze im Zusammenspiel erst möglich machen, das geht nur unter bestimmten Voraussetzungen.

In die Wiege gelegt

Es bedarf vor allem zweierlei: erstens der Grundlage einer rechtlichen Ordnung (basierend auf Wertekanon und Handlungsethik) sowie ihrer Durchsetzung und Weiterentwicklung, und zweitens der Möglichkeit für jeden, seine Existenz zu sichern, indem er das, was ihm mitgegeben ist, ausbilden und für den Gelderwerb nutzen kann, im Rahmen des geregelten Miteinanders. Das ist der Sinn von Politik und Wirtschaft. Und für diese beiden Handlungsebenen wiederum braucht es genau das, was wir alle schon im Sandkasten gelernt und praktiziert haben: Einzelne mit herausragender Persönlichkeit, Begabung und Intelligenz, die den anderen die Richtung vorgeben und die Initiative ergreifen. In diesen frühen Jahren benehmen sich die „Chefs" allerdings oft noch recht ungeschliffen und nutzen ihre persönliche Macht ohne Rücksicht auf Verluste. Oft aber funktioniert das Prinzip bereits, wenn die Beteiligten spüren: Es gibt Unterschiede zwischen uns, und die kann man für beide Seiten gewinnbringend nutzen.

Probleme entstehen dadurch, dass nicht wenige der Sandkasten-Chefs ein paar Jahrzehnte später ihre Art der Führung nicht wesentlich weiterentwickelt haben, aus welchen Gründen auch immer. Ihnen fehlen wichtige Kenntnisse über die Voraussetzungen guter Führung – oder der Charakter, diesen Kenntnissen die ihnen gebührende Bedeutung zuzugestehen.

Ohne Ideengeber und Visionäre, ohne charakterstarke Führungstalente, ohne risikobereite und mutige Kaufleute, ohne geniale *Maniacs* säßen wir wohl immer noch am Lagerfeuer – oder hätten es nicht mal bis dahin geschafft. Was eine Gemeinschaft trägt, ist die stillschweigende Dauerleistung der Massen bei der Alltagsbewältigung. Was die Gesellschaft voranbringt, ist der Output derjenigen, die anders sind als die große Mehrheit: Eliten im besten Sinn, deren Besonderheit eben auch darin besteht, ihre spezielle Ausstattung mit Geld, Geist und/oder Begabung mit dem Bewusstsein zu kombinieren, dass diese Geschenke dazu da sind, sie auch zum Wohle anderer einzusetzen und Verantwortung zu übernehmen. Zu einer so verstandenen Elite – der Leistungselite im Sinne von Meinhard Miegel (vgl. Kapitel III, 2) – zählen nicht etwa nur Universitätsabsolventen und Unternehmerkinder, sondern jeder, der „an die Stelle des Hergebrachten Besseres setzt", ob er als Ministerpräsident, Geschäftsführer oder „kleiner Angestellter" seine Arbeit tut.

In diesem Buch allerdings geht es um Führung, also um die anleitende Leistungselite, und ihre besondere Verantwortung. Und „Führen" heißt, eine Welt zu gestalten, der andere Menschen gerne angehören möchten. Man kann bisher nicht behaupten, dass das der überwältigenden Mehrheit der Führungskräfte gelänge. Wir brauchen Eliten, weil wir neben Vordenkern und Visionären vor allem auch neue Führungspersönlichkeiten brauchen, die im Idealfall auch die erstgenannten in sich vereinen. Aber wie kann diese Führungselite die Erwartungen erfüllen, die in sie gesetzt werden, ohne entweder völlig aufgerieben oder zum gefühllosen, rücksichtslosen Machtmenschen zu werden?

Darauf will ich im Folgenden versuchen, einige Antworten zu geben und Denkanstöße zu liefern. Ich beziehe mich dabei auf den systemischen Führungsansatz, den ich in der Akademie für Führungskräfte der Wirtschaft seit über zehn Jahren vertrete und vermittle.[103] Dieser systemische Führungsansatz beschreibt vier wichtige Merkmale beziehungsorientierter Führungskompetenz: innere Überzeugung, Kontaktfähigkeit, Wertschätzung und Ressourcenorientierung.[104]

1. Innere Überzeugung
Nur wer an eine Sache und dabei auch an sich selbst glaubt, kann andere überzeugen und motivieren. Innere Überzeugung ist das Credo einer Unternehmenswelt, der andere gern angehören wollen, auch in harten Zeiten. Doch innere Überzeugung ist mehr als eine Zielvorgabe, sie bedeutet auch Vertrauen in die eigenen Mitarbeiter. Ohne Menschen, die sie umsetzen, sind Ziele nichts als Schall und Rauch.

2. Kontaktfähigkeit
Kontakt als echtes Interesse und als intensive, offene Auseinandersetzung mit den Mitarbeitern ist im wahrsten Sinne des Wortes der Kitt, der die Organisation zusammenhält. Das bedeutet nicht, die warme kuschelige Decke der Harmonie über alles zu breiten, bis die darunter schwelenden Konflikte das Betriebsklima vergiften und die Produktivität lähmen. Im Idealfall funktionieren soziale Beziehungen im Unternehmen ein Stück weit so wie bei Ehepaaren, die schon lange verheiratet sind: Sie streiten sich ausgiebig, bis sie sich wieder lieben können.

3. Wertschätzung
Wertschätzung muss von innen kommen und auch vom Mitarbeiter als solche empfunden werden. Es macht einen wesentlichen Unterschied, ob jemand gegen spürbare grundsätzliche Zweifel von oben Leistung erbringen muss oder ob ihm signalisiert wird: „Du bist willkommen, wir glauben an dich und dein Potenzial". Und das auch, wenn Führungskraft und Mitarbeiter nicht immer derselben Meinung sind.

4. Ressourcenorientierung
Es sollte die erste Maxime jeder guten Führungskraft sein, die vorhandenen Möglichkeiten wirklich auszuschöpfen. Sie sollte den Mitarbeiter fragen: „Was brauchst du, um Leistung zu erbringen?" Solche Führung erhöht die Loyalität und den Mitwirkungswillen der Mitarbeiter erheblich. Der entscheidende Unterschied zwischen dem klassischen und dem modernen Führungsverständnis besteht darin, dass beziehungsorientierte Führungskräfte nicht nur das angestrebte Ergebnis – Umsatz, Verkaufserfolg und Profit – betrachten, sondern bereits auf dem Weg

dorthin die eigenen Gefühle und die Gefühle der Mitarbeiter im Blick behalten. Es geht nicht darum, Harmonie zu erkaufen, sondern darum, die tatsächlichen Emotionen wahrzunehmen und zu akzeptieren.

Systemisch Führen ist mehr eine Lebenseinstellung und eine persönliche Haltung als eine Managementmethode. Auf diese Haltung, die auch die der neuen Elite sein muss, möchte ich im Folgenden näher eingehen.

2 Elite muss wachsen – Werte und ihr „Profit"

Werte und Profit gehen nicht zusammen? Im Gegenteil: Immaterielle Werte können höchst profitabel sein. Wie wollen Sie materiellen Gewinn machen ohne Ideen, Initiative, Kreativität, Engagement, Motivation, Loyalität, Durchhaltevermögen oder Teamfähigkeit? Unternehmen, die diese „weichen Faktoren" bei ihrer Kalkulation vernachlässigen und nicht in sie investieren, werden dies mittel- und langfristig schmerzhaft in ihrer Bilanz spüren.

Wie lassen sich für die neue Elite, die ethisch denken und handeln soll, Ethik und Profit vereinbaren? Wer so fragt, ist nicht objektiv, denn er verurteilt den Profit als etwas Unmoralisches. Wir haben es bereits angesprochen: Profit ist zwar ein (materieller) Wert, aber wie man ihn „wertet", ob man ihn begrüßt oder ablehnt, hängt davon ab, welche Absichten ihm zugrunde liegen und wie er erwirkt wurde. „Profit" hat im Allgemeinen keinen guten Ruf. Das ist zwar nicht unverständlich, aber dennoch falsch, denn Gewinne sind auch ohne Habgier und Skrupellosigkeit möglich.

Die neue Elite wählt einen Weg zum materiellen Gewinn, der sich an den gesamtgesellschaftlichen Rahmenbedingungen und Notwendigkeiten und einer Ethik der Verantwortung im umfassenden Sinn orientiert. Und je bewusster und konsequenter die neue Führungselite sich intern und extern an ethische Werte und Handlungsregeln hält und sie zur Grundlage von Entscheidungen und Verhaltensweisen macht, desto reicher wird die Ernte ausfallen, auf mehreren Ebenen.

Doch diese ethischen Regeln gelten auch für das Individuum, jede einzelne Führungskraft, ganz persönlich. Das hört sich selbstverständlicher an, als es ist, denn es bedeutet, dass sich jeder, der führen und Verantwortung übernehmen will, zu allererst mit dem eigenen Ich beschäftigen muss und diese Hinwendung zum Selbst auch nie mehr aufgibt.

Wichtige Fusion: Leistung und Selbstmanagement

„Führen heißt vor allem eine Person zu führen: sich selbst" – einer der wichtigsten Sätze von Peter F. Drucker, dem Pionier der modernen Managementlehre[105], dessen Arbeitsgrundlage nicht nur die Betriebswirtschaftslehre, sondern auch die Sozialwissenschaften waren. Wie macht man das? Wie führt man sich selbst? Was ist „Selbstmanagement"? Und wie definiert man „Leistung" sinnvoll?

Leistung...
Die Leistungen in den oberen Management-Etagen des Landes scheinen nachzulassen. Das sich immer schneller drehende Personalkarussell auf der Führungsebene ist auf die Unzufriedenheit der Aufsichtsräte mit den Bilanzen zurückzuführen, für die die Spitzenleute verantwortlich gemacht werden. Nach wie vor gilt in der alten Führungselite vor allem dieses Verständnis von Leistung: Sie bildet sich ab in den Unternehmensresultaten und dem eigenen Anteil daran.

Was es nach Meinung dieser „alten" Elite braucht, um solche Leistung zufrieden stellend zu erbringen, zeigt ein Blick in die Stellenanzeigen und auf die Anforderungen, die dort aufgeführt werden: Schon Vertriebsleiter müssen „hervorragende" Kenntnisse bzw. Ausbildungsabschlüsse haben, „höchst engagiert, ideenreich, zielorientiert, analytisch denkend" sein und „sehr gute Team- und Umgangseigenschaften", „Durchsetzungsvermögen, Kreativität, Verhandlungs- und Darstellungsgeschick" sowie „Kooperations- und Integrationsfähigkeit" beweisen, einen „ebenso zupackenden wie mitreißenden Führungsstil", außerdem „unternehmerische Kompetenz, Befähigung zur konzeptionellen wie operativen Denk- und Handlungsweise"; natürlich sollten sie „leistungsorientiert" sein, aber auch „integer", also „Vorbildfunktion" wahrnehmen, dazu „ausgeprägtes strategisches Denken, große Konzeptionsstärke, hohes Maß an Engagement und Eigeninitiative, Mobilität, Kommunikationsfähigkeit, Umsetzungsstärke, diplomatisches Verhandlungsgeschick" an den Tag legen, und „zudem mit grenzenlosem Engagement und vor allem mit Spaß an ihrem Job überraschen". Kann ein Arbeitgeber im Ernst glauben, dass solche Supermänner existieren – und falls ja, dass sie dann von einem Job auf mittlerer Management-Ebene träumen?

Doch so sehen die allgemeinen Erwartungen in puncto Leistung aus – unerfüllbar. Und dabei kosten sie viele Manager jedwedes Privatleben und allzu oft auch die Gesundheit. Und was haben die Arbeitgeber davon? Bestimmt keine guten Ergebnisse, zumindest nicht auf Dauer.

In Anbetracht solcher Erwartungen an das untere bis mittlere Management möchte man annehmen, dass die Bewerber für Top-Positionen erst recht Leistungsgiganten sein müssen, um den Job zu kriegen. Der Elitenforscher Michael Hartmann fand jedoch heraus, dass dem nicht so ist. Nicht die Leistung, sondern die Herkunft – aus besten Kreisen beziehungsweise möglichst den Kreisen der Arbeitgeber – entscheidet über die Einstellung der höchstbezahlten Fachkraft. Tatsache ist, dass in den Vorständen großer Unternehmen in Deutschland fast nur das klassische Großbürgertum zu finden ist. Bei vergleichbarer Leistung haben Angehörige weiter unten angesiedelter Schichten keine Chance. „Chemie" heißt das Zauberwort. Wenn der Habitus dem des künftigen Arbeitsgebers ähnelt, stimmt sie meist. Und das beeinflusst die Entscheidung für den Bewerber mehr als seine Leistung.

Die neue Leistungselite ist dagegen „echt": Sie entsteht erstens nicht qua Herkunft, denn ihr Leistungsverständnis ist ein ganz anderes. Und sie leistet auch nicht bis zum Umfallen, weil sie zu Recht keinen Sinn im Umfallen sieht. „Zur Bodenhaftung gehört auch, dass sich die Eliten nicht als perfekte und unfehlbare Leistungsmaschinen präsentieren", stellen Gushurst und Vogelsang fest.[106] Die neue Führungskräfte-Generation weiß um die Bedeutung von Work-Life-Balance, dem Ausgleich zwischen Spannung und Entspannung, Anstrengung und Erholung, Arbeit und Freizeit, um den sie sich stets bemüht. Und sie weiß, dass die besten Ideen oft in Auszeiten kommen. „Niemals bin ich weniger müßig als in meinen Mußestunden", befand Cicero. Leistungsimpulse kann es auch aus dem Nichtstun geben.

Der Philosoph und Ethiker Seneca, rund hundert Jahre jünger als Cicero, mahnte in seinem Essay „De brevitatis vitae" („Von der Kürze des Lebens"), dass das Ziel des Lebens mehr Muße, nicht mehr Arbeit sei. „Nihil minus est hominis occupati quam vivere; nullius rei difficilior scientia est" – Nichts tut der beschäftigte Mann weniger als (richtig) zu leben, und nichts ist schwieriger zu lernen. Diese Feststellung Senecas, immerhin vor fast 2.000 Jahren aufgeschrieben, hat bis in unsere Zeit Gültigkeit. Die neue Elite aber wird das für sich ändern, und dies gehört zu ihren besonderen, gar nicht hoch genug zu schätzenden „Leistungen". Ein bekannter Vertreter der Sport-Elite hat es vor Jahren einmal treffend, wenn auch grammatikalisch nicht korrekt, so ausgedrückt: „Es gibt noch mehr wie Tennis auf der Welt."

Die neue Elite ist selbstbewusst, nicht überheblich; kompetent, nicht allwissend; stark, nicht unfehlbar; visionär, nicht abgehoben, und sie weiß, dass Leben nicht ausschließlich „Karriere machen" heißt, und dass „Leistung bringen" unterschiedlich zu definieren ist. Wie also steht die neue Elite zur „Leistung"?

Das Deutsche, das eine so reichhaltige wie komplizierte Sprache ist, hat ausgerechnet für einen so hoch angesehenen und vielschichtigen Wert nur diesen einen Begriff. Im Englischen gibt es „achievement" (durch Einsatz, Arbeit, Engagement, Erreichtes) und „performance" (die „Vorstellung", die man liefert bei dem, was man leistet). „Als neudeutscher Anglizismus ist die Performance auch in die Wirtschaftssprache von Unternehmen und Finanzmärkten eingesickert, wo man ganz zu Recht der Auffassung ist, dass sich mithilfe des Performativen der heute hauptsächlich gefragte Typus von Leistungsstärke am besten ausdrücken lässt. Beim performativen Leistungsverständnis kommt es – kurz gesagt – darauf an, möglichst gut auszusehen."[107] Oder anders ausgedrückt: Wo „Leistung" draufsteht, ist oft keine drin, aber wenn die Verpackung stimmt, verkauft sich das Ganze bestens. Dass die neue Elite mit diesem Leistungsverständnis nicht d'accord sein kann, ist keine Frage.

„Leistung" ist zunächst ein neutraler Begriff: Grundsätzlich zählt alles dazu, was erreicht oder geschaffen wird. Bei und nach diesem Prozess erfährt dieser Begriff eine Schätzung, Beurteilung, Bewertung. Aber auch er unterliegt im Zuge des Wertewandels Änderungen in seiner Bedeutung. Dabei wird Leistung verschiedenen Bereichen zugeordnet und entsprechend definiert. In der Wirtschaft zum Beispiel ist sie das „Produktionsergebnis". Diese Art Leistung lässt sich auch durchaus auf den „Output" des Einzelnen übertragen. Damit ist dann etwa das Ergebnis der Arbeit einer bestimmten Zeiteinheit gemeint.

Aber Leistung ist viel mehr, wie beispielsweise im Wörterbuch der Soziologie nachzulesen ist.[108] Auf der individuellen Ebene ist jedes Ziel, das man sich setzt und erreicht, eine persönliche Leistung. Das war nicht immer so: Vor 1968, also bevor mit der Propagierung des Ziels der Selbstentfaltung und -verwirklichung die „Individualisierung" begann, stand in Deutschland Jahrhunderte lang der stark überbetonte Wert „Pflichtbewusstsein" dem Wert „Leistung" einschränkend gegenüber: Vieles besonders im Sozialleben oder im privaten Bereich Geleistete galt als selbstverständlich, nicht der Rede wert. Das ist teilweise noch immer so. Doch das weiter unten zum Thema Selbstmanagement Gesagte zeigt klar, dass ein stärkeres Bewusstsein für die Leistungen für sich und andere im persönlichen, im zwischenmenschlichen Bereich erforderlich ist, um (auch) die Herausforderungen des größeren Ganzen zu bewältigen, in der Gesellschaft, in Politik und Wirtschaft, national und international.

Erfolgreiches Selbstmanagement ist zweifellos eine gewaltige und lebenslange Leistung. Und die neue Elite beginnt auf diese Art und Weise das Führen bei sich selbst, weil sie weiß, dass es die Voraussetzung für die erfolgreiche Führung anderer ist. Diese Leistung wiederum wirkt im Ergebnis fort, für die Unternehmensbilanz und das Arbeitsklima.

Zusammenfassend und vereinfacht kann man sagen: Leistung dient dazu, etwas besser zu machen, positiv zu verändern. Diese Bewertung von Leistung macht die neue „Leistungselite“ aus, die wir in Deutschland brauchen. So eine Leistungselite kann sich allerdings nicht auf die Führungsebene der Republik beschränken. Miegel formuliert: „Leistung, die zur Leistungselite qualifiziert, hat – so meine ich – weder etwas mit der Dauer der Ausbildung noch mit der physischen oder psychischen Beanspruchung des Leistenden zu tun. (...) Kennzeichen jener kleinen Minderheit ist (...), dass sie nicht nur die Blaupausen zeichnet, nach denen die Mehrheit tätig ist, sondern vor allem auch verbessert und gegebenenfalls überwindet. Dabei ist es grundsätzlich unerheblich, ob dies auf dem Niveau der Herzchirurgie oder der Abwasserentsorgung geschieht. Wer immer an die Stelle des Hergebrachten Besseres setzt, gehört nach meiner Auffassung zur Leistungselite.“[109]

Eliten sind immer Minderheiten, wenige Einzelne oder kleine Gruppen, und wir brauchen sie nach Miegels Definition in allen Schichten und (Arbeits- bzw. Leistungs-)Bereichen. Es gibt sie, seit es Menschen gibt, aber wir brauchen mehr davon, vor allem in den oberen Etagen der Wirtschaft, auf der Führungsebene.

... plus Selbstmanagement ...
„Leider gibt es immer noch viele Entscheider, die der Meinung sind, dass die Führungskompetenz ihnen mit in die Wiege gelegt worden ist und spätestens ein abgeschlossenes Studium dazu befähigt, andere Menschen anzuleiten, zu motivieren, zu lenken. Die Wirklichkeit zeigt, dass dies so einfach doch nicht funktioniert“, resümiert die Unternehmensberaterin Helga Ebel-Gerlach.[110] Tatsächlich bedeutet gute Führung viel Arbeit mit und an sich selbst in Form von Selbstmanagement.

Wenn man Menschen führt, baut man unweigerlich eine Beziehung zu ihnen auf. Deshalb setzt Führung Selbst(er)kenntnis voraus: Beim Knüpfen einer Beziehung kann ich nicht mit mehreren Unbekannten rechnen, wenigstens eine Variable muss mir bekannt sein: ich selbst.

Konfrontation mit dem Ich

Viele Manager aber haben gar kein Interesse daran, sich „kennen zu lernen“. In Seminaren fällt mir immer wieder auf, dass versteckte Angst ein wesentlicher Antreiber bei Führungskräften ist. Führungskräfte mit dieser Eigenschaft sagen sich: Wenn ich einmal ganz oben bin, kann mir endlich keiner mehr etwas anhaben. Und wenn sie es tatsächlich geschafft haben, nutzen sie ihre Position gelegentlich rücksichtslos aus. Daraus resultieren dann die typischen Machtspiele.[111]

Ein anderer, großer Teil der Manager „funktioniert" nur. Sie wissen nicht, was sie fühlen, und schon gar nicht, was andere Menschen fühlen. In vielen Fällen, und das ist noch schlimmer, fühlen sie noch nicht einmal mehr. Die Psychologie bezeichnet dieses Defizit als „Alexithymie". Die Liste der typischen Symptome, wie eine verarmte Phantasie, ein eingeschränktes Gefühlsleben, Freudlosigkeit, mangelnde Spontaneität, fehlendes Einfühlungsvermögen, eine extrem sachliche Ausdrucksweise und die totale Konzentration auf Fakten, liest sich wie eine Kurzcharakteristik des deutschen Durchschnittsmanagers. Dabei halten sich diese Menschen selbst für sozial kompetent und umgänglich und für einen guten Chef.[112]

Eines der Merkmale der neuen Elite und ein wichtiger Teil ihrer Ethik ist, dass sie sich diesen Themen stellt. Denn sie begreift, dass die Basis für den richtigen Umgang mit der Umwelt der aufmerksame, ja liebevolle Umgang mit sich selbst ist. Und Verantwortung zu übernehmen setzt ein bestimmtes Wissen voraus: das Wissen über die menschliche Psyche und Soziobiologie im Allgemeinen und über das eigene Ich im Besonderen. Dieses Wissen lässt sich durch Bücher zwar ergänzen, gewinnen kann man es jedoch nur mit der Bereitschaft, sich auf andere und auf sich selbst einzulassen.

Ein solches Wissen liegt nicht nur im Interesse des persönlichen und unternehmerischen Erfolgs. Die massiven sozialen Veränderungen unserer Zeit, in der es kaum noch äußere Sicherheiten gibt, weil der Wandel in Gesellschaft und Wirtschaft immer schneller erfolgt und jahrzehntelange, geradlinige und fest gefügte Karrieren genauso passé sind wie dauerhafte familiäre Beziehungen – diese Veränderungen haben Folgen. Das Berufsleben, das Berufsumfeld, die Firma bilden nicht selten einen Ersatz für verlorene private Bindungen; Arbeit und Beruf sind Lebensinhalt über den Feierabend hinaus. All das erfordert die Beschäftigung mit den oben genannten Wissensinhalten nahezu unausweichlich.

Führen, um zu leben

In einem Berufsleben, das so viel an Bedeutung gewonnen hat, muss Führung heute auch Sinn vermitteln, muss dafür sorgen, dass die Arbeit (allen Beteiligten) erfüllend und befriedigend ist. Diese Aufgabe kann nur leisten, wer dasselbe auch für sich als Ziel verfolgt. Dahinter steht die – im Deutschland des preußisch geprägten, selbstlosen Pflichtbewusstseins lange geleugnete – Wahrheit, dass sich nur entfalten und sein Bestes leisten kann, wer Freude an dem hat, was er tut. Die neue Elite weiß, dass die „egoistische" Forderung, Sinn und Spaß im Job zu finden, für das ganze Unternehmen Profit abwirft. Diese hoch qualifizierte, gebildete, mobile, kosmopolitische, kommunikative, geistig enorm bewegliche, wissensdurstige und engagierte Eliten-Generation lebt nicht mehr, um zu arbeiten, sondern erkennt die Zeichen der Zeit und arbeitet, um zu leben. Und sie sucht sich Auftrag- oder Arbeitgeber, die das begriffen haben und darin die besten Voraussetzungen für den Unternehmenserfolg erkennen.

Eine Umfrage der Akademie für Führungskräfte der Wirtschaft Bad Harzburg und Überlingen unter 350 männlichen und weiblichen Führungskräften verschiedener Branchen ergab eindeutig: Der Faktor, der die Manager am stärksten zu Leistung antreibt, ist der Spaß an der Arbeit. „Flow" nennt das die Glücksforschung. Flow ist ein Zustand des völligen Verschmelzens mit dem eigenen Tun, der Selbstvergessenheit beim Aufgehen in einer Aufgabe. In diesem Zustand „arbeitet" man nicht, sondern leistet Hervorragendes ohne Mühe und erlebt dabei eine tiefere innere Erfüllung und Zufriedenheit, ganz wie ins kreative Spiel vertiefte Kinder. Voraussetzung ist, dass die Aufgabe weder über- noch unterfordert. Manager sollten diesen Flow nicht nur für sich selbst erreichen, sondern auch imstande sein, andere dahin zu führen. So potenzieren sich Arbeitsresultate.

Die Kunst, sich selbst zu managen, wird aufgrund des permanenten Wandels zur Notwendigkeit. Am Anfang steht dabei die Bewusstmachung, dass Veränderung die Regel ist und es keine Beständigkeit gibt. Darauf wurden wir alle gerade in den letzten Jahren, die gekennzeichnet waren vom Verlust der Sicherheit auf allen wesentlichen Ebenen, deutlich hingewiesen. Es gibt keine Sicherheit, weil nichts ewig Bestand hat, weil sich alles und jedes ständig wandelt. Die neue Elite denkt, entscheidet und handelt in dem Bewusstsein, dass der Einzelne letztlich auf sich selbst angewiesen ist und auf seine Selbstmotivation. Dazu muss er sein Ich klar erkennen und mit all seinen persönlichen Voraussetzungen und Gegebenheiten so umgehen, dass er sich wohl fühlt, mit sich im Reinen ist, ein harmonisches Ganzes bildet. Nur so kann die nötige Kraft entstehen, die er braucht, um die Aufgaben und Verantwortungen in der Gesellschaft zu übernehmen.

Warum gibt es so viele Probleme beim Führen? Warum bestätigen so viele Umfragen die Unzufriedenheit der Mitarbeiter mit ihren Chefs? Weil die Führungskräfte sich nicht mit sich selbst auseinandersetzen (wollen), weil sie persönliche Probleme mit sich herumschleppen, die sie nicht anpacken. Sie sind unzufrieden, unsicher, uneins mit sich – wie sollen sie da andere motivieren, Vertrauen gewinnen, zum Flow führen, zur Leistung anspornen?

Es stellt sich die (rhetorische) Frage: Warum kümmern sich Verantwortungsträger viel zu oft nicht um sich selbst, wenn es doch das Naheliegende ist? Die Antwort ist klar: Führungskräfte mögen zwar theoretisch noch einsehen, dass Führen zunächst sich selbst führen heißt. Aber das bedeutet längst nicht, dass sie auch danach handeln. Jeder weiß, es ist anstrengend, unter Umständen auch schmerzhaft und unangenehm, sich dem eigenen Ich zu stellen. Zwar erlebt man, wenn das Ziel des inneren Gleichgewichts erstmals erreicht ist, Wohlgefühl und positive Folgen. Aber der Mensch ist nun mal so gebaut, dass er Veränderungen grundsätzlich meidet. Er strebt nach Sicherheit und wird erst dann aktiv, wenn eine Situation so unerträglich geworden ist, dass der Nachteil größer ist als der Energieaufwand, sie zu ändern.

Menschlichkeit als Stärke

Sich selbst führen bedeutet Selbstkritik, ständiges Hinterfragen der eigenen Gedanken und Taten, auch der persönlichen Vergangenheit, all dessen, was einen zu dem gemacht hat, der man ist. Das erfordert eine Menge Mut. Denn mit der Selbstanalyse, die schon hart sein kann, ist es noch nicht getan: Die Konsequenzen wären Einsicht, Eingeständnisse von Fehlern, Bereitschaft zur Veränderung und entsprechende Aktivität. „Natürlich fällt es uns Menschen schwer, unsere eigenen Macken und Kanten zu sehen und dann noch die Größe zu haben, an ihnen zu schleifen. Und am liebsten wäre es uns, wenn alles so bleibt, wie es ist. Wir können bequem dort bleiben, wo wir sind, und müssen nicht das Risiko eingehen, vor uns selbst Mängel einzugestehen und diese dann auch zu bearbeiten."[113] Also lässt man es lieber und sagt sich: „Es funktioniert doch auch so einigermaßen." Das aber ist ein Irrtum: Es funktioniert nicht, denn es geht auf Kosten anderer.

Der Wert, „mit sich selbst im Reinen zu sein", ist kaum zu überschätzen. Es heißt nichts weniger, als unangreifbar zu sein. Nicht aufgrund von Stellung und Machtposition, die nicht wirklich unangreifbar machen, sondern aufgrund der Tatsache, dass man dann keine Probleme mehr damit hat, sich (und anderen) eigene Schwächen einzugestehen. Und wie sollen andere diese dann noch ausnutzen? Man kann einem solchen Menschen nicht mehr auf diese Weise schaden, denn er hat sich mit dem eigenen Ich auseinandergesetzt und es geschafft, sich selbst zu akzeptieren. Dadurch gewinnt er ungeheure Stärke. Er strahlt Sicherheit und Souveränität aus, die sehr anziehend auf andere wirken. Eine solche Führungskraft kann auch problemlos, das heißt ohne das Gefühl der eigenen „Bloßstellung", kommunizieren, wie jeder seiner Mitarbeiter auch Ängste und Unsicherheiten zugeben und Fehler machen. Mit sich im Reinen zu sein bedeutet nicht, unfehlbar zu sein. Es bedeutet, nicht unfehlbar sein zu wollen.

Manager irren, wenn sie glauben, Menschlichkeit zu zeigen sei Schwäche und würde stets ausgenutzt. Noch gibt es zwar die einsamen Helden, die nichts nach außen lassen bis auf den erwünschten Eindruck. Aber sie gehören einer aussterbenden (Elite-)Spezies an. Die Frankfurter Allgemeine Zeitung legt ihren Fragebogen „Ich über mich" jede Woche einer anderen Spitzenpersönlichkeit aus der Wirtschaft vor. Es kommt einem vor, als habe man alle gelesen, wenn man einen gelesen hat: Viele der Antworten sind austauschbar und zeigen die überholte Denkweise einer Elite von gestern. Beispiel Hans-Joachim Körber, Chef der Metro AG – seine Antworten findet man so oder ganz ähnlich auch bei vielen anderen Top-Leuten seiner Generation: Sie wussten schon mit 18, was sie werden wollten, ergänzen den Satz „Wer es in meinem Geschäft zu etwas bringen will, der..." mit „muss hart arbeiten", feiern Erfolge nicht („finde ich unangemessen"), finden in der Rückschau keine Fehler („...es wird Sie nicht überraschen, ich würde alles noch einmal so machen"), und kriegt von neuen Herausforderungen nie genug („Mein Weg führt mich..." – „...hoffentlich jeden Tag in eine neue Herausforderung").[114] Oder sind das alles gewählte Allgemeinplätze, um nichts Persönliches über sich preiszugeben und sich menschlich zu zeigen? Auch dies passt zum Selbst- und zum erwünschten Fremdbild der alten Elite-Generation.

Die neue Elite ist lebenslang offen für Veränderungen, weiß, dass sie unausweichlich sind, und schwimmt mit diesem Strom des Wandels statt dagegen. Oft ist sie sogar der Initiator des Wandels und bestimmt seine Richtung. Die neue Elite drillt sich nicht unentwegt zu harter Arbeit und fordert, aber überfordert weder sich noch andere ohne Rücksicht auf Verluste. Die neue Elite anerkennt und feiert Erfolge ganz bewusst, und zwar gemeinsam mit denen, die sie mit ermöglicht haben. Die neue Elite weiß, dass niemand unfehlbar ist, am wenigsten man selbst.

Vom „Ich" zu den anderen

Erfolgreiches Selbstmanagement ist keine Ausbildung zum Einzelkämpfer. Am Anfang steht vielmehr das Wissen, dass nicht etwa der Starke am mächtigsten allein ist, sondern das Gegenteil stimmt: Gemeinsam sind wir stark. Der einsame Entscheider im obersten Stockwerk, unfähig zum Delegieren, bewacht von der Vorzimmerdame, ist out. Durchsetzungsfähig ist der Manager heute nicht mehr qua Position oder Wissensvorsprung, sondern durch die Knüpfung von Netzwerken. Er begibt sich ganz bewusst in Abhängigkeiten, denn sie bieten vor allem Vorteile. Der Alleinherrscher ist nicht nur isoliert, sondern auch menschlich entfremdet. Die Abhängigkeit in Beziehungsnetzen sorgt – neben ihrer Effektivität in der jeweiligen Sache – sowohl für soziale Kommunikation und das Eingebundensein in gegenseitige Unterstützungsverpflichtungen als auch für Bodenhaftung.

Selbstmanagement basiert dennoch, siehe weiter oben, auf dem Wissen, dass das eigene Wohl in erster Linie vom Ich, vom Umgang mit sich, abhängt. Es bedeutet, die eigene Person wichtig genug zu nehmen, um die Kräfte nicht durch übertriebenen Ehrgeiz oder falsch verstandenes „Engagement" regelrecht zu schleifen. „Sich verausgaben" drückt sehr schön aus, was Einsatz bedeuten kann, und dass die Grenze zur Selbstzerstörung schnell überschritten ist. Der Satz „Jeder ist sich selbst der Nächste" wird zwar abwertend verwendet und verstanden, die Aussage an sich ist jedoch völlig korrekt, und man möge sie sich klar machen, will man ein guter Eigencoach sein.

Wenn man sich selbst wichtig nimmt – was nicht zu verwechseln ist mit dem aus Unsicherheit gebauten Arroganzpanzer – und nicht mehr vor allem Mängel und Defizite an sich bemerkt, sondern auch Stärken und die Eigenschaften, die das Einmalige ausmachen an dem Menschen, der man ist, dann wird man sich irgendwann ganz sympathisch sein. Das ist ein überaus angenehmes, motivierendes Gefühl. Zudem ergibt sich beim Selbstmanagement ganz von selbst auch die Fähigkeit, gelassener mit sich umzugehen. Der Manager von morgen weiß, dass Schwächen zu haben keine Schwäche ist. Man darf sie zugeben, und wenn man es mit Selbstbewusstsein tut, so wirkt das menschlich-sympathisch und nicht wie ein Mangel.

Das gleichzeitig ausgestrahlte Selbstwertgefühl, das keine Spur von Überheblichkeit enthält, verleiht der Führungskraft aber eine natürliche Art der Autorität. Der Begriff darf und muss wieder benutzt werden, denn „Autorität" ist ein wichtiger Wert. Die 68er predigten als höchsten Wert die Antiautorität, die dem preußischen Verständnis von Autorität – das absoluten Gehorsam und Unterwerfung verlangte – entgegentrat. Heute ist Autorität wieder positiv besetzt und steht für „Einfluss, Ansehen, Geltung (einer Person)".[115] Bei einer Führungskraft, die Selbstmanagement nach dem hier beschriebenem Muster betreibt, sorgt eine solche Autorität gleichermaßen für Respekt und Vertrauen bei Mitarbeitern, Kollegen, Kunden und im privaten Umfeld.

... müssen fusionieren

Konsequente Selbstwahrnehmung ist von der neuen Elite als erstes zu verlangen, denn sie ist einer der wichtigsten Voraussetzungen für gutes Management. Die Leistung des Führens, ob sich selbst oder andere, beginnt mit der Reflexion innerer Glaubenssätze: Wie gehe ich als Führungskraft mit Macht, Einfluss, Konkurrenz, Leistung, Druck,

Schwächen und Gefühlen um und wie bestimmen diese Verhaltensweisen die Team- und Unternehmenskultur? Die ehrlichen Antworten auf diese Fragen führen zu Vertrauen, zunächst zum Vertrauen zu sich selbst und dadurch auch zu dem von außen. Denn wer Selbstvertrauen ausstrahlt, dem vertrauen auch andere.

Selbstmanagement und das richtige Verständnis von Leistung sind Zwillingsbausteine der systemischen Führung. Sie ist nicht schematisch zu handhaben und verlangt viel vom Einzelnen. Die Arbeit am eigenen Führungsstil gelingt nur durch bedingungslose Arbeit am eigenen Ich. Zentrale Fragen sind dabei: Wie wirke ich auf andere? Woher beziehe ich Legitimität und Kompetenz für meinen Führungsanspruch? Was treibt mich in die Führungsposition? Wie bringe ich den Mitarbeitern echte Wertschätzung entgegen? Wie kann ich Selbstzweifel und Niederlagen nutzen, um an Selbstbewusstsein zu gewinnen? Wie kann ich nach dem Scheitern wieder aufstehen und mich einer Situation stellen, die ich nicht mehr kontrollieren kann? Diese(n) Fragen muss eine Führungskraft sich immer wieder aufs Neue stellen.

Peter Drucker hat nichts anderes gemeint mit seinem berühmten Satz, dass eine Führungskraft im Grunde nur eine Person führen kann – sich selbst. Nur dann kann sie auch anderen vorangehen, andere „lenken" (nicht im Sinne von manipulieren, sondern von fördern) und Verantwortung für andere tragen.

Der Mehrwert der Wirtschafts-Ethik

„Wer nichts anderes kann, als Geld verdienen, der verdient auch nichts anderes als Geld." Wie man es von ihm gewohnt war, brachte „Mister Börse" Frank Lehmann, ein echtes ARD-Original, das Thema Wirtschaftsethik auf den Punkt.[116] Wer seine Geschäfte auf ethisches Denken baut, wird den über Geld hinausgehenden Gewinn machen, den Mehrwert der Ethik erfahren. Es gibt also in der Wirtschaft mehr zu verdienen als nur Geld, und ich ergänze: Dieses „Mehr" anzustreben und zu erreichen wird für die neue Elite selbstverständlich sein.

Bisher gilt das noch keineswegs. Zwar antworten viele Manager in Umfragen, dass Werte ihnen wichtig seien. Beispielsweise ergab eine Studie[117], dass Verantwortungsbewusstsein für fast drei Viertel der Spitzenmanager wesentlich sei und christliche Werte für 86 Prozent der Vorstände eine Rolle spielten. Auch glauben offenbar die meisten Führungskräfte, dass Werte sich positiv auf den wirtschaftlichen Erfolg auswirken. Aber ein Gutteil der Top-Manager hat sich nach dieser Untersuchung damit abgefunden, dass es sich bei den eigenen Wertevorstellungen um ein Postulat handele, das von der Wirklichkeit überrollt werden könne. Bemerkenswert auch, dass laut der Untersuchung 40 Prozent der Vorstände von Aktiengesellschaften glauben, heute werde „zu viel über Werte und Ethik des Managements geredet", während dem nur 16 Prozent der Chefs von Familienunternehmen zustimmten. Schließlich weisen die Studienergebnisse auf eine gewisse Abgehobenheit hin, die sich in höheren Positionen einstellt: Viele Vorstände können demnach die Ängste der eigenen Mitarbeiter nicht mehr nachvollziehen; nur die Hälfte der Top-Manager kann verstehen, dass fast 80 Prozent der Deutschen über eine zunehmende soziale Kälte klagen. Da ist fraglich, inwieweit ethische Werte tatsächlich das unternehmerische Handeln (mit-)bestimmen.

Dass es mit der gelebten Wirtschaftsethik noch hapert, zeigt die Wirklichkeit auch ohne Studien jeden Tag. Die Maxime scheint allzu oft zu lauten: Nach mir die Sintflut. Die rollt aber bereits an und eine solche Haltung beschleunigt sie noch. Deshalb ist die 180-Grad-Wende nicht nur unumgänglich, sondern in höchster Eile geboten. Anhand einiger Beispiele für die Folgen bzw. Kosten *fehlender* Wirtschaftsethik lässt sich der Mehrwert der Ethik zunächst im Negativen aufzeigen, in Form von Werten, die verpasst, verschenkt, zerstört werden:

- Schwerwiegende Chemieunfälle, die zum Tod von Menschen, zu großem Sterben in der Tier- und Pflanzenwelt oder zu einer starken Belastung der Natur führen.
- Bestechlichkeit von Führungskräften und Mitarbeitern in verschiedenen Branchen, die einen fairen Wettbewerb von Firmen beeinträchtigen.
- Massenhafte Entlassungen von Mitarbeitern, die bei den betroffenen Menschen oft persönliche Probleme physischer, psychischer und sozialer Art verursachen.
- Verschwendung von Rohstoffen, die die Lebensbedingungen von Menschen langfristig und nachhaltig beeinflusst und den Klimawandel beschleunigt.
- Ausweisung hoher Gewinne im Hinblick auf die internationalen Kapitalmärkte.

Wirtschaftsethik erfordert also nicht nur, in ihrem Sinne etwas zu tun, sondern auch, Schaden zu vermeiden, indem man bestimmte Dinge unterlässt.

Ethik in der Wirtschaft muss nicht neu erfunden, sondern nur wieder belebt werden. Es hat sie vor allem in der Nachkriegszeit gegeben und es gibt sie noch heute, vorwiegend im Mittelstand.

In der Wirtschaftswunderzeit existierten Kapitalismus und Werte wie Rechtschaffenheit, Pflichterfüllung, Treue, Anstand, Loyalität und christliche Tugenden nicht nur neben-, sondern auch miteinander. Daher muss die Frage, die sich nicht wenige stellen, ob es unethisch sei, vor allem ökonomisch zu denken, schlicht verneint werden. Richard Herzinger bescheinigte den Deutschen in der *Zeit* ein Wahrnehmungsmuster, in dem Ökonomie wichtig, aber nicht ethisch sei.[118] „Diese festgefügte Überzeugung erstaunt in einem Land, das der Freisetzung seiner wirtschaftlichen Energien in hohem Maße die Herausbildung seines demokratischen Wertesystems zu verdanken hat. Das bundesdeutsche ‚Wirtschaftswunder‘, für das vor allem der Name Ludwig Erhard steht, ermöglichte die rasche Stabilisierung der aus den Trümmern einer barbarischen Diktatur hervorgegangenen Demokratie. Ohne den ökonomischen Sachverstand von Politikern wie Ludwig Erhard, der sie zu entschiedenen Verfechtern einer von staatlicher Lenkung weitestgehend freien Marktwirtschaft werden ließ, wäre dieser Aufschwung nicht möglich gewesen. Das ‚Wirtschaftswunder‘ führte die Deutschen aber nicht nur zu raschem Wohlstand. Es überzeugte sie auch von der Überlegenheit der Freiheit über die Diktatur, führte ihnen vor Augen, dass sich selbständiges Handeln mehr lohnt als blinder Gehorsam gegenüber staatlicher Autorität und Treue zu einer alles beherrschenden Ideologie.“ Die „soziale Marktwirtschaft“ der frühen Jahre der Bundesrepublik sei ganz einfach Kapitalismus in Bestform gewesen, befindet Herzinger. „Die Unternehmer unternahmen etwas, der Staat ließ sie machen, stellte aber für den Wettbewerb feste, kontrollierbare Regeln auf und achtete durch moderate Umverteilung darauf, dass die sozial Schwachen nicht unter die Räder kamen.“

So einfach ist es heute nicht mehr. „Die westliche Welt hat zu lange die Vorteile des Marktes mit materiellen Erfolgen gleichgesetzt und die Moral des Marktes vergessen“, stellt Isabel Mühlfenzl dazu fest. „Man brauchte auch früher keine Ideologie. Die Moral funktionierte in der kleinen überschaubaren bürgerlichen Welt. Man kannte seine Geschäftspartner, seine Nachbarn und konnte sie nicht betrügen und sich unmoralisch benehmen, weil man sie wieder brauchte. Unmoral und unethisches Verhalten führte auf lange Sicht zu Misserfolgen und gesellschaftlicher Ächtung. Der überschaubare Markt disziplinierte. In der globalisierten Welt auf dem Weltmarkt der Finanzen jedoch genügt diese nachbarliche Moral des überschaubaren Marktes nicht mehr. Man steht anonymen Partnern gegenüber, die nach den traditionellen Regeln nicht mehr diszipliniert werden können. Anonyme Partner können wieder verschwinden, sind gelegentlich unauffindbar. Auf diesem globalen Markt kann man leichter betrügen und übervorteilen als im überschaubaren nationalen Markt. Der Markt diszipliniert nicht mehr in der gewohnten Weise."[119]

Und so scheint das berühmte Credo von Adam Smith, nach dem Eigennutz zu Gemeinnutz führt, nicht mehr zu stimmen. Denn heute hat der Eigennutz – bei Smith ein positiv verwendeter Begriff – keine moralischen Grenzen mehr und deshalb ein pechschwarzes Image. Allerdings verwendet kaum noch jemand den Begriff „Eigennutz". Vielmehr konzentriert sich heute die Kritik auf moderne Begriffe des Wirtschaftsvokabulars, wie zum Beispiel den „Shareholder Value".

Die *Süddeutsche Zeitung* beschrieb anhand einer aktuellen Situationsanalyse anschaulich, wie der Shareholder Value sich seinen schlechten Ruf erwarb: „Der Zerfall des organisierten Kapitalismus änderte die Eigentumsverhältnisse. Der Streubesitz bei großen Kapitalgesellschaften stieg auf 80 Prozent. Die Eigentümerbasis internationalisierte sich. Über zwei Fünftel der Eigentümer der Dax-30-Konzerne kommen heute aus dem Ausland. Von mehr Transparenz keine Spur: Die Konzerne kennen nur noch 60 Prozent ihrer Eigentümer. Die Anarchie auf dem Markt für Unternehmenskontrolle stärkt institutionelle Investoren (Pensions-, Investitionsfonds, Versicherungen) und Heuschrecken. Bereits durch kleine Aktienpakete beeinflussen sie die Unternehmenspolitik."[120] Wir haben heute also ein „Regime der Vermögensbesitzer". Dabei ist der Aktienbesitz in den Händen einer winzigen Minderheit, nur jeder sechste Bundesbürger hat Aktien im Vermögensportefeuille. „Die reichsten zehn Prozent besitzen fast 50 Prozent des gesamten Geldvermögens. Marktmacht und der Gegensatz von gut informierten Insidern (Investmentbanker, Analysten) und schlecht informierten Outsidern (Kleinaktionäre) prägen die Kapitalmärkte."[121]

Die Strategien der Manager passen sich dieser Situation an: Allzu oft verfolgen sie statt langfristiger nur kurzfristige Strategien, hypnotisiert von Kurs- und Gewinnentwicklung und unter dem Druck der Gefahr feindlicher Übernahmen. „Die Shareholder-Value-Orientierung verschärft die Verteilungskonflikte. Umverteilung ersetzt die Suche nach Effizienzgewinnen. Sparprogramme, Investitionskürzungen und die Konzentration auf das Kerngeschäft steigern die Rendite. Die Belegschaften werden mittels direkter und indirekter Lohnkürzungen sowie Personalabbau ausgequetscht", analysiert die *Süddeutsche*. Den Bilanzen nützen solche Strategien zwar, die Gewinne werden aber nicht reinvestiert, sondern dienen nur der Kurspflege. Und damit fehlt der Wachstums-

und Beschäftigungsschub. So hatte sich Adam Smith seinen „positiven“ Eigennutz vermutlich nicht vorgestellt.

Rupert Lays und Ulf D. Posés Unredlichkeitsvorwurf[122] geht noch weiter: „Früher wussten Menschen noch, dass sie unredlich waren, wenn sie sich unredlich benahmen, sie hatten zumindest ein schlechtes Gewissen. Heute erleben wir eine neue Form der Unredlichkeit, in der Menschen sich völlig daneben benehmen mit dem Gefühl, redlich zu sein. Das Wesen der neuen Unredlichkeit ist es also, unredlich zu sein, ohne es zu bemerken.“[123]

Die Vernachlässigung von Anstand und Verantwortungsgefühl nimmt zu. Dennoch ist festzustellen, dass die überwältigende Mehrheit der Menschen ein intaktes, das heißt, ein die eigenen Entscheidungen und Taten positiv beeinflussendes Gewissen hat und zumindest vor gröberen Moralverstößen zurückschreckt, beziehungsweise ganz selbstverständlich anständig lebt und handelt. Also gilt eher umgekehrt und im positiven Sinn, was Posé negativ formuliert: Die redliche Mehrheit ist sich ihrer Redlichkeit gar nicht bewusst.

Und auch in der Wirtschaft gibt es vorbildliche Beispiele der gelebten Wirtschaftsethik, die immer mehr Aufmerksamkeit finden. Zu den bekanntesten zählt der Chef der Drogeriemarktkette *dm*, Götz Werner. Er meint beispielsweise, eine gute Führungskraft sei jemand, der anderen zu Erfolg verhilft. Das geht in die gleiche Richtung wie mein Credo: (Gut) Führen heißt eine Welt gestalten, der andere gerne angehören möchten. Und das kann ohne eine bestimmte Grundhaltung nicht funktionieren. Führen braucht (Wirtschafts-)Ethik.

Heute sind sich (wieder) viele Experten und Vertreter der Wirtschaft über die Notwendigkeit einer solchen Ethik beim Führen von Unternehmen und Mitarbeitern einig – nicht aus purer Menschenliebe, sondern aus den ureigensten Motiven der unternehmerischen Tätigkeit. „Jeder langfristige Unternehmenserfolg beruht auf einer soliden Unternehmensethik“, betont die *Perspektive Mittelstand*, eine Initiative zur Förderung der Leistungs- und Wettbewerbsfähigkeit kleiner und mittelständischer Unternehmen, auf ihrer Homepage.[124]

Der Deutsche Manager-Verband (DMV) stellte 2006 einen „Werteleitfaden für Führungskräfte“ vor, der den etwa 600.000 Managern in deutschen Unternehmen ein Wertesystem für ethisch geprägte Entscheidungen bieten soll.[125] Bei der Präsentation erklärte der DMV-Vorstandsvorsitzende Rainer Willmanns: „Langfristig kann auch in der Welt der Wirtschaft nur bestehen, wer wertebasiert handelt und sein Unternehmen entsprechend ordnet.“[126] Auch so mancher Personalberater rät, bei der Auswahl von Managern auf Ethik-Kompetenz zu achten, da eine Vernachlässigung der Werte konsequenterweise zu schlechteren wirtschaftlichen Ergebnissen führe.[127]

Paul Kirchhof, Finanzexperte und Beinahe-Finanzminister unter Angela Merkel, schreibt in seinem neuen Buch: „Die ausschließliche Ausrichtung der Kapitalgesellschaften auf die Rendite der Aktionäre ist durch eine Gesamtverantwortung zu ersetzen, die das Bedürfnis des Menschen nach Nähe und Weite, nach Heimat und Weltoffenheit, nach verlässlichem Einkommen und spekulativer Wette in einer Balance hält."[128]

„Richtig verstanden kann ethisch verantwortliches Handeln (...) auch im Unternehmenskontext als Produktivkraft angesehen werden", zeigt sich auch Ulrich Hemel überzeugt. „Die Wahrscheinlichkeit ist nämlich durchaus hoch, dass im ethischen Sinn besser vorbereitete Entscheidungen, über deren Folgen in angemessener Zeit und in wesentlichem Umfang hinreichend informiert wird, letzten Endes auch die unternehmerisch tragfähigen Entscheidungen sein werden."[129]

Und, um noch ein Beispiel aus der Wirtschaftspraxis zu nennen: Daniel Goeudevert bilanziert seine Erfahrungen als langjähriger und sehr erfolgreicher Topmanager der Automobilindustrie mit Blick in die Zukunft so: „Werte wie Vertrauen, Zuverlässigkeit, Liebesfähigkeit, Verantwortung, Solidarität und Toleranz erhöhen die Leistungsfähigkeit des Marktes. Dass ethisches und moralisches Handeln unerlässlich sind, erkennen immer mehr Manager und Firmenchefs. Und deshalb gehört dem authentischen Unternehmer die Zukunft."[130]

Doch, wie schon erwähnt, sind Einsicht und Handeln zwei verschiedene Dinge, sonst wäre die neue Elite längst am Werke. Das „Ja, aber" derer, die der Wirtschaftsethik skeptisch gegenüberstehen, kommt aus der Haltung „pro pure Ökonomie". „Ihnen allen ist gemein", so stellt Matthias König fest, „dass sie von einem Widerspruch zwischen ökonomischen und ethischen Ansprüchen ausgehen: Ethik koste Geld und passe nicht in den ökonomischen Bereich. In der Sprache der ökonomischen Neoklassik ist es der Zwang zur Gewinnmaximierung, der die Unternehmen zu rein gewinnorientiertem Handeln veranlasse und keinen Platz für moralische Anliegen ließe."[131]

Woher, so muss man dann aber fragen, kommt denn dieser Zwang zur Gewinnmaximierung? Letztlich liegt es doch in der Entscheidung des Unternehmers, ob er sich gänzlich anpassen will an den derzeit praktizierten Global-Kapitalismus oder nicht. Von „Zwang" kann schon deshalb keine Rede sein, weil es genügend Beispiele der nach Goeudeverts Formulierung „authentischen" Unternehmer gibt (vgl. Kapitel III, 4), die sich ihm offenbar nicht ausgeliefert fühlen und trotzdem Erfolg haben.

Natürlich ist Wirtschaftsethik nicht in einen festen Regelkatalog eingebettet, den man einfach abarbeiten kann. Sie muss vielmehr immer aus der spezifischen Situation heraus verstanden und interpretiert werden. Drei Beispiele von Problemstellungen aus der Praxis genügen, um die Komplexität von Wirtschaftsethik zu verdeutlichen:

- Was bedeutet gerechte Entlohnung?
- Wird das Gleichstellungsgesetz der EU seinem Namen gerecht oder vergrößert es lediglich Bürokratie?
- Wann kann ich „guten Gewissens" Mitarbeiter entlassen?

Zudem ist ein Unternehmen, wie auch die einzelne Führungskraft, in ein vielfältiges Geflecht von Anspruchs- und Interessensgruppen eingebunden, die womöglich auch unterschiedliche Wertmaßstäbe ansetzen. Ein Aktionär will eine angemessene Dividende, die Betriebsräte wollen sichere Arbeitsplätze und die Gemeinde will sauberes Trinkwasser.

Wirtschaftsethische Problemstellungen ergeben sich auf drei Ebenen[132]:

1. Zur *Mikroebene* gehören der Arbeitsplatz, die Arbeitsbedingungen, die einzelnen Menschen, Arbeitgeber ebenso wie Führungskräfte und Mitarbeiter, schließlich der Konsument. Beispiel einer Problemsituation: Ein Mitarbeiter ist über ein Produkt besorgt, das nach bestimmten Kriterien „ungesund" ist; sein Vorgesetzter interessiert sich aber nicht für seine Argumente.
2. Die *Mesoebene* betrifft das Handeln von wirtschaftlichen Organisationen als „moralische Akteure". Hier stellt sich ein ethisches Problem, wenn z. B. eine Firma durch ihr Fehlverhalten gesundheitliche Schäden bei den Verbrauchern riskiert.
3. Zur *Makroebene* zählen die wirtschaftlichen Rahmenbedingungen, die als Voraussetzungen für gutes, gerechtes und vernünftiges wirtschaftliches Handeln gegeben sein müssen. Was tun, wenn beispielsweise politische Entscheidungsträger das freie Wirtschaften einengen und dabei in Kauf nehmen, Unternehmen aus dem Land zu treiben?

Jean-Paul Thommen und Ann-Kristin Achleitner[133] bezeichnen „Glaubwürdigkeit" als zentrales Leitmotiv ethischen unternehmerischen Handelns. Sie ergeben sich aus folgenden drei Handlungsebenen:

- Kommunikatives Handeln (z. B. faire Öffentlichkeitsarbeit).

- Innovatives Handeln (z. B. Kreativität, Forschung und Entwicklung, u. a. durch Produkt-, Verfahrens- oder Sozialinnovationen im Hinblick auf die Zukunftsfähigkeit des Unternehmens).
- Verantwortliches Handeln (z. B. Rollenverantwortung, Kausalverantwortung, Fähigkeitsverantwortung).

Hier wäre einzuwenden, dass diese Glaubwürdigkeitsstrategie nur extrinsisch[134] motiviert und begründet wird. Wie schon mehrfach ausgeführt, gibt es jedoch „zeitlose" Werte (Menschenwürde, Nächstenliebe, Gerechtigkeit u. a.), die Menschen wirklich bewegen und die nur intrinsisch verstanden werden können. Und wer sich mit Wirtschaftsethik befassen will, muss sich auch mit Werten von Unternehmen, Führungskräften und Mitarbeitern befassen, muss auch diese zutiefst menschlichen Antriebskräfte verstehen. So wäre ganz grundsätzlich zu kritisieren, dass ein rein technokratischer Ansatz von (Wirtschafts-)Ethik zu kurz greift.

Nun sehen viele Skeptiker in den Forderungen der Wirtschaftsethik nach moralischer Kompetenz, Glaubwürdigkeit und Vertrauensbildung naives Wunschdenken. Sie kritisieren, dass solche Werte der „knallharten" Welt des internationalen Business nicht standhalten könnten. Diese Meinung zeugt jedoch von einem mangelhaften Grad an Information, denn es handelt sich hier keineswegs um schöngeistige Worte, die in harten Zeiten zwar gut tun, aber in der Geschäftswelt nichts verloren haben. Das Gegenteil ist der Fall, denn es stehen handfeste Interessen dahinter: Reputation und Risikominimierung, die über Gewinn und Verlust wesentlich mitentscheiden, und gutes Betriebsklima sowie Arbeitseffizienz, die Grundpfeiler für nachhaltigen Unternehmenserfolg.

Welchen Stellenwert Image, Ruf, Reputation haben, wurde in Kapitel I, 1 ausführlich erläutert. Das Ansehen eines Unternehmens nicht zu gefährden, zählt heute zur Risikovermeidung in der unternehmerischen Strategieplanung. „Lieber Geld verlieren als Vertrauen." Das ist nicht das Zitat eines Lebenskünstlers in löchrigen Socken mit Sozialtouch, sondern es stammt von Robert Bosch, der der weltfremden Träumerei als unverdächtig gelten darf. Auch Ulrich Hemel zählt eher zu den nüchternen Analytikern, und auch er betont: „Unternehmensführung und Integrität sind (...) zwei Seiten einer Medaille. Sie schaffen Vertrauen, damit aber auch Voraussetzungen für erfolgreiches Wirtschaften."[135] Und das Wirtschaftsmagazin *brand eins* beobachtete bereits 2003: „Immer mehr Kunden verlangen von ihren Produkt- und Dienstleistungslieferanten Anstand und soziale Verantwortung – in den USA noch stärker als hier zu Lande. Die Ökonomie wird Teil der Gesellschaft, und sie hat sich nach deren Regeln für Gut und Böse zu verhalten".[136]

Es scheint lange vorbei, dass Vertrauen im Geschäftsleben eine harte Währung war, dass Geschäfte mit Handschlag abgeschlossen wurden und es die Ehre gebot, zu seinem Wort zu stehen. Heute versucht man, jedes erdenkliche Risiko vertraglich abzusichern. Misstrauen herrscht im kaum noch zu überblickenden Geflecht der grenzenlosen, globalisierten Wirtschaft. Aber Vertrauen war nie out – jeder sehnt sich danach, vertrauen zu können, ob privat oder geschäftlich. Denn der damit gewonnene „Mehrwert" ist unbezifferbar: Er drückt sich in unglaublich viel freiwerdender Energie und Motivation aus, die nicht mehr für Misstrauen, Absicherung und Kontrolle verschwendet werden muss.

Vertrauen ist einer der größten Unternehmenswerte. Anders ausgedrückt: Der wahre Egoist kooperiert. Das gilt auf der Mikroebene zwischen Führungskraft und Mitarbeitern ebenso wie auf der Makroebene im internationalen Geschäftsverkehr. In welchem umfassenden Zusammenhang Vertrauen und Handeln stehen, welchen starken Einfluss dieser Wert ausüben kann im geschäftlichen oder betriebsinternen Miteinander, wird klar, wenn man sich das Wort genauer ansieht: Der Wortstamm „trauen" wird mit entsprechenden Erweiterungen zum „Selbstver-trauen", dem Vertrauen in die eigene Person, das oft mühsam erworben werden muss. Es wird zum „Zutrauen", „Anvertrauen", „Betrauen (mit)", über das Vertrauen hinausgehende Formen des richtigen Delegierens, das heißt inklusive der Übertragung von Verantwortung und der Botschaft von Wertschätzung. Und schließlich sei darauf hingewiesen, dass „Traute" ein etwas veralteter Ausdruck für „Mut" ist. Mut haben heißt, etwas zu tun, ohne zu wissen, ob es gut oder schlecht ausgeht, ein Risiko einzugehen. Dazu braucht es Selbstvertrauen – Traute. Und das ist auch die Voraussetzung für Vertrauen.

Die Bemühungen um Corporate Governance nicht nur in Deutschland zielen auf nichts anderes ab als auf die Schaffung von Vertrauen, weil es sich auszahlt, beziehungsweise sich rächt, wenn es fehlt. Das konnten zwei Wissenschaftler der Universitäten Erfurt und Zürich bereits 2003[137] belegen. Sie fragten sich, ob die bis dato geltende Grundannahme der Verhaltensforschung, dass der Mensch immer zur Optimierung seiner eigenen Interessen handelt, denn so tatsächlich stimme. Dazu untersuchten sie mit Hilfe von Experimenten den Effekt ökonomischer Anreize auf die Kooperation bei Menschen. Das Ergebnis ihrer Untersuchung: Das menschliche Handeln wird von weitaus komplexeren Motiven als nur dem eigenen Vorteil bestimmt. Gegenseitiges Vertrauen und Großzügigkeit werden demnach belohnt. Die Versuche hatten gezeigt, dass Altruismus eine wichtige Triebkraft bei unseren Handlungen ist, und dass in der Regel der belohnt wird, der seinem Geschäftspartner besonderes Vertrauen entgegenbringt. Gift für den Geschäftserfolg sei hingegen schon allein die Androhung von Sanktionen, so die Wissenschaftler.

Nach dem Mannesman-Eklat und dem massiven Reputations- und Vertrauensverlust, den das deutsche Topmanagement daraufhin erfuhr, setzte die Bundesregierung im Jahr 2000 eine Expertenkommission ein mit dem Auftrag, einen Kodex zu erarbeiten. So entstand der Deutsche Corporate Governance-Kodex (DCGK), ein Regelwerk mit Verhaltensempfehlungen für eine gute Unternehmensleitung, -transparenz und -überwachung. „Damit soll letztlich das Vertrauen in die Unternehmensführung deutscher Gesellschaften und damit mittelbar in den deutschen Kapitalmarkt gestärkt werden. Der Kodex berücksichtigt alle in der Vergangenheit – vor allem von internationalen Investoren – geäußerten Kritikpunkte an der deutschen Unternehmensverfassung, beispielsweise mangelhafte Ausrichtung auf Aktionärsinteressen (siehe auch Shareholder Value), mangelnde Transparenz deutscher Unternehmensführung oder mangelnde Unabhängigkeit deutscher Aufsichtsräte." Diese Erläuterung drückt glasklar aus, worum es bei der Schaffung von Vertrauen als Faktor des Wirtschaftslebens geht, nämlich um handfeste wirtschaftliche Interessen.

Wirtschafts-Ethik zählt ganz klar zu den wichtigsten Produktivkräften. Und das Resultat Wirtschaftswachstum, so der interessante Gedanke des amerikanischen Wirtschaftswissenschaftlers Benjamin Friedman, sorgt seinerseits für mehr Moral in der Gesellschaft. „Der Nutzen für die Gesellschaft zeigt sich an vier Punkten: Wie durchlässig ist eine Gesellschaft, das heißt, erreichen nur die Kinder aus gutem Hause die Top-Positionen einer Gesellschaft? Zweitens: Wie groß ist die Toleranz gegenüber Minderheiten, in den USA gegenüber Schwarzen und Einwanderern? Drittens: Wie groß ist die Hilfsbereitschaft gegenüber den Armen? Viertens: Wie stark sind die demokratischen Institutionen? Stagniert die Wirtschaft, wird man das auch über kurz oder lang an diesen vier Aspekten gesellschaftlicher Moral bemerken."[138]

Mittel der Wahl: Systemische Führung

„Als ich 1995 aus den USA nach Deutschland zurückkam, war Corporate Governance ein Thema, bei dem mich die meisten einfach für verrückt erklärt haben", erzählte der Sozialwissenschaftler Gerhard Mutz im Interview mit *brand eins*[139]. Das Thema „neue Werte" und „neue Transparenz" sei nicht mehr zu stoppen: „Das zieht sich über die nächsten Jahrzehnte, und es ist mindestens so ein Schlüsselthema für alle Beteiligten in Unternehmen und Politik, wie es die Ökologiefrage der siebziger Jahre war." Wie geht man dieses „Schlüsselthema" praktisch an? Mittel der Wahl, um den Mehrwert der Ethik in Form von besserem Betriebsklima, höherer Motivation, runderen Abläufen und positiv(er)en Bilanzen zu erreichen, ist meines Erachtens die systemische Führung.

Kraft unter der Oberfläche

Der systemische Blick erweitert den Fokus von der Person oder dem Problem auf die gesamten Zusammenhänge und konzentriert sich darauf, was zwischen den einzelnen Größen bzw. Akteuren geschieht. Durch gezieltes, systematisches Fragen und aufmerksames Zuhören kann man die innere Landkarte einer Person oder einer ganzen Organisation „lesen". Neben dem Fragen und dem Hören ist das Beobachten eine Grundvoraussetzung für systemisches Handeln. Beobachten, wie andere die Dinge um sich herum wahrnehmen – und was sie dabei nicht sehen.[140]

Eine Organisation ist wie ein Eisberg: Das, was man oberhalb der Wasseroberfläche sieht, ist nur der kleinere Teil des Ganzen. Der Großteil liegt im Verborgenen unterhalb der Oberfläche. Dort sind gewaltige und nicht zu unterschätzende Kräfte am Werk, die die Richtung des Eisbergs bestimmen. Sie sind unbewusst, irrational und informell. Zu ihnen gehören Macht- und Einflussstrukturen, Gruppendynamiken, Gefühle, Beziehungen, individuelle Bedürfnisse, Überzeugungen, Werte und Kulturen.

Im Sinne der Systemtheorie sind Führungskräfte Beobachter. Sie konstruieren aus dem, was sie sehen, ihre Wirklichkeit. Eine „objektive", messbare, unveränderliche Wirklichkeit gibt es für die Systemtheoretiker nicht. Es gibt nur individuelle Vorstellungen bzw. Wahrnehmungen der Wirklichkeit, nicht anders als im privaten Dasein jedes Individuums. Persönlich gebaute „Filter" bestimmen die Wahrnehmung und sorgen so für die spezifische Konstruktion der eigenen Realität. Führungskräfte beobachten also im Idealfall zuerst einmal sich selbst und dann das System, dem sie angehören. Sie müssen dabei begreifen, dass sie nicht nur im System arbeiten, sondern auch am System. Das heißt, sie müssen bereit sein, ihre Komfortzone zu verlassen, um das System mit seinen Vor- und Nachteilen auch von außen betrachten zu können und es gegebenenfalls zu verändern.

Fundamentaler Baustein des Systems ist Kommunikation. Über Kommunikation entstehen und erhalten sich die Beziehungen der einzelnen Teile zueinander. Ein System ist nicht direkt von außen steuerbar, sondern verarbeitet Inputs nach seinen eigenen Gesetzmäßigkeiten, es organisiert sich also selbst (Autopoiesis) und passt sich selbständig an Veränderungen der Umwelt an, wenn es die entsprechenden Impulse von außen aufnimmt. Für besonders wichtig halte ich die Funktion der Kommunikation für das System und für systemische Führung (vgl. Kapitel IV, 3). Gerade hier stoße ich bei meiner Arbeit mit Führungskräften immer wieder auf große Defizite sowohl was die Kommunikationsstrukturen und -kanäle der Unternehmen als auch was die persönliche Bereitschaft und die individuelle Fähigkeit zur angemessenen Kommunikation angeht.

Kommunikation ist kein Durchreichen von Informationen per Memo oder Firmenzeitschrift. Kommunikation ist auch mehr als das Verlautbaren von Anordnungen. Kommunikation ist Interaktion, ist Hören und Sprechen und Verstehen, genau in dieser Reihenfolge. Und dafür ist ein entsprechender EQ erforderlich: die Ausstattung mit sozialer Kompetenz, zu dem echtes Interesse gehört im Wissen um die Bedeutung von Zu- und Hinhören für den Mitarbeiter, der sich ernst genommen fühlt, für die Führungskraft, die dabei immer Neues dazulernt, auch über sich selbst und für das Unternehmen, dem diese Gewinne einer echten Kommunikation zwischen denen, die das Unternehmen *sind*, zugute kommt.

Systemische Führung kommt nicht von oben, sondern setzt unten an, oder vielmehr innen. Dadurch ergibt sich ein weiteres wesentliches Merkmal der systemischen Herangehensweise, nämlich ihre Einstellung zum Wandel. Systemisches Führen geht von der alles bestimmenden Grundlage aus, dass das einzig Dauerhafte die Veränderung ist. Zustände oder Ereignisse sind nur Momentaufnahmen von Prozessen. Ordnung und Stabilität vergehen und entstehen fortwährend neu aus Variationen und Fluktuationen. Strukturen und Beziehungen verändern sich permanent, und zwar nicht kausal, linear und evolutionär, sondern netzartig, zirkulär und komplex.

Ziel ist es nicht, von außen einzugreifen, sondern Systeme dazu anzustoßen, sich aus sich selbst heraus zu entwickeln und damit nachhaltige und dauerhafte Veränderungen zu bewirken – was wiederum auch für das „System Mensch“ gilt. Nach der Theorie der Selbsterhaltung (Autopoiesis), auf der die Systemtheorie fußt, ist es auch gar nicht möglich, von außen die ureigenen Interaktionsmuster und Gesetze zu verändern, die jedes System zum Zweck der Selbsterhaltung entwickelt und bewahrt. Ein System existiert in einem Fließgleichgewicht. Stillstand und Erstarrung bedeuten den Untergang des Systems.[141]

Systemisches Führen ist dadurch gekennzeichnet, dass die Führungskraft strategisch, zielorientiert, in größeren Zusammenhängen und in langfristigen Mustern denkt. Probleme werden umfassend analysiert und beschrieben, aber nicht negativ bewertet. Im konstruktivistischen Sinn sind Probleme und Störungen zu begrüßen, denn sie initiieren Veränderung und Fortschritt. Sie zwingen das System dazu, flexibel und lernfähig zu bleiben.

Die systemische Perspektive ist offen für Beziehungen, Kommunikation, Wandel, die Umwelt und sie lässt Raum für persönliches Wachstum, Mitunternehmertum, Eigenverantwortung, Engagement und Vertrauen. Systemische Führung ermöglicht vernetzte Entscheidungen, die die komplexen, dynamischen und kritischen Rahmenbedingungen heute erfordern. Systemisch zu führen bedeutet, individuell zu führen, einen eigenen, flexiblen Stil zu haben und diesen den Gegebenheiten, der Organisation und den Menschen, die man führt, jederzeit anpassen zu können, statt nur schematisch mit standardisierten Tools zu arbeiten.[142]

Losgelöst vom sozialwissenschaftlichen Unterbau der klassischen Systemtheorie bedeutet „systemisch" zu denken beim Thema Personalführung, in Zusammenhängen zu denken. Systemische Führung geht von der uralten Wahrheit aus, dass alles mit allem zusammenhängt. Die Grundlage systemischer Führung ist daher vernetztes Denken, das berücksichtigt, dass es in komplexen Systemen niemals nur eine Ursache für Verhaltensweisen, Ereignisse oder Situationen gibt. Und „systemisch" arbeiten heißt Fragen stellen und nicht fertige Antworten parat haben.

Wirtschaftsethik und systemische Führung sind wie Schloss und Schlüssel. Denn die Kennzeichen der systemischen Führung – Wissen um das Wesen von Wandel und Veränderung, Denken in übergreifenden Zusammenhängen, Offenheit, Unvoreingenommenheit und urteilsfreie Aufmerksamkeit, Kommunikation, Empathie, Vertrauensbildung und -bereitschaft, Wertlegung auf persönliches Wachstum, Mitunternehmertum und Eigenverantwortung – sind auch die Bausteine, mit denen die „Mehrwerte" der Wirtschaftsethik geschaffen werden.

Der Boden, auf dem Werte gedeihen: Spiritualität

> Wer ein „Warum" zum Leben hat,
> erträgt beinahe jedes „Wie".
> *Friedrich Nietzsche*

Seit Mitte der 70er Jahre enthält das Eurobarometer[143] der Europäischen Kommission auch eine Frage zur Lebenszufriedenheit. Die Umfrage vom Frühjahr 2006 ergab, dass sich die durchschnittliche Lebenszufriedenheit in den vergangenen 15 Jahren nicht erheblich verändert hat, obwohl das Pro-Kopf-Einkommen stark gestiegen ist. *Deutsche Bank Re-*

search[144] vermutete: „Nach der Fußballweltmeisterschaft in diesem Sommer könnte das nächste Eurobarometer einen Anstieg der Lebenszufriedenheit in Deutschland (und möglicherweise Italien) zeigen." In diesen vier Wochen sorgten einige Faktoren fürs Glücklichsein, die mit Geld und Gut rein gar nichts zu tun haben: Gemeinschaftsgefühl, unarroganter Stolz auf das eigene Land (also Selbstwertgefühl innerhalb dieser Gemeinschaft) und Freude am Sporterlebnis, ob vor dem Fernseher oder im Stadion.

Da auch steigendes Einkommen offensichtlich nicht für mehr dauerhaftes Wohlbefinden sorgt, kann materieller Gewinn nicht den Dingen zugerechnet werden, die der Mensch notwendig braucht. Natürlich ist „brauchen" ein dehnbarer Begriff: Wie viel ist genug zum Auskommen? Und was heißt „Auskommen"? Aber eben deshalb, weil Geld und Gut und persönlicher Bedarf keine absoluten Werte sind, sondern relativ bewertet werden, ist Besitz nur indirekter Glücksbringer, und auch das nur temporär. Was der Mensch braucht, machen ihm solche Erkenntnisse klar: Der Lottogewinn, den viele für das *Non plus ultra* des Glücks halten, erfüllt diese Verheißung nicht wirklich; die Sehnsucht kehrt bald zurück, weil viel Geld nicht für Sinn im Leben sorgt, sondern bestenfalls dabei helfen kann, sinnvoll zu leben.

Der „Spirit" von Glück und Erfolg

In den ersten dreißig bis vierzig Jahren des Lebens hat der Mensch ganz handfeste, physisch-materialistische Ziele: Ausbildung und Job, Familie und Wohlstand, Spaß in der Freizeit. Mit zunehmendem Alter, das heißt mit zunehmender Lebenserfahrung und Reife, kommen die wirklich existentiellen Fragen, die konkret das Selbst, getrennt von der Gemeinschaft, betreffen: „Wozu das alles? Was ist der Sinn meines Daseins?" Dass sich wohl jeder früher oder später diese Fragen stellt, zeigt, dass der Mensch ein spirituelles Wesen ist.

„Spirit" heißt nichts anderes als „Geist", und da wir nicht nur wandelnde Stoffwechselautomaten sind, sucht der Geist in uns Sinn und Wert des Lebens. Spiritualität ist somit eine grundlegende Dimension des Menschseins. „Spiritualität ist die Ausrichtung auf und Verbindung mit der Energie, die allem zugrunde liegt. Sie ist die Hingabe an den Geist, der Grundlage allen Seins und damit auch unserer Existenz. Dieser Geist, das Allgegenwärtige Sein ist in jedem von uns als innere Weisheit präsent." Dieses Zitat stammt nicht aus einem Esoterik-Buch, sondern von Barbara und Michael Fromm, Management-Trainer und Business-Coaches.[145]

Spiritualität ist also „kein Reservat von Gurus, Religionsstiftern, Propheten oder Priestern“[146], sondern ein natürliches Bedürfnis jedes Menschen. Das bedeutet nicht, dass auch jeder dieses Bedürfnis akzeptiert und ihm nachgeht. Manche scheuen davor zurück, aus verschiedensten Gründen. Dabei kann Spiritualität nicht nur bei der Lebensbewältigung sehr hilfreich sein, sondern zu einem grundsätzlichen und dauerhaften Wohlbefinden, dem Einssein mit sich selbst, führen.

Glück, im Sinn von Zufriedenheit und Wohlgefühl, von Ausgeglichenheit und innerem Frieden, ist eine Frage des Umgangs mit sich selbst. Von außen kommendes Glück kann das innere anreichern, unterstützen, aber nicht verursachen und ersetzen bestenfalls zeitweise. „Welche Gefühle wir über uns haben, ob wir uns selbst respektieren, bestimmt die Qualität unseres Lebens, unsere Fähigkeit, im Beruf, in Beziehungen (…) erfolgreich zu sein. Selbstverständnis und Selbstannahme (…) sind in vielerlei Hinsicht die entscheidendste spirituelle Herausforderung, der wir uns gegenübersehen. Wenn wir uns selbst nicht mögen, werden wir unfähig sein, gesunde Entscheidungen zu treffen.“[147]

Die allgemein formulierte spirituelle Antwort – die jeder für sein Leben zu konkretisieren hat – auf die existentielle Frage „Wie komme ich in diesem Leben am besten zurecht, wie finde ich den Sinn meines Lebens, wie werde ich glücklich und zufrieden?“ lautet daher: Das innere Glück hat eine Chance, sobald man herausgefunden hat, dass der Einzelne einerseits Teil des Ganzen und andererseits ein abgegrenztes Ich ist. Und sobald er sich dieser Erkenntnis entsprechend verhält, indem er beides akzeptiert und seinen Daseinszweck in einer Aufgabe sieht, die seinen Anlagen entspricht, dem Ganzen (oder einem Teil davon) Nutzen bringt und damit seinem eigenen Leben Sinn gibt. Nichts anderes ist das für die seelische Gesundheit unabdingbare Gefühl, gebraucht zu werden.

EXKURS

Fernöstliche Spiritualität[148]

Von Vergänglichkeit will heute niemand etwas wissen. Diese Gesellschaft denkt, handelt und bewegt sich an der Oberfläche: Geltung haben vor allem Jugend, Schönheit, Power – und Geld. Denn damit kann man (scheinbar) das alles kaufen, lange erhalten oder irgendwann ersetzen. Das Paradoxe dabei: Diese Werte, an die wir uns klammern und denen wir mit allen Mitteln Dauer zu verleihen suchen, sind absolut vergänglich. Und wir fürchten uns vor nichts so sehr wie vor der Vergänglichkeit, am meisten vor ihrer letzten Konsequenz, dem Tod.

„Vielleicht ist aber die eigentliche Ursache unserer Angst die Tatsache, dass wir nicht wissen, wer wir wirklich sind. Wir glauben an eine persönliche, einzigartige und unabhängige Identität. Wagen wir es aber, diese Identität zu untersuchen, dann finden wir heraus, dass sie völlig abhängig ist von einer endlosen Reihe von Dingen: von unserem Namen, unserer ‚Biographie', von Partner, Familie, Heim, Beruf, Freunden, Kreditkarten ... Auf diese brüchigen und vergänglichen Stützen bauen wir unsere Sicherheit. Wenn uns all das genommen würde, wüssten wir dann noch, wer wir wirklich sind? Ohne diese vertrauen Requisiten sind wir nur noch wir selbst: eine Person, die wir nicht kennen, ein verdächtiger Fremdling, mit dem wir zwar schon die ganze Zeit zusammenleben, dem wir aber nie zu begegnen wagten. Haben wir nicht aus eben diesem Grund versucht, jeden Augenblick unserer Zeit mit Lärm und Aktivität zu füllen – egal wie trivial oder öde –, um sicherzustellen, dass wir nur ja niemals mit diesem Fremden in der Stille allein sein müssen?"

In diesen wenigen Sätzen aus seinem berühmten Werk „Das tibetische Buch vom Leben und vom Sterben" beschreibt der buddhistische Lama Sogyal Rinpoche, worin unser wesentliches Problem besteht: In der Flucht vor uns selbst beziehungsweise vor der Anerkennung der Tatsache, dass alles, inklusive wir selbst, vergänglich ist und wir nichts festhalten können. „Halten wir die Dinge für dauerhaft, schließen wir die Möglichkeit aus, von Veränderungen zu lernen. Wir werden dann verstockt und beginnen zu greifen und festzuhalten. Dies Greifen und Festhalten ist die Quelle all unserer Probleme."

Spiritualität führt dazu, dass wir das „Lassen" lernen: das Ab-lassen vom Bedürfnis ständiger Kontrolle über alles und jedes; das Zu-lassen der Erkenntnis, dass Beständigkeit eine Illusion und Wandel und Veränderung die Realität sind; das Aus-lassen all dessen, was nicht so furchtbar wichtig ist; das Sich-ein-lassen auf Andere, das Sich-ver-lassen auf Andere und sich selbst, das Weg-lassen alles Überflüssigen, das Zu-lassen von Gefühlen, das Unter-lassen der Verstöße gegen die Ethik; das Ge-lassen-sein, und schließlich das ganz grundsätzliche Los-lassen.

Leben lernen heißt los-lassen lernen, und Loslassen ist der einzige Weg zu wahrer Freiheit.

Wenn die physische Welt an Macht über uns verliert, werden wir auch lernen, Vergänglichkeit zu akzeptieren, das Alte loszulassen und das Neue zu begrüßen in dem Bewusstsein, dass alle Dinge zu der ihnen gemäßen Zeit enden und beginnen. Diese Wahrheit ist deshalb schwer zu lernen und zu leben, weil der Mensch Stabilität sucht, die Abwesenheit der Veränderung. Aber der Versuch, die Dinge unverän-derlich zu erhalten, ist nicht nur nutzlos, sondern hemmt uns auch in unserer Entwicklung. Und wir müssen begreifen, dass wir nicht kontrollieren können, welche Erfahrungen morgen auf uns zukommen.

Wenn die physische Welt an Macht über uns verliert, werden wir auch lernen, Vergänglichkeit zu akzeptieren, das Alte loszulassen und das Neue zu begrüßen in dem Bewusstsein, dass alle Dinge zu der ihnen gemäßen Zeit enden und beginnen. Diese Wahrheit ist deshalb schwer zu lernen und zu leben, weil der Mensch Stabilität sucht, die Abwesenheit der Veränderung. Aber der Versuch, die Dinge unverän-derlich zu erhalten, ist nicht nur nutzlos, sondern hemmt uns auch in unserer Entwicklung. Und wir müssen begreifen, dass wir nicht kontrollieren können, welche Erfahrungen morgen auf uns zukommen.

Spiritualität: Annäherungen

Man kann sich seiner Spiritualität über ganz einfache und vielfältige „Umwege" nähern: in Alltagsritualen, beim Innehalten für Minuten, beim Spazierengehen, Musikhören, Kunstwerke betrachten, sogar beim Keller aufräumen, Abwaschen oder Gemüseputzen; beim gemeinsamen Schweigen, beim Meditieren natürlich und beim inneren Dialog, beim Für-sich-Sein und Nachdenken über das Schicksal, die Zukunft, das Universum. Alles, was man mit Achtsamkeit, Zuwendung, Hingabe oder Bewusstheit tut, kann Spiritualität ausdrücken. Oder das konkrete Formulieren und Aussprechen dessen, was man sich spirituell wünscht, ähnlich wie beim Stoßgebet. Zum Beispiel: „Gott gebe mir die Gelassenheit, Dinge hinzunehmen, die ich nicht ändern kann, den Mut, Dinge zu ändern, die ich ändern kann, und die Weisheit, das eine vom anderen zu unterscheiden."[149]

Aufwändigere Methoden sind zum Beispiel Pilgerreisen. Wer den Jakobsweg geht, ist auf einer besonders anstrengenden, aber meist erfolgreichen Suche nach sich selbst. Die lässt sich auch in ein Kloster verlagern, im Rahmen einer mehrtägigen oder -wöchigen „Klausur", eine gerade von gestressten Führungskräften vermehrt genutzte Auszeit, in der man oft auch an Schweige-Retreats teilnehmen kann. Für einen Menschen, der viele Stunden des Tages einem Dauer-Geräuschpegel ausgesetzt ist und ununterbrochen kommunizieren muss, sind absolute Stille oder Schweigen eine sehr ungewöhnliche, manchmal schwer erträgliche Erfahrung. In solchen Situationen, die einen zur Selbstbestimmung zwingen, lernt man zu begreifen, was der Benediktinerpater und Managementberater Anselm Bilgri meint, wenn er sagt, das benediktinische Gebot „Ora et labora“ („Bete und arbeite“) sei „eine Art Urform von ‚Work-Life-Balance‘“.[150] Nikolaus Piper sieht in diesem alten lateinischen Wort „die Wurzeln der modernen Arbeitsethik“.[151] Und diese Wurzeln finden mehr und mehr Beachtung.

„Der Epochenumbruch kündigt sich bereits an“, beobachtet auch die Autorin und international arbeitende Unternehmensberaterin Siglinda Oppelt. „Während die meisten Unternehmen noch angstvoll an den längst obsoleten Management-Rezepten der Vergangenheit festhalten, gibt es daneben eine Vielzahl von Unternehmen, die heute bereits einen Sinn-volleren Geist im Management praktizieren. Sie sind es, die trotz der Krise erfolgreich sind. Sie sind es, die die Zukunft in der Gegenwart sichtbar machen.“[152] Dieser neue Geist im Management entstehe dann, wenn zum Wissen die Weisheit komme. „Weisheit entsteht aus der Integration unterschiedlichster Wissens- beziehungsweise Wissenschaftsdisziplinen aus Ost und West.“

Und gerade dort, wo die Beschäftigung mit der Weisheit eine Jahrtausende alte Tradition hat, erleben derzeit die Lehren des Buddha und des Konfuzius eine Renaissance: im Reich der Mitte. Die Wirtschaft des modernen China entdeckt traditionelle Werte von Buddha und Konfuzius. „Viele Führungskräfte des Milliardenvolkes glauben, dass die Rückbesinnung auf die eigene kulturelle Tradition ihnen auch im globalen Wirtschaftswettbewerb helfen kann. Das Jadebuddha-Kloster schickt schon längst nicht mehr seine jungen Mönche zum Lernen an die Universitäten. Die erfahrenen Männer sind inzwischen begehrte Referenten und Berater in den aufstrebenden chinesischen Konzernen und lassen sich das auch gut bezahlen.“[153]

Der Zusammenhang zwischen Spiritualität und wirtschaftlichem Erfolg gewinnt auch im westlichen Europa an Aufmerksamkeit, auch dank Vordenkern wie dem jungen Gesellschaftsphilosophen und Buchautor Timothy Speed, der die Rolle von Bewusstsein in wirtschaftlichen Prozessen betont. In seinen „Innovation-Labs“ zeigt er, wie Unternehmen Win-win-Projekte zwischen Wirtschaft und Gesellschaft gestalten können; damit will er ein neues Verständnis von ökonomischem Erfolg fördern, das in den Menschen die eigentlichen Werte der Wirtschaft sieht[154] , eine Haltung, die auch die neue Führungselite kennzeichnet.

Spiritualität und Führung

Die aktuellen Probleme und Herausforderungen unserer Zeit sind bekannt (vgl. Kapitel I): Die weltwirtschaftliche und die gesellschaftliche Entwicklung, die sich in Wechselwirkung abspielen, hat in der westlichen Welt negative Konsequenzen, die eine neue Sehnsucht der Menschen nach alten Werten bewirken, die grundsätzlich schon immer und für alle Menschen gelten und ihnen das Zusammenleben nicht nur ermöglichen, sondern es auch angenehmer machen. Will heißen, dass ein Leben und Handeln aufgrund dieser Werte uns dabei hilft, das Leben nicht ausschließlich als Kampf ums Überleben zu führen, sondern auch Raum zu lassen für unsere seelisch-geistige Beschäftigung und Entwicklung.

Die Bemühungen, eine solche Ethik durchzusetzen, sind Legion. Der Benediktiner und Zen-Meister Willigis Jäger fasst das Ergebnis zusammen: „Die Moral schaffte es offensichtlich nicht, unsere Spezies zu hominisieren. Den großen Erziehern der Menschheit, den Lehrern und Priestern, ist es nicht gelungen, unsere Spezies besser zu machen. Das ist nicht gegen Lehrer und Priester gesprochen, sondern weist auf das Faktum, dass die Moral, dass ein ‚du sollst' und ‚du musst' unter Strafandrohung, keinen Schritt weiterführte. Alle rufen nach einer Werteordnung, die uns ein menschenwürdiges Zusammenleben ermöglicht. Diese Werteordnung kennen wir. Die Frage lautet jedoch: Wer motiviert den Menschen, eine solche Werteordnung zu halten?"[155] Mit anderen Worten: Wie lässt sich aus den bloßen Appellen konkrete Handlung machen? Wie lässt sich die angemahnte Ethik in der Gesellschaft und in der Wirtschaft durchsetzen?

Ich denke, zunächst muss die Frage selbst modifiziert werden, denn die Verallgemeinerung darin bringt uns nicht weiter. „Man muss", „die Unternehmer sollten ...", „die Elite hat zu..." – solche Formulierungen sind zwar inhaltlich nicht grundsätzlich falsch, aber zu abstrakt und daher ungenügend. Den Entschluss fassen und konkret werden kann letztlich nur der Einzelne, der nicht der Meinung sein sollte: entweder alle oder keiner. Er selbst, das „kleine Rädchen" im großen Ganzen, muss handeln, aus eigener Überzeugung, aus eigenem Antrieb. Allein die Entscheidung dazu bringt schon Resultate: ein anderes Denken, ein anderes Auftreten, eine positive Ausstrahlung. Dies und die weiteren Erfolge des eigenen Bemühens wirken fort auf das Umfeld. Und im besten Fall wird so aus dem kleinen ein größeres Rädchen oder sogar ein großes Rad, das andere Rädchen antreibt und zum Laufen bringt. Mitglieder der Elite haben dafür naturgemäß die besten Voraussetzungen. Dieser Antrieb, einer als richtig und wichtig erkannten Ethik zu folgen, nicht nur aufs persönliche Wohl bedacht zu sein, nicht nur auf Gewinn aus zu sein, sondern „mehr" zu wollen, Sinn zu suchen und ihn zu finden, ergibt sich (nur) aus der Spiritualität.

„Wie kann der Einzelne, der tagtäglich die systemischen Unstimmigkeiten (die soziale Kontraproduktivität, etwa Produktivitätssteigerung mit dem Ergebnis größerer Arbeitslosigkeit) zu spüren bekommt, trotzdem seine Integrität wahren?" fragt sich der Sozialforscher Johannes Heinrichs.[156] „Dies wurde zur ethisch-spirituellen Grundfrage unserer Zeit. Integrität ist das Gegenteil von Konformismus und Opportunismus. Wenn Letzteres die Unterordnung höherer Werte unter vordergründige Vorteile bedeutet, so heißt Integrität die persönliche Wahrung der Wertehierarchie inmitten struktureller Lügen.

Der Unterschied zwischen Spiritualität und Ethik, die beide mit der Quintessenz des Lebens oder dem Unbedingten zu tun haben, ist, dass sich Ethik auf die Fragen „Was soll ich tun?" bzw. „Was darf ich tun?" bezieht. Spiritualität geht tiefer. Sie fragt: „Wie kann ich (optimal) leben und wirken?" Die Antwort gibt sich der Sozial- und Kulturphilosoph selbst: „Der Einzelne findet sich zur Wahrung seiner Integrität mehr als jemals zuvor in der Geschichte auf sich zurückgeworfen. Integrität als Ganzbleiben der Persönlichkeit, als Wertintegration, als Wahrhaftigkeit und Gerechtigkeit, als Nicht-Opportunismus in einer pseudo-aufgeklärten (informationsüberfluteten, aber desorientierten) Mitläufer-Gesellschaft sowie als innengeleitete, ganzheitliche Gewissenhaftigkeit ist heute identisch mit realistischer Spiritualität. Sie kann ohne ein Schöpfen aus den spirituellen Quellen nicht gewahrt und verwirklicht werden."

„Integrität", „ganzheitliche Gewissenhaftigkeit" – diese Begriffe umschreiben Spiritualität oder die Resultate der Beschäftigung mit ihr so, wie ich sie im Zusammenhang mit dem Thema dieses Buches verstanden wissen möchte. Spiritualität ist nichts Abgehobenes oder Weltfremdes; sie ist vielmehr praktische Hilfe auf dem richtigen Weg hin zum Selbst und zu einer liebevollen Haltung dem eigenen Ich gegenüber. Der richtige Weg ist dies deshalb, weil er die Voraussetzung sowohl für das Gelingen des eigenen Lebens ist als auch dafür, zur Durchsetzung der Ethik beizutragen – im Fall der neuen Elite zum Beispiel, so zu führen, dass dabei eine Welt entsteht, der andere gern angehören wollen. Dazu braucht es selbstverständlich auch das passende Instrumentarium an Werkzeugen, Grundsätzen, Regeln und Führungsstilen. Das allein genügt aber nicht, denn sonst hätten wir diese Welt längst. Zum Führen gehört auch Spiritualität.

Aber ist nicht Spiritualität Orientierung nach innen, während man sich im Business nach außen orientiert? Wie sollen zwei so gegensätzliche Dinge zusammenkommen?

Sie bilden gar keinen Gegensatz, denn jeder Mensch ist mit Spiritualität „ausgestattet", und die Wirtschaft ist kein abstraktes Gebilde, sondern wird von Menschen gemacht und repräsentiert den Geist seiner Lenker und Macher. „In dem Moment, in dem Führungskräfte sich auf ihre innere Kraft besinnen und sich ihr anvertrauen, brechen verkrustete

Strukturen, die Konkurrenz und Trennung als Überlebensstrategie sichern wollen, von ganz alleine weg. Spiritualität heißt also nicht, alles Rationale auszugrenzen, sondern heißt vielmehr, es zu integrieren. Es geht darum, den Verstand mit seinem wertvollen Potenzial zu erkennen und zu nutzen und gleichzeitig seine Grenzen zu sehen und anzunehmen. Ein bewusst spiritueller Mensch entscheidet nicht zugunsten von rational oder transrational, („rational" im Sinne von bewusst; „transrational" im Sinne von „über-bewusst", Anm. d. Autors), sondern integriert beide Aspekte."[157]

Anselm Bilgri, langjähriger Cellerar des erfolgreichen Wirtschaftsbetriebes der Abtei St. Bonifaz in München und Andechs, lehrt heute in dem nach ihm benannten „Zentrum für Unternehmenskultur", wie alte Benediktinerweisheit Managern und Unternehmenslenkern dabei helfen kann, solche neue Spiritualität bei der Führung zu entwickeln. Dazu stellen er und sein Team zunächst die richtigen Fragen:

- Findet der Einzelne in seiner Tätigkeit Sinn und kann er seine Talente und Kräfte voll entfalten?
- Können sich die Mitarbeiter mit den Produkten und dem Unternehmen identifizieren?
- Wie stark sind der Dialog und das Aufeinander-Hören ausgeprägt?
- Welche ethischen Grundsätze und Werte helfen dem Unternehmen weiter und wie werden diese gelebt?
- Wie steht es mit der Balance aus Stabilität und Flexibilität, aus Bewahren und Verändern?
- Wie entwickeln sich Führungskräfte und Mitarbeiter persönlich weiter?
- Wie intensiv kümmern sich die Führungskräfte um die langfristigen Erfolgsfaktoren?[158]

Gerade Spiritualität macht es im sachlichen, rationalen Geschäftsleben einfacher, mit Schwierigkeiten umzugehen, weil diese so nicht als Bedrohung, sondern als Herausforderung gesehen werden, die einen bestimmten Sinn haben. Den gilt es herauszufinden, um dann mit Bedacht nachhaltige Lösungen zu entwickeln.

Keine Frage: Es erfordert Mut, der inneren Führung zu folgen statt wie üblich den Lösungskonzepten von außen. Die neue Elite hat diesen Mut, denn sie weiß um den Wert der Spiritualität und welche Resultate es bringt, sie im Leben, ob privat oder beruflich, zuzulassen. „Die besten Lösungen entspringen einer Quelle, die unser Verstand nicht ermessen kann, die nicht nur die uns bekannten kleinen Teilaspekte des Problems oder der Situation kennt, sondern das große Ganze sieht und in den

Lösungsprozess einbezieht – immer zum Nutzen und Wohl der jeweiligen Menschen und Situationen. Das Ergebnis ist nicht nur eine bessere Gesundheit und Lebensqualität, sondern auch wirtschaftlicher Erfolg."[159]

3 Kursänderung: Führen mit Blick aufs Gemeinwohl

„Reichtum lässt ein Herz eher erhärten als kochendes Wasser ein Ei", hat der TV-Börsenexperte Frank Lehmann beobachtet. Er ist überzeugt: Geld macht gierig, weniger sozial und weniger menschlich. Doch der Artikel 14 Absatz 2 des Grundgesetzes betont: Eigentum verpflichtet. Sein Gebrauch soll zugleich dem Wohle der Allgemeinheit dienen. „Das ist kein Gebot, für dessen Einhaltung Polizisten sorgen könnten", schreibt Ulrich Greiner in der *Zeit*. „Dass es Beachtung findet, ist die Sache aller, zuvörderst der Elite. Es schadet dem Gemeinwohl, wenn Unternehmer ausschließlich das Partikularinteresse der Eigner verfolgen und die Rationalisierungskosten einem Staat aufladen, der zusehends verarmt. Noch hält das soziale Netz, aber die Maschen sind größer, die Fäden dünner geworden. (...) Man muss nicht brennende Vorstädte abwarten, um endlich zu erkennen, dass erfolgreiches Wirtschaften eine gedeihliche Gesellschaft benötigt."

Am Gedeihen der Gesellschaft hat die neue Elite großen Anteil; sie ist dem Gemeinwohl besonders verpflichtet. Diese Verpflichtung erschöpft sich nicht in materieller Großzügigkeit. Die Führungselite muss auch ihre exponierte Position dazu nutzen, Stellung zu beziehen zu aktuellen Themen in Politik und Wirtschaft, muss den gesellschaftlichen Meinungsaustausch anregen und begleiten. „Als Unternehmer muss man sich an gesellschaftspolitischen Diskussionen beteiligen, denn nur dadurch bewegt man etwas in diesem Land", unterstreicht einer der Top-Leute der Republik, der Vorstandsvorsitzende der Porsche AG, Wendelin Wiedeking. Ein engagierter öffentlicher Disput ist fruchtbar und dient den Zielen, die wir als Antwort auf die globalen und nationalen Herausforderungen formulieren: „Wir müssen unsere Stärken ins Spiel bringen, mit denen wir diese Ziele auch erreichen können: die gute Ausbildung der Menschen, ihren Fleiß und ihren Erfindungsgeist, das technische Know-how, die erstklassige Infrastruktur, weltbekannte Industrieunternehmen und nicht zuletzt das Potential und die Weltoffenheit gerade des Mittelstands, der die deutsche Wirtschaft trägt."[162]

Die neue Elite weiß auch, dass sie Vorbildfunktion hat. Das gilt ganz besonders für den Teil, der Führungsaufgaben in unserem Land wahrnimmt. Denn „das Ausblenden gesellschaftlicher Verantwortung bei

Unternehmenslenkern hat ihre Entsprechung in einer Gesellschaft, die sich nicht mehr auf gemeinsame Werte und Ziele besinnt", wie Ulrich Hemel ganz richtig feststellt.[163]

Umgekehrt hängt die Einstellung einer Gesellschaft zu ihren Institutionen – Universitäten, Parteien, Mittelstandsfirmen oder Großunternehmen – ganz wesentlich von der Akzeptanz ihrer Repräsentanten ab. „Gerade bei den großen Konzernen jedoch sind die Unternehmensentscheidungen, das Verhalten der Vorstände und der zusätzlich noch schlechte Transport der Botschaften an die Öffentlichkeit häufig verheerend", beklagt der Professor für Wirtschaftspsychologie an der Ludwig-Maximilians-Universität München und Akademische Leiter der Bayerischen Eliteakademie, Dieter Frey.[164] Seine Diagnose: „Anscheinend leiden alle diese Personen (und viele andere mehr) unter einem totalen Realitätsverlust. Sie sind, im Sinne eines Group-Think-Phänomens, umgeben von Taschenträgern, Unterstützern und Ja-Sagern, die sie bestärken, und sehen nicht, wie sie sich von der Realität der Kunden und der Mitarbeiter entfernt haben." Und so verwundern die Ergebnisse empirischer Untersuchungen nicht, die zeigen, dass die Akzeptanz der sozialen Marktwirtschaft in der Gesamtbevölkerung kontinuierlich abnimmt. „Insbesondere sinkt das Vertrauen in die Führungselite, das heißt in die Spitzenmanager der deutschen Wirtschaft, insbesondere der Großindustrie."

Wenn die „oberen Zehntausend" ein solches Beispiel geben, bewirkt das bei vielen Beobachtern im Rest der Republik eine Absenkung der Moral-Schwelle: Warum anständig bleiben, wenn es die „Großkopfeten" auch nicht sind?

Dieses Bild muss die neue Elite zurechtrücken, indem sie vorbildlich ist, also das vertritt und vorlebt, was vielen Vertretern der alten Elite nur Lippenbekenntnis ist: praktizierte Verantwortung für die Gesellschaft, für die Zukunft, für demokratische und marktwirtschaftliche Werte in einer globalisierten Welt, für sich selbst und den Nächsten. „Elite bedeutet Vorbild sein, selber Opfer bringen, selber bescheiden sein, Akzeptanz bei der jeweiligen Zielgruppe finden; just das, was die so genannten Vorbilder und Verantwortlichen in den Sonntagsreden auch proklamieren."[165]

Die neue Führungselite ist Leistungs- und Werteelite zugleich und hat den Wert „Verantwortung" ganz oben auf ihrer Agenda positioniert. Der Begriff „Gemeinwohl" umfasst auch das all derer, die direkt und indirekt mit dem eigenen Unternehmen zu tun haben, was Ulrich Hemel an der Unterscheidung von Shareholder Value und Stakeholder Value[166] festmacht: „Beim Shareholder Value stehen die Interessen der Aktionäre im Vordergrund, während der Stakeholder-Value-Ansatz auf eine breite gesellschaftliche Verantwortung zielt, die alle Beteiligten von Mitarbeitern bis Kunden und Lieferanten umfasst."[167] „Gemeinwohl" bezieht sich jedoch vor allem auf das der Gesellschaft und des Lebensumfelds im eigenen Land und auf das der Weltgemeinschaft und ihrer Umwelt. Sich in diesem großen Feld mittels *Corporate Social Responsibility* (CSR) ethisch korrekt und mit nachhaltig positiver Wirkung zu bewegen, gehört wohl zu den anspruchsvollsten und wichtigsten Aufgaben der neuen Führungselite.

Win-Win auf der ganzen Linie: Corporate Social Responsibility

Im Jahr 2000 beschloss der Europäische Rat in Lissabon ein ehrgeiziges Ziel: Die EU soll „zum wettbewerbsfähigsten und dynamischsten wissensbasierten Wirtschaftsraum der Welt" werden. Dazu kann und muss nach Meinung der EU-Vertreter die soziale Verantwortung der Unternehmen ihren Beitrag leisten. Die EU-Kommission hat daher 2001 ein Grünbuch vorgelegt, das „die relevanten Akteure auffordert, unter Berücksichtigung der Interessen der Unternehmen und der Stakeholder Vorschläge zu unterbreiten, wie eine Partnerschaft zur Entwicklung neuer Rahmenbedingungen für die Förderung der sozialen Verantwortung der Unternehmen aufgebaut werden könnte. Diese Aufforderung richtet sich an die Behörden auf allen Ebenen, einschließlich der internationalen Organisationen, an die Unternehmen – von kleineren und mittleren bis zu multinationalen Unternehmen –, an die Sozialpartner, die NGOs und andere Akteure, einschließlich interessierter Einzelpersonen. Die Unternehmen müssen mit den Behörden zusammenarbeiten, um innovative Wege zur Weiterentwicklung der sozialen Verantwortung der Unternehmen zu finden."[168]

Die Wirtschaft ist also in der Pflicht, und das nicht nur innerhalb Europas. Die Vereinten Nationen verabschiedeten 2000 den *United Nations Global Compact*, einen weltweiten Pakt zwischen Unternehmen und der UNO, um die Globalisierung sozialer und ökologischer zu gestalten. Ende 2005 hatten insgesamt 3.451 Teilnehmer – auch 47 aus Deutschland – den *Global Compact* unterzeichnet, darunter rund 2.500 Wirtschaftsunternehmen. Mit ihrer Unterschrift erklärten sie ihren Willen, bestimmte soziale und ökologische Mindeststandards einzuhalten und jährlich über diese Bemühungen zu berichten. Die zehn Regeln[169], an die sich die Beteiligten halten wollen, lauten sinngemäß:

1. Die international verkündeten Menschenrechte respektieren und ihre Einhaltung innerhalb ihres Einflussbereiches fördern.

2. Sicherstellen, dass sie nicht bei Menschenrechtsverletzungen mitwirken.
3. Das Recht ihrer Beschäftigten, sich gewerkschaftlich zu betätigen, respektieren sowie deren Recht auf Kollektivverhandlungen effektiv anerkennen.
4. Alle Formen von Zwangsarbeit bzw. erzwungener Arbeit ausschließen.
5. An der Abschaffung von Kinderarbeit mitwirken.
6. Jede Diskriminierung in Bezug auf Beschäftigung und Beruf ausschließen.
7. Eine vorsorgende Haltung gegenüber Umweltgefährdungen einnehmen.
8. Initiativen zur Förderung größeren Umweltbewusstseins ergreifen.
9. Die Entwicklung und die Verbreitung umweltfreundlicher Technologien voranbringen.
10. Gegen alle Formen von Korruption angehen.

Die von der EU eingeforderte soziale Verantwortung (SV) der Unternehmen bedeutet nach der Definition der EU-Kommission den „freiwillige(n), nicht auf einer gesetzlichen Verpflichtung beruhende(n) Beitrag der einzelnen Unternehmen für eine bessere Gesellschaft in Kooperation mit den Stakeholdern."

Corporate Social Responsibility (CSR), also die gesellschaftliche Verantwortung von Unternehmen, bedeutet im Kern dasselbe, ist jedoch konkreter ausgerichtet: Firmen, die CSR praktizieren, richten demnach ihr Handeln nicht nur an ökonomischen Kriterien aus, sondern verhalten sich auch sozial und ökologisch verantwortungsvoll. Das heißt unter anderem, dass sie anspruchsvolle Umwelt- und Sozialstandards fördern und sich um gerechte Handelsbeziehungen und um nachhaltige Produkte bemühen.[170] Doch ob man von „CSR" oder von „SV" spricht – es geht dabei nicht um Nächstenliebe. Und genau deshalb trifft *Corporate Social Responsibility* auf immer größeres Interesse. Denn dass die „neue Redlichkeit echte Chancen" hat, wie Rupert Lay erfreut anmerkt, und „die Zahl der Unternehmer, Manager et cetera, die sich für redliches, sittlich verantwortetes Miteinander in unserer Gesellschaft einsetzen, (...) immer größer" wird, ist vor allem der sich durchsetzenden Erkenntnis zu danken, wie wertvoll ein solcher Einsatz für den Geschäftserfolg ist.

Lay führt die Umsetzungskonzepte der CSR auf, die er als „Konzepte redlicher Unternehmensführung"[171] bezeichnet:

- Der *Corporate-Governance-Kodex*: Die freiwillige Selbstverpflichtung von börsennotierten Unternehmen auf ethische Verhaltensstandards und Offenlegungspflichten sollen für eine höhere Transparenz sorgen. Dies sieht der Corporate-Governance-Kodex vor, den Bundesregierung und Wirtschaft gemeinsam erarbeitet und 2002 vorgestellt haben.
- Das *Corporate Volunteering*: gemeinnütziges Unternehmensengagement; Einsatz von Personalressourcen und Bereitstellung von Sach- und Geldmitteln für gesellschaftliche Anliegen und persönliches Engagement von Mitarbeitern in sozialen Einrichtungen.
- Das *Corporate Giving*: altruistisch motivierte Spendenzahlungen oder Maßnahmen des Social Sponsoring bis hin zu den Aktivitäten operativer Unternehmensstiftungen.
- Die *Corporate Citizenship*: bürgerschaftliches Engagement von Unternehmen in der Gesellschaft. Ziel des Corporate Citizenship ist die Lösung von gesellschaftlichen Problemen in Kooperation mit gemeinnützigen Partnern.

CSR steckt in Deutschland noch in den Kinderschuhen, aber Experten plädieren bereits für zentrale CSR-Stabsabteilungen oder eigene CSR-Kompetenzcenter in den Unternehmen. CSR darf keine „Feigenblatt"-Funktion haben, sondern muss mit vollem Engagement verfolgt werden, anhand einer konkreten, vom Management vorgegebenen Strategie. Wenn CSR lediglich der Unternehmenskommunikation oder -PR „angehängt" wird, leidet als erstes die interne Glaubwürdigkeit. Für die Glaubwürdigkeit nach außen müssen die CSR-Strategen die Objekte des Engagements sorgfältig wählen. Sie sollten zum Unternehmen und seiner Tätigkeit passen.

Corporate Social Responsibility liegt im Trend. Zahlreiche Unternehmen haben sich bereits zusammengeschlossen, um ihre CSR-Aktivitäten zu koordinieren. Im *World Business Council for Sustainable Development* (WBCSD) sind mehr als 180 Firmen vertreten, darunter Konzerne wie Nokia, L'Oréal, Adidas, Henkel, Volkswagen, BASF und General Motors. Eine schlichte Beitrittserklärung genügt hier nicht. Bedingung für die Mitgliedschaft ist, dass sich die Vorstandsvorsitzenden der Unternehmen persönlich engagieren. CSR-Berater halten aktives gesellschaftliches Engagement durch die Führungsebene ohnehin für unverzichtbar.

CSR steht also bereits auf der Agenda vieler Unternehmen. Vier Fünftel aller Unternehmen in Deutschland engagieren sich in irgendeiner Form für soziale Zwecke, und mit steigender Unternehmensgröße wächst die Bereitschaft zur Übernahme gesellschaftlicher Verantwortung. Allerdings dominieren noch die traditionellen Formen gesellschaftlichen Engagements wie Geld- und Sachspenden oder kostenlose Dienste; die neueren Formen wie die Freistellung von Personal, ehrenamtliches Engagement von Führungskräften und Projektengagement sind eher selten.[172] Diese ausgeweitete, vielfältigere und spezifischere CSR wird jedoch an Bedeutung gewinnen und ein wichtiger Bestandteil der Unternehmensidentität werden.[173] Die neue Führungselite wird sich, schon aufgrund ihrer Verantwortungsbereitschaft, ganz selbstverständlich intensiv damit beschäftigen.

Corporate Social Responsibility hat in Deutschland ihren Ursprung im Mittelstand. Sie ist die Weiterentwicklung der früher (und teilweise noch heute) von den Firmenpatriarchen gepflegten Freigiebigkeit für den meist externen „guten Zweck", die dessen Reputation stärkte. Heute reichen die Ziele der CSR von der Mitarbeitermotivation über die Reputationspflege bis hin zur Risikominimierung. Einige Unternehmen erstellen inzwischen sogar CSR-Berichte, in denen sie die sozialen oder ökologischen Folgen der Produktion ihrer Erzeugnisse darstellen. Diese Entwicklung hat gute Gründe: Nicht nur eine wachsende Zahl der Verbraucher achtet nachweislich bei ihren Kaufentscheidungen auf das gesellschaftliche Engagement der Hersteller und darauf, ob sie nachhaltig wirtschaften. Auch Investoren interessieren sich zunehmend dafür. In den USA bemühen sich Unternehmen darum, im eigenen Dow-Jones-Nachhaltigkeitsindex gelistet zu werden, weil dies als Gütesiegel gilt. Ethikfonds haben bereits mehr als fünf Milliarden Euro in solche „verantwortlich handelnden Firmen" investiert.[174]

Dies alles sind gute Nachrichten. Dennoch steht CSR in Deutschland erst am Anfang. Zurückhaltung oder Skepsis sind auch auf die noch unzureichenden Bewertungsmöglichkeiten des Engagements zurückzuführen. Die Analyse unter betriebswirtschaftlichen Gesichtspunkten ist schwierig, weil die „weichen" Faktoren dominieren. Es gibt jedoch inzwischen Modelle von Analysten, mit denen soziales und ökologisches Engagement bewertet werden kann. Kennzahlen sind etwa das Verhältnis von Treibhausgasemissionen zum Cashflow oder das von Ausbildungsinvestitionen zum Anlagevermögen. Andere Ansätze finden sich im wachsenden Markt nachhaltiger Finanzprodukte. Hier können Unternehmen den Erfolg ihrer CSR-Aktivitäten beispielsweise ermitteln, indem sie die Portfolios von Nachhaltigkeitsfonds durchgehen. Auch Nachhaltigkeitsindizes wie der Dow-Jones-Sustainability-Index oder der FTSE-4-Good-Index stellen einen Gradmesser für das unternehmerische CSR-Engagement dar.[175]

Tatsache ist, dass sich hierzulande noch vorwiegend der Mittelstand engagiert – oft ohne den Begriff Corporate Social Responsibility auch nur zu kennen. Kleinere Unternehmen sind lediglich zu einem Sechstel am Gesamtaufkommen beteiligt, geben aber in Relation zum Umsatz etwa vier bis fünf Mal so viel für das Gemeinwohl aus (0,25 Prozent) wie die Großunternehmen (0,05 Prozent). Und dabei muss man sie als ausgesprochen vorbildlich bezeichnen.

Die meisten machen darum auch kein großes Aufheben und denken dabei nicht grundsätzlich an Gewinnmaximierung, langfristige Kundenbindung und gutes Image, „wenn sie beispielsweise dem städtischen Jugendclub einen Billardtisch spendieren, eigene Mitarbeiter unterstützen, die Verwandte pflegen oder in der Weihnachtszeit die Fußgängerzone schmücken. Sie handeln, weil sie eine geschmückte Fußgängerzone schön finden, weil sie ihre Mitarbeiter täglich sehen oder weil der Sohn des Eigentümers selbst in den Jugendclub geht."[176] Diese Art des Engagements hat natürlich auch damit zu tun, dass eine mittelständische Firma anders als ein Großkonzern keinen Aktionären verpflichtet ist, über eigenes Geld verfügt und nach eigenem Gusto nachhaltig handeln kann, besonders, wenn der Eigentümer und der Geschäftsführer ein- und dieselbe Person sind. Von Strategie fehlt dabei oft jede Spur, und über die Vorteile öffentlicher Kommunikation nach dem Motto „Tue Gutes und rede darüber" besteht wenig Bewusstsein. Belohnt wird dieses unaufgeregte Engagement trotzdem: Von 175 Betrieben, die sich um den Handwerkspreis 2005[177] beworben hatten, gaben fast 70 Prozent an, dass die Übernahme gesellschaftlicher Verpflichtungen zur Neuerschließung von Kundenkreisen beigetragen habe. Das Resultat zeigt sich zum Beispiel darin, dass die Spitzen des Mittelstandes nach wie vor eine hohe Glaubwürdigkeit genießen.[178]

Auch wenn manche Mittelständler mit den Begrifflichkeiten noch nicht vertraut erscheinen, so sind sie doch mit ihrem Verständnis und ihrer Praxis von gesellschaftlichem Engagement bestens für die Zukunft gerüstet: Global Player überprüfen immer stärker auch die Rolle ihrer mittelständischen Zulieferer, und Unternehmen mit CSR-Aktivitäten werden häufig als Kooperationspartner bevorzugt. Auch im Rahmen der Kreditrichtlinie Basel II sind solche „weichen Faktoren" inzwischen von Bedeutung.

Zur Nachahmung empfohlen: Beispiele aus der CSR-Praxis

Herlitz PBS aus Berlin
Das Unternehmen liefert ein Beispiel für CSR wie aus dem Bilderbuch: Der Schul- und Bürobedarfhersteller wollte sich statt der üblichen Geldspenden nachhaltig engagieren und entschied sich, passend zum eige-

nen Produktbereich und zur Aktualität der PISA-Studie für das Bildungswesen. 2003 gründete das Unternehmen den Bildungscent-Verein, der „Schulcoaches" in Schulen schickt, um dort Projektarbeit mit den Schülern zu machen. Die Themen reichen von Ernährung über Unternehmensberatung bis zur Medienkompetenz. Ziel ist es, selbständiges Arbeiten, eigenverantwortliches Handeln, Team- und Projektarbeit und soziale Kompetenzen bei den Schülern zu entwickeln und zu fördern. Davon haben alle etwas: Schulen, Schüler und das Unternehmen selbst, das Aufmerksamkeit in den Medien, öffentliche Anerkennung und damit ein verkaufsförderndes Image gewann.

Columbus Holding AG aus Regensburg
Aus einem 1996 gestarteten und zunächst eher unbeholfenen Versuch, sich in der Kunstszene zu engagieren, ist inzwischen die preisgekrönte „Columbus Art Foundation" geworden: Die Initiative der Columbus Holding erhielt 2006 den erstmals verliehenen „Deutschen Kulturförderpreis" des Kulturkreises der deutschen Wirtschaft im Bundesverband der Deutschen Industrie e.V. (BDI). Die Columbus Art Foundation unterstützt junge bildende Künstler an der Schnittstelle zwischen Akademie und freischaffender Existenz, damit sie im Kunstbetrieb Fuß fassen können. Das „Förderpaket" enthält Ausstellungen in der firmeneigenen Kunsthalle, den Kauf von Werken, Publikationen, auch in Kooperationen mit Museen und Kunstvereinen. Im Laufe der letzten zehn Jahre förderte die Initiative bundesweit 32 Künstler. Bereits 2004 hatte die Universität Witten-Herdecke die Holding als einziges mittelständisches Unternehmen neben internationalen Firmen wie DaimlerChrysler und Phillip Morris für glaubwürdige *Corporate Social Responsibility* ausgezeichnet.

Die Ernsthaftigkeit und Langfristigkeit, mit denen der Mittelständler dabei ans Werk geht, haben sich positiv auf die Unternehmenskultur und das Betriebsklima ausgewirkt und erleichtert es der Firma nach eigenen Angaben, neue Mitarbeiter zu finden und die Fachkräfte zu halten. Das Management ist überzeugt, dass es den Stellenwert, den das Unternehmen in der EDV-Branche erreicht hat, diesem Engagement zu verdanken hat.[179]

Vaude aus Tettnang (Allgäu)
Der Sportartikelhersteller engagiert sich vielfältig, zunächst für die eigenen Mitarbeiter: Um der in Deutschland viel beklagten Unvereinbarkeit von Beruf und Familie, heute ein Thema für Mütter *und* Väter, entgegenzutreten, entwarf und baute Vaude ein Kinderhaus, gemeinsam mit seinen Mitarbeitern, der Gemeinde und anderen Bürgergruppen vor Ort. Das Haus bietet den Eltern Entlastung und ist zugleich mit betrieblichen Abläufen verzahnt.

Außerdem hat Vaude, wie inzwischen viele andere Unternehmen auch, einen Verhaltenskodex für die Zusammenarbeit mit Lieferanten aus aller Welt entwickelt. Dieser *Code of Conduct* definiert – unter Rücksichtnahme auf die kulturellen Gegebenheiten des jeweiligen Landes – westliche Mindeststandards für verschiedene Bereiche, darunter Entlohnung, Arbeitszeit, Gesundheit und Sicherheit sowie Umweltschutz. Die Regelungen bilden feste Bestandteile der Verträge mit den Lieferanten; ihre Einhaltung wird regelmäßig kontrolliert. Darüber hinaus kümmert sich Vaude um Ökologie (1996 Gründung des Ecolog-Recycling-Networks zur Wiederverwendung von sortenreinem Polyester) und als Partner des Deutschen Alpenvereins in gemeinsamer Umweltschutz-Projektarbeit um den „Einklang von Bergsport und Natur“.[180]

Betapharm aus Augsburg
„Der Mensch steht im Mittelpunkt“, so lautet der ethische Grundsatz des Arzneimittelherstellers. 1998 entwickelte die Firma auf der Grundlage dieser Überzeugung das Sozialsponsoring des „Bunten Kreises“. Dieser Nachsorgeverein unterstützt Familien mit chronisch und schwer kranken Kindern im Raum Augsburg. Für die Einrichtung weiterer „Bunter Kreise“ in ganz Deutschland gründete das Unternehmen die „betapharm Nachsorgestiftung“. Seit 1999 finden alle zwei Jahre die „Augsburger Nachsorgesymposien“ statt, das in Deutschland einzige wissenschaftliche Forum in der Sozialpädiatrie, das sich mit dem Thema Nachsorge beschäftigt. Die Symposien führen Fachwissen und praktische Erfahrungen aus der Nachsorge und Palliativmedizin zusammen und fördern den Austausch zwischen Menschen, die im Gesundheitswesen den psychosozialen Aspekt stärken wollen.

2005 erhielt betapharm das Gütesiegel „ETHICS in business – Vorreiter ethischen Handelns“. Diese Auszeichnung würdigt das nachhaltig wirksame gesellschaftliche Engagement von betapharm im Gesundheitswesen.

4 Vorbilder für die Vorbilder
Die Avantgarde der neuen Führung

Ethik in der Wirtschaft, Anstand im Geschäftsleben, tradierte Werte und Menschlichkeit im Umgang mit Mitarbeitern – reines Wunschdenken und Zukunftsvision? Keineswegs, denn es gibt sie, die Avantgardisten der neuen Elite. Manche führen ihr Unternehmen seit Jahrzehnten, und zwar höchst erfolgreich. Wie sie es bis dahin geschafft haben und was sie als Vorbilder ihren Nachahmern mit auf den Weg geben können, erzählen einige von ihnen auf den folgenden Seiten selbst.

INTERVIEW

Prof. Claus Hipp
Inhaber und Geschäftsführer der HiPP GmbH & Co. Vertrieb KG, Pfaffenhofen

„Der Schutz der Umwelt und die Bewahrung der Schöpfung", so lautet die Philosophie des Babynahrungherstellers Hipp aus dem bayerischen Pfaffenhofen. Die Geschichte des Unternehmens begann vor über 100 Jahren mit einem selbst gemachten Kinderzwiebackmehl, das billig satt machte und das der Firmengründer, der Vater des heutigen Firmeninhabers Claus Hipp, anfangs von Haus zu Haus feilbot.

Bereits 1956 baute Georg Hipp erstmals Obst und Gemüse auf naturbelassenen Böden und ohne Chemie an, um nach dem Vorbild des Erfinders des organisch-biologischen Landbaus (des Schweizer Politikers Hans Müller) gesunde und unbelastete Babynahrung zu produzieren. Dieser Idee ist sein Sohn Claus Hipp bis heute treu, und zwar so konsequent und nachhaltig, dass er seit Einführung der regelmäßigen Umweltberichte 1995 in jedem Jahr Preise bekommt, darunter das Bundesverdienstkreuz, zweimal den *BAUM Umweltpreis*[181], den ersten *Millennium Umweltpreis der UNEP und der Internationalen Handelskammer ICC*[182] – als einer von weltweit zwölf Unternehmern – und 2005 den *Deutschen Gründerpreis* für sein Lebenswerk. Heute ist Hipp Deutschlands Marktführer bei Babynahrung und der weltweit größte Verarbeiter organisch-biologischer Rohwaren. Mehr als 3.000 Landwirte aus verschiedenen Ländern erzeugen für Hipp Bio-Obst, -Gemüse und -Fleisch.

FÜHRUNG UND ETHIK

Was halten Sie von der geltenden bzw. praktizierten Wirtschaftsethik in Deutschland und im globalisierten Markt? Inwiefern ist sie Ihrer Meinung nach veränderungsbedürftig und warum?

Die Kaufleute in Deutschland sind meiner Ansicht nach nicht nur verpflichtet, sondern in der Regel auch selbst daran interessiert, ehrbar zu wirtschaften und zu handeln. Der §1 des IHK-Gesetzes spricht von Sitte und Anstand und vom ehrbaren Kaufmann, und dass sich die Handelskammern für deren Wahrung einsetzen wollen. Es gibt zwar immer wieder Negativbeispiele, die dann in der Presse entsprechend breitgetreten werden – aber das sind Ausreißer und nicht das Maß der Dinge.

Wie eine Wirtschaftsethik aussehen muss, hängt meines Erachtens vom ganzen Wirtschaftssystem ab, in dem das Unternehmen agiert. Wenn diese Wirtschaftsordnung moralisch gerechtfertigt ist, so legen ihre Rahmenbedingungen auch das legitime Verhalten von Unternehmen fest. Unsere Firma erkennt die Rahmenordnung des bundesdeutschen und in Zukunft europäischen Wirtschaftssystems als moralisch legitimiert an: die Soziale Marktwirtschaft mit ihrem Funktionsmechanismus des sozial abgesicherten Wettbewerbs. Denn diese Wirtschaftsordnung bindet die am Eigennutz orientierten Unternehmer durch Wettbewerb und Sozialgesetzgebung so ein, dass ihr dementsprechendes Handeln für die ganze Gesellschaft von Vorteil ist. Das heißt: Will ein Unternehmer langfristig erfolgreich sein, so muss er seinen Kunden Produkte bester Qualität zu niedrigen Preisen anbieten und seine Mitarbeiter und Lieferanten fair behandeln und angemessen entlohnen. Auf diese Weise wird der Achtung vor der Würde des Menschen und dem Wohlergehen aller so effektiv wie möglich Rechnung getragen. Und aufgrund dieser Wirtschaftsordnung ergibt sich dann die Konsequenz, ja die moralische Verpflichtung für Unternehmen, den Erfolg langfristig zu optimieren.

Wie sollten Ihrer Ansicht nach die wichtigsten Merkmale einer „Ethik der Führung/des Managements“ aussehen? Wie ordnen Sie hier den Begriff der „Verantwortung“ (auch die für das Gemeinwohl, Stichwort „Corporate Social Responsibility“) ein?

Das Unternehmen Hipp steht seit 50 Jahren bewusst in christlicher Tradition. Das verpflichtet zur aktiven Auseinandersetzung mit dem Thema Unternehmensethik. Wir leben in einer Zeit, in der gesellschaftliche Veränderungen unter dem Schlagwort „Werteverfall“ diskutiert werden. Deshalb haben wir 1999 ein Ethikmanagement eingeführt. Damit wollen wir als Unternehmen dem Vorwurf entgegentreten, der im Zusammenhang mit diesen Diskussionen der Wirtschaft gemacht wird, nämlich dass es gerade hier an Ethik mangele und die Unternehmen deshalb zu diesem Verfall der gesellschaftlichen Ordnung wesentlich beitragen. In diesem Ethikmanagement sind unsere Grundsätze festgeschrieben, und die kann sich jeder auf unserer Internetseite www.hipp.de anschauen.

Weil wir Ethik als Nachdenken über Regeln zur Verbesserung des zwischenmenschlichen Miteinanders verstehen, wenden wir das Programm prinzipiell überall dort an, wo es um Interaktionen zwischen Menschen im weitesten Sinne geht. Das sind bei Hipp die Bereiche „Verhalten am

Markt", „Verhalten gegenüber Mitarbeitern", „Verhalten der Mitarbeiter", „Verhalten gegenüber dem Staat", „Verhalten in der Gesellschaft" und „Verhalten in der Umwelt". Ich greife mal zwei dieser Bereiche heraus: das Verhalten am Markt und das in der Umwelt. In der Ethik-Charta, die Teil unseres Ethik-Management-Programms ist, wird festgehalten, dass bei Hipp „alles Handeln stets auf die langfristige Erfolgserzielung auszurichten" ist. Kurzfristige Erfolgsorientierung um jeden Preis ist nicht in unserem Sinne, denn das würde, wie uns voll bewusst ist, langfristig den Bestand der Firma in Gefahr bringen. Für die erfolgsorientierte Planung muss man in größeren Zeiträumen denken.

Und der Umweltschutz ist ein tragender Grundsatz bei Hipp. Wir definieren uns als ein Unternehmen, das die Lebensbedingungen der Generationen von morgen vorteilhaft gestalten will. Und das kann sich für uns nicht in der Produktion hochwertiger Nahrungsmittel für Säuglinge und Kleinkinder erschöpfen, sondern es verpflichtet uns auch dazu, unseren Beitrag zu einer gesunden Umwelt für ihr ganzes Leben zu leisten. Natürlich nehmen wir auch Verantwortung für das Allgemeinwohl wahr, durch Mitarbeit in Verbänden, oder indem wir dort soziale Hilfe leisten, wo der Staat eben nicht helfen kann. Auch auf kulturellem Gebiet übernehmen wir Verpflichtungen. Eine solche praktische Verantwortung für das Gemeinwohl tragen im Übrigen auch sehr viele andere Geschäftsleute und Firmen, das möchte ich betonen.

Welche Werte sind Ihnen besonders wichtig bei der Führung Ihres eigenen Unternehmens? Haben sich diese Werte im Lauf der Zeit für Sie „herausgeschält" oder sind sie Ihnen schon von Ihren Eltern mitgegeben worden?

Selbstverständlich habe ich meine Werte von den Eltern vermittelt bekommen. Sozialisation und Erziehung passieren ja vor allem und zuvörderst in der Familie. Diese Werte sind eigentlich nicht sehr kompliziert: ein anständiger Umgang mit den Mitmenschen und mit den uns anvertrauten Gütern – im Privatleben und ebenso im Beruf. Wie dieser Umgang mit Mitarbeitern, Lieferanten, Kunden konkret auszusehen hat in meiner Firma, ist in unserem Ethikmanagement und der Ethik-Charta festgelegt. Dazu gehört übrigens auch der unternehmerische Wert, beste Qualität zum günstigsten Preis zu machen.

Welche Erfahrungen machen Sie als Unternehmer auf der Basis dieser Werte mit den Mitarbeitern, welches Feedback (direkt oder indirekt), auch von der Außenwelt (Geschäftspartner, privates Umfeld), erfahren Sie?

Ich habe noch von niemandem gehört, dass er unser Ethikmanagement ablehnt oder nicht gut findet. Wir decken unseren Energiebedarf ausschließlich über Biomasse ab. Wir verbessern die CO_2-Bilanz durch mehrere Solaranlagen, „grünen Strom" aus Wasserkraftwerken, erweiterten Vollwärmeschutz für die Werksgebäude und Pflanzenölbetrieb für fünf unserer Fahrzeuge.

Wir sehen in den Mitarbeitern die wichtigste Ressource des Unternehmens, wenn sie verantwortungsbewusst und gut geschult sind. Wer bei uns anfängt, nimmt an einer umfassenden Schulung über das betriebliche Umweltprogramm teil. Im Übrigen bieten wir regelmäßig Weiterbildungskurse an, von Sprachkursen über EDV-Schulungen bis zu Informationsveranstaltungen der Abteilung Umweltschutz. Ziel dieser Bemühungen ist, den Mitarbeitern ökologisches und soziales Gedankengut nicht nur für die Nutzung innerhalb des Unternehmens zu vermitteln, sondern auch darüber hinaus.

Weiter haben wir einen aktiven Nichtraucherschutz, eine ökologische Betriebsgastronomie und einen „ökologischen Fahrtkostenzuschuss". Damit wollen wir zum Umstieg auf umweltfreundliche Transportmittel animieren. Die Mitarbeiterinnen und Mitarbeiter, die neu zu uns kommen, wissen, wie wir denken und stehen hinter unserer Philosophie. Und für alle anderen, mit denen wir zu tun haben, ist die ja auch nur von Vorteil.

DER WERT (DER) LEISTUNG

Wo in Ihrer Werte-Skala würden Sie den Wert (von) „Leistung" einordnen?

Leistung ist meiner Meinung nach sehr hoch einzuordnen. Aber wir müssen auch dafür sorgen, dass die Leistungsträger nicht von denen ausgebeutet werden, die nicht leistungswillig sind. Natürlich besteht ein Unterschied zwischen „leistungswillig" und „leistungsfähig". Wer nicht leistungsfähig ist, braucht Förderung. Aber man muss diesen wichtigen Unterschied schon machen, denke ich.

Was erwarten Sie in Bezug auf Leistung von Ihren Mitarbeitern, und wie motivieren Sie sie?

Das ist ganz einfach: Unsere Mitarbeiter wissen genau, dass der gemeinsame Erfolg zum Vorteil aller Beteiligten ist. Und so erwarte ich auch eine Leistung, die diesem Wissen entspricht. Und Motivierung? Die passiert vor allem dadurch, dass wir anständig miteinander umgehen.

Wie definieren Sie Leistung für sich selbst?

Das ist für mich das Maß der Arbeit, das jemand aus eigenem Antrieb erbringt.

Die Bildungsmisere ist, besonders unter dem Schlagwort „PISA“, seit Jahren ein Thema. Wie muss eine „(Menschen-)Bildung“ beschaffen sein, die einerseits breit gefächerte Chancen bietet, andererseits eine Elite prägt, die die künftigen Führungspersönlichkeiten dieses Landes stellen soll?

Auch hier ist meine Antwort schlicht, weil ich glaube, dass grundsätzliche Wahrheiten schlicht sind. In dieser Frage rate ich zur Anwendung des Bildungsideals von Heinrich Pestalozzi, dem großen Schweizer Pädagogen. Er forderte, Bildung müsse Haupt, Hand und Herz umfassen: Haupt ist Wissen, Hand ist Geschicklichkeit, und Herz, das ist der menschliche Umgang.

Eine der Thesen dieses Buches lautet: Wir brauchen Visionen (und Visionäre). Würden Sie diese These unterstützen? Und welche Vision(en) hatten Sie selbst, als Sie Unternehmer wurden?

Ideale zu haben, ist immer gut – aber als Vision genügt mir die, dass jeder wertebewusst und recht handelt. Wenn sie wahr würde, dann wäre die Welt in Ordnung.

Eine weitere wesentliche These in diesem Buch: Die Elite, aus der sich die Führung in Politik, Wirtschaft und Wissenschaft rekrutiert, muss sich auf Werte besinnen, die durch die Shareholder-Value-Mentalität in der Weltwirtschaft zurückgedrängt wurden, und die Diskussion darüber fördern und füttern. Welche Folgen hätte es aus Ihrer Sicht, wenn das nicht gelingt?

Wenn wir nicht langfristig denken, sondern nur auf kurzfristige Erfolge schielen und die auch noch auf nicht korrekte Weise zu erreichen versuchen, wenn also der individuelle Egoismus im Mittelpunkt bleibt und das Interesse und das Wohl der Allgemeinheit weiter vernachlässigt werden, dann heißt die Konsequenz: noch mehr Regelungen und Gesetze. Dann wird es uns noch schlechter gehen. Wir können uns diesen gnadenlosen Egoismus nicht länger leisten. Jeder sollte sich mal ausmalen, wie das wäre, wenn er seiner Ich-Bezogenheit entsprechend ganz alleine wäre auf der Welt, im wahrsten Sinn des Wortes. Wie wollte er da auch nur überleben? Wir müssen begreifen, dass wir nicht nur in einer Gemeinschaft leben, sondern auch auf diese Gemeinschaft angewiesen sind, im kleinen wie im großen Maßstab.

Den Egoismus müssen wir also als absolut kontraproduktiv erkennen, und das geht am besten, wenn wir uns wieder auf die so genannten „alten Werte“ besinnen, ihre Bedeutung begreifen, sie wertschätzen lernen und nach ihnen leben. Das muss auch Grundlage jeder Form der Erziehung werden.

Einem Teil des Führungsnachwuchses ist mittlerweile bewusst, dass es für Umdenken und Umkehr im wirtschaftlichen wie im sozialen Miteinander höchste Zeit ist. Die Initiative wertebewusste Führung beispielsweise zeigt sich auf ihrer Homepage „frustriert (...) von täglich neuen Beispielen, wie im Management Werte wie Fairness, Ehrlichkeit und Verantwortung missachtet werden. (...) Wir sind überzeugt, dass Werte-Orientierung und Wert-Schöpfung zwei Seiten einer Medaille sind." Glauben Sie, dass solche Initiativen eine Chance haben, sich durchzusetzen – also in großem Maßstab wirksam zu sein? Welches Vorgehen würden Sie anraten?

Kommt drauf an, wie ernst man dort die höheren Werte nimmt, die in den Religionen vertreten werden. Das muss nicht unbedingt und ausschließlich das Christentum sein. Auch das Bekenntnis des Islam hat hohe Ideale. Ohne eine solche Ausrichtung werden wir es alle schwerer haben.

FÜHRUNG UND SPIRITUALITÄT

Wie wichtig ist Spiritualität für Sie als Individuum und besonders als Geschäftsmann in Ihrer Position? Würden Sie kurz beschreiben, was Sie für sich darunter verstehen?

Wenn man unter Spiritualität Glauben und Religion versteht, dann halte ich das für sehr wichtig. Und „Glauben" bedeutet für mich, etwas für wahr zu halten, das ich nicht verstehen oder erklären kann. Das hat auch mit Demut zu tun, ein in meinen Augen sehr wichtiger Wert. Die Demut ist die Voraussetzung für den Glauben. Wenn ich mich selbst für so obergescheit halte, dass ich meine, eh schon alles zu wissen, dann werde ich auch nicht glauben.

Haben Sie ein bestimmtes Credo, einen Lieblings-Sinnspruch?

Wir haben in der Familie einen Spruch: „Fürchte Gott – tue recht – scheue niemand."

INTERVIEW

Dr. Franz Ehrnsperger
Inhaber der Neumarkter Lammsbräu Gebr. Ehrnsperger e.K.

Seit 1628 existiert die kleine (60.000 Hektoliter Bierausstoß) und feine Brauerei in Neumarkt (Oberpfalz), die sich seit 1800 und damit seit sechs Generationen im Besitz der Familie Ehrnsperger befindet. Vor über 30 Jahren begann der jetzige Inhaber und Geschäftsführer, Dr. Franz Ehrnsperger, mit der Umstellung der Produktion von konventionell auf ökologisch und verfolgt diesen Ansatz heute konsequent. Zum Beispiel verwendet er nur Rohstoffe regionaler Ökobauern. Er führt Firma und Mitarbeiter nach christlichen Grundsätzen der Menschlichkeit und sieht Leistung nicht rein ökonomisch. Für diese Haltung erntete Ehrnsperger sowohl starken Gegenwind als auch viele Wirtschaftspreise.

FÜHRUNG UND ETHIK

Was halten Sie von der geltenden bzw. praktizierten Wirtschaftsethik in Deutschland und im globalisierten Markt? Inwiefern ist sie Ihrer Meinung nach veränderungsbedürftig und warum?

Derzeit herrscht die Praxis, Gewinne zu privatisieren und Verluste zu sozialisieren, das heißt auf die Allgemeinheit abzuwälzen. Die ökologische Wahrheit der Preise wird in keinster Weise berücksichtigt. Es ist allerhöchste Zeit, dass sich hier etwas ändert. Echte Wirtschaftsethik hat kaum eine Chance: Die Vorstände haben vier-, maximal Fünfjahresverträge – da kann man keine langfristigen ethischen Grundsätze haben, denn sonst käme man gar nicht über die Runden. Die Rahmenbedingungen für Manager müssen sich ändern, damit eine Wirtschaftsethik, die diesen Namen verdient, überhaupt möglich wird.

Wie sollten Ihrer Ansicht nach die wichtigsten Merkmale einer „Ethik der Führung/des Managements" aussehen? Wie ordnen Sie hier den Begriff der „Verantwortung" (auch die für das Gemeinwohl, Stichwort „Corporate Social Responsibility") ein?

Ich meine, in erster Linie muss, wer führt, Verantwortung für Menschen und die Dinge, die um die Menschen herum sind – also für die Umwelt

– übernehmen. Das ist das Allerwichtigste. Und damit sind wir schon beim Thema Nachhaltigkeit. Wer so führt, dass die Ressourcen, die ihm anvertraut sind, nicht zerstört, verbraucht oder unbrauchbar gemacht werden oder dass sie Not leiden, der handelt sinnhaft auf ethischer Grundlage. Damit entfernt man sich automatisch vom herrschenden linearen Denken in der Wirtschaft – und das ist auch nötig: Wir müssen zurück zu einem Kreislaufdenken, denn alles basiert, wie in der Natur, auf Kreisläufen, auch das Wirtschaftsleben: „vier Jahreszeiten“ mit ihrem Auf und Ab, mit Saat, Blüte, Erntezeit, Niedergang.

Auch beim Führen von Menschen gibt es unterschiedliche „Zeiten“ – des Aufbauens, des Lernens und dann die der „Reife“, in denen die Menschen ihre beste Leistung liefern, ohne sich dabei zu übernehmen. Schließlich kommt die Zeit des Älterwerdens, dann sind die Menschen nicht mehr so stark belastbar und dürfen nicht überfordert werden. Dass sich das auch in der Gegenleistung ausdrückt, dass also jemand, der weniger leistet, auch weniger Geld verdient, ist nur normal. Und es „passt“ ja in der Regel auch: Der 60-Jährige hat sein Häuschen abbezahlt, die Kinder sind aus dem Haus. Er kann's sich leisten, mal 20 Prozent weniger zu verdienen, ohne bei seinem Wohlstand Abstriche machen zu müssen. Zusammengefasst: Ethische Führung richtet sich ganz allgemein nach dem natürlichen menschlichen „Wesen“ und übernimmt im Besonderen die Verantwortung für die Menschen so, dass keiner „übernutzt“ wird, sondern den persönlichen Anlagen und dem Alter entsprechend gefordert wird.

Welche Werte sind Ihnen besonders wichtig bei der Führung Ihres eigenen Unternehmens? Haben sich diese Werte im Lauf der Zeit für Sie „herausgeschält“ oder sind sie Ihnen schon von Ihren Eltern mitgegeben worden?

Mir sind natürlich viele Dinge von den Eltern mitgegeben worden, denn unser Unternehmen ist seit sechs Generationen, konkret seit 206 Jahren, in der Familie – Beweis für eine gewisse Nachhaltigkeit.

Die Werte, die mir meine Eltern mitgegeben haben, beruhen auf dem Ziel der „Arterhaltung“, das ist ja das Ziel der Schöpfung, das in unserer Biologie verankert ist. Dabei kommt es allerdings auf das Wie an, und das prägt auch das Selbstverständnis des Unternehmens. Es beruht auf drei Säulen: Sorge dafür, dass du wirtschaftlich mit den Dingen umgehst, sorge dafür, dass du anständig mit den Menschen umgehst, die dir anvertraut sind, und sorge dafür, dass du die Umwelt nicht schädigst, so dass die, die nach dir kommen, die gleichen Chancen haben wie du selber.

Welche Erfahrungen machen Sie als Unternehmer auf der Basis dieser Werte mit den Mitarbeitern, welches Feedback (direkt oder indirekt), auch von der Außenwelt (Geschäftspartner, privates Umfeld), erfahren Sie?

Positive Rückmeldungen bekomme ich vor allem von aufgeklärten Menschen; sie halten unser Unternehmenskonzept für gut und richtig. Aber es ist auch klar, dass ich mich mit meiner Positionierung pro Nachhaltigkeit in vielen Bereichen außerhalb des Mainstreams befinde und dass ich mit meinen Werten eine „Pol-Position" einnehme, die entsprechende Gegenpole erzeugt. Das heißt, ich ecke mit meinen Meinungen natürlich eher an als so mancher Unternehmer, der meint: „Ach, naja, Werte – ich schwimm' doch lieber mit dem Strom, als mich zu positionieren." Je stärker wir zum Beispiel das Unternehmen nach unserer Öko-Orientierung ausgerichtet haben, umso stärker blies uns der Gegenwind von Seiten der Öko-Gegner ins Gesicht. Und von denen gibt es nicht wenige. Manche Menschen fühlen sich angegriffen, wenn sich einer als extremer Umweltschützer zeigt. Die sagen: „Ich will meine Blechdosen und meine Zigarettenschachteln wegwerfen, wo ich will; die ständigen Mahnungen der Umweltschützer, das sei nicht ökologisch, gehen mir auf die Nerven."

Es ist also klar: Man muss sich positionieren, muss polarisieren und sich bewusst sein, dass sich die Gegenposition prompt formiert. Damit muss auch ich leben können. Und ich kann damit ganz gut leben, weil ich weiß, dass ich einem Grundgesetz unserer Schöpfung folge.

DER WERT (DER) LEISTUNG

Wo in Ihrer Werte-Skala würden Sie den Wert (von) „Leistung" einordnen?

Für mich hat die ökonomische Leistung den gleichen Stellenwert wie die Sozialleistung und die Umweltleistung. Viele Unternehmer sagen ja, Leistung ist das A und O. Die interessieren sich dabei nur für die Ökonomie und erwarten das auch von anderen. Sie beschränken auch ihren Auftrag als Unternehmer auf das Ziel des Profits, den des Shareholders, des Unternehmens und des eigenen. Ihr Credo lautet: „Wir sind dazu da, den Markt mit Gütern und Dienstleistungen zu versorgen. Und alles, was diesem Ziel dient, ist in Ordnung. Der Rest interessiert uns nicht." Ich sehe das anders: Leistung ist ein Teil des Ganzen, der nicht unterschätzt, aber auch nicht überschätzt werden darf – sie ist eingebettet in unsere soziale Verantwortung und in unsere Umweltverantwortung.

Was erwarten Sie in Bezug auf Leistung von Ihren Mitarbeitern, und wie motivieren Sie sie?

Ich habe die Erfahrung gemacht, dass die stärkste Motivation gute Ziele sind. Der Unternehmer muss klare und auch gute Ziele postulieren und sich dann Mitarbeiter suchen, die sagen: „Diese Ziele kann ich auch für mich selber, für mich privat unterschreiben." Dann läuft alles mehr oder minder wie von selbst. Denn dann sind persönliche Grundhaltung, persönliche Sichtweise und unternehmerische Zielsetzung deckungsgleich. Wenn Sie das schaffen, dann haben Sie Mitarbeiter, die nie mehr „arbeiten" müssen – die gehen eigentlich nur noch ihrem Hobby nach.

Sie kennen ja diese schöne Parabel, wo einer in den Steinbruch kommt und sieht, wie die Arbeiter da schuften und mit verbitterten Mienen Steine klopfen. Nur einer ist darunter, der mit Freude auf seinen Steinen herumhämmert. Und der Besucher fragt ihn: „Warum bist Du denn so positiv eingestellt? Die anderen machen alle böse Gesichter, weil sie sich ausgebeutet fühlen." Der frohe Steineklopfer antwortet ihm: „Ich klopfe ja hier nicht bloß Steine, sondern ich trage meinen Teil zum Bau einer Kathedrale bei. Das motiviert mich." Und genauso versuche ich auch, meine Mitarbeiter zu motivieren.

Wie definieren Sie Leistung für sich selbst?

Leistung entsteht, wenn ich einen Mehrwert schaffe. Und zwar nicht nur materiell, sondern auch ideell. Ein Mehrwert, der nur im materiellen Wachstum bestünde, wäre für mich keine echte oder vollständige Leistung. Vielmehr muss das Wachstum auf allen Ebenen, auch im spirituellen Bereich stattfinden. Ich hätte meine Lebensziele nicht erreicht, wenn jemand am Ende meines Lebens über mich sagen würde: „Er hat zwar viel Geld verdient, aber er ist nicht weise geworden." Dann hätte ich etwas falsch gemacht.

DIE NEUE FÜHRUNG

Die Bildungsmisere ist, besonders unter dem Schlagwort „PISA", seit Jahren ein Thema. Wie muss eine „(Menschen-)Bildung" beschaffen sein, die einerseits breit gefächerte Chancen bietet, andererseits eine Elite prägt, die die künftigen Führungspersönlichkeiten dieses Landes stellen soll?

Bildung fängt nach meiner Überzeugung in den ersten Lebensmonaten an. Kinder, die in den ersten Lebensmonaten und -jahren keine gleich bleibende Beziehungsperson haben, denen fehlt im ganzen späteren Leben etwas sehr Wichtiges, nämlich Bindungsfähigkeit. Viele junge Mütter nutzen das Fernsehgerät als Babysitter. Damit sorgen sie für irreparable Schäden bei ihren Kindern, das wissen wir. Oder Gameboy und Playstation – die beeinträchtigen die Konzentrationsfähigkeit der Kinder in der Schule und in Bezug auf ihre Aufgaben. Und ich glaube auch, dass bei solchem „Spielzeug“ eine Menge Kreativität auf der Strecke bleibt. Die Schule, die Lehrer, sollen diese Defizite dann „reparieren“. Aber das funktioniert nicht.

Wir müssen also wieder umdenken, uns um ein ganzheitliches Bildungs- und Erziehungssystem bemühen, wenn wir eine echte „Menschenbildung“ haben wollen, durch die sich auch Führungspersönlichkeiten mit Charisma entwickeln können. Das kann die heutige Bildungspolitik nicht leisten. Wir müssen wieder investieren in Eltern und ihre Erziehungskompetenz. Und die Schule muss fördern und fordern und, jawohl, aussieben. Die so lange falsch verstandene „soziale Gerechtigkeit“, die uns so wichtig ist und dabei so schwammig, so beliebig interpretierbar verwendet wird, hat uns dahin gebracht, dass heute jeder Schüler jedes Zertifikat bekommen kann, wenn er sich nur ein bisschen geschickt anstellt. Ein Schulzeugnis ist heute kein Beweis mehr für besondere Fähigkeiten, zum Beispiel etwa für Führungskompetenz.

Ein konkretes Beispiel aus unserem Unternehmen: Wir haben derzeit in unserem Unternehmen drei Trainee-Stellen neu zu besetzen. Dafür sind achtzig Bewerbungen bei uns eingegangen. Vierzig haben wir im Vorfeld aussortiert, die anderen vierzig haben wir in einem Messverfahren sehr intensiv gefordert. Danach blieben gerade zehn übrig, die wir zu einem persönlichen Gespräch gebeten haben. Von diesen zehn konnten wir zwei einstellen, die dritte Stelle ist immer noch nicht besetzt. Und das waren alles Studienabgänger von deutschen Universitäten oder Fachhochschulen, alle mit Abschluss. Ich finde, eigentlich müsste man bei achtzig Bewerbern davon ausgehen können, dass siebzig für den Job geeignet sind. Aber wie man sieht, kann man bei uns heute auf jedes Zertifikat hinarbeiten – ob das ein Schul- oder Umschulzeugnis ist oder der vorzeitige Rentenbescheid. Man braucht nicht qualifiziert zu sein oder entsprechende Leistung zu erbringen, nur geschickt anstellen muss man es. Bildung muss sich ändern in Deutschland. Ich halte das Ausleseprinzip nicht für unvereinbar mit sozialer Gerechtigkeit. Denn hätte unser Schöpfer gewollt, dass wir alle gleich sind, dann hätte er uns alle gleich gemacht. Dann hätte er auch in der Natur alles gleich gemacht. Aber er hat, glaube ich, bewusst den Unterschied zum Prinzip gemacht. Warum das so ist, weiß ich nicht, aber es ist so.

Eine der Thesen dieses Buches lautet: Wir brauchen Visionen (und Visionäre). Würden Sie diese These unterstützen? Und welche Vision(en) hatten Sie selbst, als Sie Unternehmer wurden?

Meine Vision war immer die, dass ich ein erfolgreicher Unternehmer werde, ohne dass ich dabei die Welt für meine Nachkommen verschlechtere. Eher im Gegenteil: Ich wollte immer mithelfen, bereits vorhandene Schäden zu reparieren und neue, positive Situationen zu schaffen.

Eine weitere wesentliche These in diesem Buch: Die Elite, aus der sich die Führung in Politik, Wirtschaft und Wissenschaft rekrutiert, muss sich auf Werte besinnen, die durch die Shareholder-Value-Mentalität in der Weltwirtschaft zurückgedrängt wurden, und die Diskussion darüber fördern und füttern. Welche Folgen hätte es aus Ihrer Sicht, wenn das nicht gelingt?

Das Monopol des Kapitals führt zur Revolution, das scheint mir eine klare Gesetzmäßigkeit. Und das hatten wir ja schon diverse Male, in Russland zum Beispiel, und auch heute gibt es Aufstände gegen das Monopol des Kapitals, in Südamerika und anderswo. Es kann nicht angehen, dass die Güter dieser Welt so ungleich verteilt sind. Und ausschließlich den Shareholder Value zu bedienen, würde zu einer Kapital-Monopolisierung führen, und das kann nicht gut sein. So einfach ist das.

Einem Teil des Führungsnachwuchses ist mittlerweile bewusst, dass es für Umdenken und Umkehr im wirtschaftlichen wie im sozialen Miteinander höchste Zeit ist. Die Initiative wertebewusste Führung beispielsweise zeigt sich auf ihrer Homepage „frustriert (...) von täglich neuen Beispielen, wie im Management Werte wie Fairness, Ehrlichkeit und Verantwortung missachtet werden. (...) Wir sind überzeugt, dass Werte-Orientierung und Wert-Schöpfung zwei Seiten einer Medaille sind." Glauben Sie, dass solche Initiativen eine Chance haben, sich durchzusetzen – also in großem Maßstab wirksam zu sein? Welches Vorgehen würden Sie anraten?

Also ich bin der Meinung, dass wir zusätzliche Spielregeln in unserem Marktgeschehen brauchen. Es hat sich ja herausgestellt, dass wir dieser Gesetzmäßigkeit des „Skalen-Effektes", dieser so genannten „Economy of Scale" nicht richtig Rechnung tragen können. Das ist ein rein wirtschaftliches, ökonomisches Prinzip, das zwar funktioniert, sogar sehr gut, aber wir müssen es flankieren mit sozialen und Umweltschutz-Maßnahmen. Je konzentrierter eine Produktion an einer bestimmten Stelle durchgeführt wird, umso preiswerter ist das, das wissen wir alle. Aber dabei bleiben soziale und ökologische Belange auf der Strecke.

Typisches Beispiel: die Hardcore-Discounter in Deutschland. Sie verkaufen die billigsten Waren, haben die am schlechtesten bezahlten Mitarbeiter, den geringsten Sozialstandard, bieten im Verhältnis zu ihrem Output die wenigsten Arbeitsplätze, verursachen die größten Umweltschäden, weil die weitesten Transporte durchgeführt werden, weil der größte Verpackungsaufwand getrieben wird und so weiter. Aber sie haben die höchste Umsatzrendite im Lebensmittelhandel. Hier gilt es, neue Spielregeln aufzustellen: Die Verkaufspreise müssen endlich die sekundären Kosten mit einschließen: Transportkosten, Straßenschäden durch Transport, Luftverschmutzung durch den Transport, Entsorgungskosten für Verpackungsmaterialen, Sozialkosten, die durch fragwürdige Qualität der Produkte hervorgerufen wurden, zum Beispiel Gesundheitskosten. Wir brauchen also noch ein paar zusätzliche Spielregeln, die dafür sorgen, dass wir eine ökologisch-soziale Marktwirtschaft bekommen.

FÜHRUNG UND SPIRITUALITÄT

Wie wichtig ist Spiritualität für Sie als Individuum und besonders als Geschäftsmann in Ihrer Position? Würden Sie kurz beschreiben, was Sie für sich darunter verstehen?

Geistige und geistliche Auseinandersetzung mit den Dingen und Verhältnissen des Lebens, das ist für mich die Beschreibung von Spiritualität. Und auch die Suche nach dem Sinn, nach einem Lebenssinn. Oder andersherum formuliert: All dem, was ich tue, auch einen Sinn zu geben – das ist für mich als Unternehmer Spiritualität. Und ich glaube, das entspricht auch dem, was ich tatsächlich mache.

Haben Sie ein bestimmtes Credo, einen Lieblings-Sinnspruch?

Mein Credo ist, dass es auf dieser Welt nichts Isoliertes gibt, sondern alles hängt mit allem zusammen. Und: Wir haben die Materie, wir haben die Seele und wir haben den Geist. Und diese drei Dinge müssen wir achten, in gleichem Maße berücksichtigen, wertschätzen. Schließlich: Die benediktinische Regel „Ora et labora“ – das ist schon eine gute Lebensphilosophie.

INTERVIEW

Karl Ludwig Schweisfurth
Gründer und Leiter der Herrmannsdorfer Landwerkstätten in Glonn (Bayern)

„In einer Zeit, da uns das Vertrauen in unser tägliches Brot und das Wissen um den Ursprung unserer Lebensmittel abhanden gekommen ist, gehen die Herrmannsdorfer Landwerkstätten zurück zu den Wurzeln, den überlieferten naturgemäßen Formen des Ackerbaus, der Viehzucht, der Lebensmittelverarbeitung und zu einer gesunden, bewussten Ernährungsweise."[183] So formulieren die Herrmannsdorfer Landwerkstätten, Mittelpunkt eines Netzwerkes von etwa siebzig ökologisch wirtschaftenden Bauern und Herstellern in und um Glonn nahe München, ihr Selbstverständnis. Ökologisch erzeugte Pflanzen und Tiere, ein Verbund von Metzgerei, Bäckerei, Käserei und Brauerei wie „früher" auf dem Land, allerdings mit einem ganz anderen Bewusstsein: Hinter den „Herrmannsdorfer Landwerkstätten" steht das nachhaltige Leitbild eines achtsamen Umgangs mit allem Leben und Lebensnotwendigen, und vor allem Karl Ludwig Schweisfurth, der Gründer dieser Organisation. Früher Chef der Herta Wurstwaren-Fabrik, eines Industriebetriebs durch und durch, ist er einer Vision gefolgt, deren Konkretisierung Vorbildcharakter in vielerlei Hinsicht hat.

FÜHRUNG UND ETHIK

Was halten Sie von der geltenden bzw. praktizierten Wirtschaftsethik in Deutschland und im globalisierten Markt? Inwiefern ist sie Ihrer Meinung nach veränderungsbedürftig und warum?

Von einer praktizierten Wirtschaftsethik kann in Deutschland überhaupt keine Rede sein. Wir sind ethisch und moralisch heruntergekommen. Ich nenne das die „Lidl-isierung" der Wirtschaft. Wir opfern soziale Werte, wir opfern kulturelle Werte um des billigen Preises willen. Wenn ich mir die Praktiken mancher Billigunternehmen in Handel und Industrie anschaue, wie die mit ihren Mitarbeitern umgehen, dann kann ich nur schaudern.

Wie sollten Ihrer Ansicht nach die wichtigsten Merkmale einer „Ethik der Führung/des Managements“ aussehen? Wie ordnen Sie hier den Begriff der „Verantwortung“ (auch die für das Gemeinwohl, Stichwort „Corporate Social Responsibility“) ein?

Ich denke, wir brauchen eine wirkliche Erneuerung unserer ganzen Gesellschaft. Wie das konkret aussehen kann? Ich muss gestehen, ich habe darauf keine Antwort. Aber für mich sieht es so aus, dass unsere Gesellschaft viele ihrer Werte verloren hat, auf die wir doch in Europa stolz sind. Auf diese Werte müssen wir uns rückbesinnen, die uns ja nach wie vor teuer sind. Stichwort Verantwortung: Die muss wieder jeder für sich und teilweise auch für andere übernehmen und nicht von sich schieben und anderen aufbürden. Ob die Kirchen dabei eine Rolle spielen können, weiß ich nicht. Sie sind meiner Ansicht nach inzwischen von praktischen Problemen der Menschen zu weit entfernt. Aber sie werden noch gehört.

Welche Werte sind Ihnen besonders wichtig bei der Führung Ihres eigenen Unternehmens? Haben sich diese Werte im Lauf der Zeit für Sie „herausgeschält“ oder sind sie Ihnen schon von Ihren Eltern mitgegeben worden?

Ich bin aufgewachsen in der Zeit des Wiederaufbaus nach dem Krieg. Für meinen Vater, der ein sehr erfolgreicher Unternehmer in der Ernährungswirtschaft war, galt das Wort: Der Mensch steht im Mittelpunkt des Unternehmens. Das hat er auch praktisch gelebt: Sein Wort war gleichzeitig sein Handeln. Ich bin also mit diesem Wertekodex groß geworden.

Als ich das Unternehmen Herta geführt habe, bis Mitte der 80er Jahre, war das auch für mich praktizierter Alltag, mich um die Mitarbeiter zu kümmern, großzügige soziale Leistungen zu gewähren und dafür zu sorgen, dass die Arbeitsplätze nicht nur rationell und technisch perfekt, sondern vor allen Dingen auch schön und angenehm waren. Aber schon damals, vor mehr als zwanzig Jahren, habe ich gespürt, dass ich das alles unter diesen Umständen der Großindustrie nicht würde durchhalten können. Meine sozialen Werte, meine Werte für Qualität, meine Werte für Schönheit der Fabriken, für die Menschen. Es war nicht möglich, das im Betrieb zu leben angesichts dieser Form des Wettbewerbs, in dem Billigeinkäufer dafür sorgen, dass die Verkaufspreise sinken und sinken.

Weil ich diese Werte aber nicht aufgeben wollte, habe ich mich dann von meinem Unternehmen Herta getrennt, weil ich spürte, von dort aus würde ich nichts ändern können. Ich habe dann noch einmal vollkommen neu angefangen mit den Herrmannsdorfer Landwerkstätten in der Nähe von München, wo ich versuche – und mittlerweile auch mein Sohn –, diese Werte zu pflegen und weiterzugeben.

Welche Erfahrungen machen Sie als Unternehmer auf der Basis dieser Werte mit den Mitarbeitern, welches Feedback (direkt oder indirekt), auch von der Außenwelt (Geschäftspartner, privates Umfeld), erfahren Sie?

Meine Erfahrungen bei der Mitarbeiterführung waren in meiner alten Welt bei Herta grundsätzlich dieselben wie in der neuen Welt bei den Herrmannsdorfer Landwerkstätten: Es zahlt sich aus, sich um die Mitarbeiter zu kümmern, für sie da zu sein, ihnen Vorbild zu sein, mit ihnen zu arbeiten, präsent zu sein. Ganz einfach „Guten Tag" zu sagen, auch mal danach zu fragen, wie es jemandem geht. Und wenn man hört, dass es irgendwelche Probleme gibt, nach den Problemen zu fragen. Und ich stelle fest, dass die „Herrmannsdorfer" spüren, dass diese ganze nachhaltige Wirtschaft, die wir hier pflegen, eine besondere Qualität hat und es auch ein Ausdruck der Wertschätzung des Unternehmers ist, die er seinen Mitarbeitern entgegenbringt. Und auch die Außenwelt, die Kunden, nehmen das wahr, kommen hierher und freuen sich und sagen, hier ist alles so ganz anders, so schön, so sollte es doch eigentlich auch sein.

Die Reaktionen von Politikern oder Verbänden sind eher dürftig. Ich stelle auch fest, dass die Politik in den wirklich großen Fragen unserer heutigen Zeit hilflos ist. Die Probleme sind aber auch so groß geworden inzwischen, dass ich die Politiker nicht beneide. Einfache Antworten gibt es wohl nicht, und diese angesprochene Rückbesinnung auf die wesentlichen Werte und die angesprochene Erneuerung der ganzen Gesellschaft ist natürlich schwierig und langwierig.

DER WERT (DER) LEISTUNG

Wo in Ihrer Werte-Skala würden Sie den Wert (von) „Leistung" einordnen?

Den Wert von Leistung setze ich sehr hoch an. Sie ist aber immer eine Frage von Geben und Nehmen. Ich gebe eine Leistung, aber dafür erwarte ich auch eine Gegenleistung. Das ist im Gerechtigkeitsgefühl des Menschen so angelegt. Ich kann nicht Leistung nur verlangen, ohne selbst bereit zu sein, entsprechende „Zurück"-Leistung zu erbringen.

Was erwarten Sie in Bezug auf Leistung von Ihren Mitarbeitern, und wie motivieren Sie sie?

Ich erwarte natürlich von den Mitarbeitern eine ganz bestimmte Leistung, wie sie in der gegenseitigen Vereinbarung, dem Arbeitsvertrag, beschrieben ist. Aber dafür muss ich die Rahmenbedingungen schaffen. Einfach einen Leistungskatalog aufzuschreiben und diese Leistung dann mit teilweise unmoralischen Methoden, mit Gewalt und Druck einzufordern wie bei vielen der Billigheimer – so geht es nicht. Ich als der Arbeitgeber muss den Mitarbeitern ein Umfeld schaffen im Unternehmen, das dafür sorgt, dass sie morgens gerne zur Arbeit kommen und dass sie stolz sind auf das, was sie tun. Dazu muss ich ihnen auch ein gewisses Maß an Selbstständigkeit zugestehen. Von einem Fließbandarbeiter, der nur noch einen einzigen, entsetzlich langweiligen Handgriff macht in einem großen Geschehen, das er überhaupt nicht überblicken kann, von dem kann ich nicht Stolz und Freude bei der Arbeit erwarten. Und den kann ich dann höchstens noch über Akkordzahlungen motivieren. Aber das ist doch nicht die Richtung, die wir für die Zukunft einschlagen sollten.

Wie definieren Sie Leistung für sich selbst?

Ich stelle an mich die gleiche Leistungserwartung wie an meine Mitarbeiter, vielleicht ein wenig meinem Alter angepasst – 76 bin ich jetzt. Aber selbstverständlich will ich Leistung erbringen im Betrieb, auf den Gebieten, auf denen ich aufgrund meiner Erfahrungen und Erkenntnisse kompetent bin, denen als Unternehmer und denen als Lebensmittel-Handwerker. Aber natürlich will ich als Unternehmer auch für die Gesellschaft etwas leisten.

DIE NEUE FÜHRUNG

Die Bildungsmisere ist, besonders unter dem Schlagwort „PISA", seit Jahren ein Thema. Wie muss eine „(Menschen-)Bildung" beschaffen sein, die einerseits breit gefächerte Chancen bietet, andererseits eine Elite prägt, die die künftigen Führungspersönlichkeiten dieses Landes stellen soll?

Ich kann das Wort „Elite" und „Eliteförderung" schon gar nicht mehr hören. Da werden doch Menschen nur getrimmt, damit sie nachher in der Wirtschaft, so wie sie heute ist, gut funktionieren, wie ein Rädchen in einem großen Getriebe. Und ich kann auch das Wort „Innovationen" nicht mehr hören. Die Kreativität von Menschen, von Wissenschaftlern und Forschern, führt dazu – so sehe ich das wenigstens –, dass Produktion und die Dienstleistung immer mehr automatisiert werden. Diese gewaltige Innovationswelle der letzten 30 Jahre hat dazu geführt, dass unser Leben fast vollständig automatisiert ist. Ursprünglich sollte die Technik das Leben einfacher gestalten, der Wunschtraum ist doch inzwischen zum Albtraum geworden. Die meisten Menschen gehen morgens nicht mehr gerne zu ihrer Arbeit, weil sie langweilig ist und häufig Druck gemacht wird; von Freude keine Rede mehr, aber sie müssen diese Arbeit verrichten, weil sie leben müssen.

Und zum Stichwort Bildung und „PISA“: Ich habe mir vorgenommen, mit der Kraft und den Möglichkeiten, die ich habe, bei den Kleinen anzufangen. Die Sechs-, Acht-, Zehnjährigen, diese kleinen Riesen, die noch ganz offen sind und ganz neugierig, denen möchte ich die Möglichkeit geben, wenigstens eine Zeitlang aus ihrer virtuellen Welt, und zu der zählt ja heute das Lebensumfeld mit der ganzen Elektronik, herauszukommen. Sie in die Natur hineinsetzen, in ein Stück Wildnis, das aber pädagogisch geordnet ist. Dort sollen sie dann ein oder zwei Wochen ganz intensiv in der Natur leben, mit den Tieren, mit den Pflanzen, damit sie wieder ein Gefühl dafür kriegen, was Natur ist und wovon wir eigentlich wirklich leben. Wir leben ja nicht von der Innovationsgesellschaft und auch nicht von der Informationsgesellschaft und nicht von der Dienstleistungsgesellschaft. Wir leben immer noch von der Natur und davon, was die Natur uns gibt.

Eine der Thesen dieses Buches lautet: Wir brauchen Visionen (und Visionäre). Würden Sie diese These unterstützen? Und welche Vision(en) hatten Sie selbst, als Sie Unternehmer wurden?

Natürlich brauchen wir Visionen! Ich halte Visionen für etwas außerordentlich Wichtiges und unterscheide sie von Utopien. Utopien sind Träume, von denen man eigentlich weiß, dass sie in dieser Welt nicht zu verwirklichen sind. Aber Visionen sind außergewöhnliche Ziele, die man sich selber stellt und klar formuliert, und die, auch wenn sie noch so verrückt klingen mögen und außergewöhnlich erscheinen, durchaus realisierbar sind. Und wir brauchen Visionäre, die ihre Visionen vermitteln und verwirklichen.

Vor über zwanzig Jahren hatte ich selbst eine solche Vision, und darauf bin ich stolz und bin auch dankbar. Ich hatte den Mut und dazu Glück, sie auch zu verwirklichen. Das war die Vision eines anderen, eines achtsamen Umgangs mit der Natur: mit Menschen, Tieren, mit Pflanzen und mit dem Boden, also mit allem, was uns umgibt und was man heute schlicht „Umwelt“ nennt. Ich hatte die Vision, „Lebens-Mittel“ zu erzeugen, die wortwörtlich Mittel zum Leben sind, nicht nur bloße Nahrung und möglichst billig. Und ich hatte die Vision, dass das nur funktioniert mit konsequent ökologischem Denken und Handeln, mittels Handwerk und auf die Region begrenzt, im Gegensatz zur industriellen und globalen Herstellungsweise. Die Verwirklichung dieser Vision hat Jahre und Jahre gebraucht, und man hat mir den Vogel gezeigt und mich für verrückt erklärt. Heute ist dieses Herrmannsdorf, diese Vision, zu einem Leuchtturm geworden und dient als Vorbild und als Möglichkeit, gegen die Lidl-isierung zu steuern.“

Eine weitere wesentliche These in diesem Buch: Die Elite, aus der sich die Führung in Politik, Wirtschaft und Wissenschaft rekrutiert, muss sich auf Werte besinnen, die durch die Shareholder-Value-Mentalität in der Weltwirtschaft zurückgedrängt wurden, und die Diskussion darüber fördern und füttern. Welche Folgen hätte es aus Ihrer Sicht, wenn das nicht gelingt?

Das Shareholder-Value-Denken hat fatale Auswirkungen gehabt und dieser internationale Konkurrenzdruck natürlich auch. Das hat die Führung, die Top-Manager, korrumpiert. Ich beneide sie nicht: Sie müssen, unter dem Druck von Analysten und Aktionären, immer auf den kurzfristigen Erfolg schauen. Und sie müssen funktionieren, Wachstum erreichen, steigende Umsätze, steigende Gewinne, sonst sind sie weg vom Fenster. Wer heute ein Unternehmen führt, ist ja nicht mehr in der Form „freier Unternehmer" wie mein Vater das gewesen ist und ich das bei Herta war und heute immer noch bin. Das sind doch im Grunde arme Schweine, die Dinge tun müssen, die sie weiß Gott nicht gerne tun. Das gilt heute für so viele Menschen.

So können meiner Meinung nach diese Wirtschaft und diese Gesellschaft nicht weiter funktionieren. Es wird sich etwas verändern, und das wird schneller gehen als der Untergang des Römischen Reiches. Welche Folgen es hätte, wenn es nicht gelingt, zu Moral und Ethik in der Gesellschaft und im Umgang miteinander und mit der Natur zurückzukehren? Dann gibt es einen katastrophalen Zusammenbruch. Wenn wir nicht aufpassen, dann ist dieser katastrophale Zusammenbruch, mit Auswirkungen, die wir noch gar nicht überblicken und einschätzen können, nicht mehr weit.

Einem Teil des Führungsnachwuchses ist mittlerweile bewusst, dass es für Umdenken und Umkehr im wirtschaftlichen wie im sozialen Miteinander höchste Zeit ist. Die Initiative wertebewusste Führung beispielsweise zeigt sich auf ihrer Homepage „frustriert (...) von täglich neuen Beispielen, wie im Management Werte wie Fairness, Ehrlichkeit und Verantwortung missachtet werden. (...) Wir sind überzeugt, dass Werte-Orientierung und Wert-Schöpfung zwei Seiten einer Medaille sind." Glauben Sie, dass solche Initiativen eine Chance haben, sich durchzusetzen – also in großem Maßstab wirksam zu sein? Welches Vorgehen würden Sie anraten?

Meine persönliche Meinung ist, dass die ganzen reinen Appelle in Sachen Rückbesinnung auf Werte wie Fairness, Ehrlichkeit und Verantwortung, von welcher Initiative auch immer, dass die alle für die Katz' sind. Wie soll denn ein Manager reagieren, wenn sein Unternehmen Verluste macht und er sich fragen muss: „Soll ich Pleite machen oder Mitarbeiter entlassen?" Was soll denn der Kerl tun?

Ich glaube, eine echte Veränderung zum Besseren hin gibt es nur, wenn immer mehr Menschen aus dieser Wirtschaft und aus dieser Gesellschaft aussteigen und sagen: „Ich steige um. Ich suche oder gründe ein Unternehmen, das es mir erlaubt, mich von diesen Zwängen des globalisierten Marktes zu befreien." Das ist möglich! Ich kenne genügend Beispiele von Unternehmern, die sagen: „Ich mache das nicht mehr mit. Ich lasse mich nicht mehr erpressen. Ich lasse mich nicht mehr zwingen, Dinge zu tun, die ich nicht tun will. Ich gebe auf und fange noch einmal irgendwo klein und bescheiden und von vorne an." Und dieser Neuanfang, klein und bescheiden, aber bestimmt von Werten und Qualität, der ist nicht in allen, aber in vielen Bereichen unserer Wirtschaft möglich. Hier sehe ich eine Chance.

FÜHRUNG UND SPIRITUALITÄT

Wie wichtig ist Spiritualität für Sie als Individuum und besonders als Geschäftsmann in Ihrer Position? Würden Sie kurz beschreiben, was Sie für sich darunter verstehen?

Spiritualität ist für mich etwas außerordentlich Wichtiges. Aus diesem Grunde bin ich den Jakobsweg gegangen und gehe wandern, wann immer ich kann, meist allein. Das Thema Spiritualität kommt vor allem auf, wenn man älter wird und sich die Frage immer öfter stellt: „Warum bin ich eigentlich hier auf diesem Planeten Erde? Was kann ich tun? Was kann ich erwarten?" Das Nachdenken über sich und die Welt bleibt keinem Menschen erspart. Und zu diesem Zweck muss er auch ab und zu mal raus aus dem Alltag. Meine Frau und ich fasten seit dreißig Jahren einmal pro Jahr vierzehn Tage. Dabei geht es nicht nur darum, den Körper von Müll zu befreien, der sich im Laufe der Zeit angesammelt hat, sondern auch den Kopf; still zu sitzen, sich nach innen zu kehren, alleine zu sein bei der inneren Suche nach Antworten.

Haben Sie ein bestimmtes Credo, einen Lieblings-Sinnspruch?

Einen bestimmten Sinnspruch? – Nein, habe ich nicht. *Viele* habe ich, nicht nur einen einzigen.

INTERVIEW

Wolfgang Grupp
Inhaber und Geschäftsführer der Trigema GmbH & Co. KG, Burladingen

Jeder kennt Wolfgang Grupp aus dem Fernsehen. Der Werbespot direkt vor der Tagesschau hat ihm und seiner Firma, der Trigema GmbH & Co. KG in Burladingen, bundesweite Aufmerksamkeit verschafft. Das 1919 gegründete Unternehmen ist laut Eigenwerbung „Deutschlands größter T-Shirt-, Sweatshirt- und Tennis-Bekleidungs-Hersteller" und einer der erfolgreichsten Textilbetriebe in Deutschland. Die Firma beschäftigt 1.200 Mitarbeiter und stellt in einer vierstufigen Produktion vom Baumwollfaden bis zum fertigen T-Shirt alles im eigenen Haus her.

Inhaber Wolfgang Grupp hat in 37 Jahren noch nie Kurzarbeit angeordnet oder einen Mitarbeiter wegen Arbeitsmangels entlassen. Sein besonderes Verantwortungsgefühl für seine Mitarbeiter machte aus der Firma eine „Betriebsfamilie". Grupp setzt konsequent auf den Produktionsstandort Deutschland und bestreitet, was viele Unternehmer als Begründung für die Produktionsverlagerung ins Ausland anführen: die zu hohen Arbeitskosten. Deutsche Arbeitsplätze seien nicht zu teuer, „wenn die Arbeitskraft richtig eingesetzt, motiviert ist und die Leistung in ein verkaufbares Produkt eingeht. Dies aber ist die Aufgabe von uns Unternehmern."[184]

FÜHRUNG UND ETHIK

Was halten Sie von der geltenden bzw. praktizierten Wirtschaftsethik in Deutschland und im globalisierten Markt? Inwiefern ist sie Ihrer Meinung nach veränderungsbedürftig und warum?

Davon halte ich nicht viel: Viele Entscheidungen basieren auf Egoismus, es geht nur um Größe und Gewinn, und die Verantwortung ist stark in den Hintergrund gerückt. Die verantwortlichen Personen haften nicht für ihre Handlungen. So kann es nicht weitergehen, das muss sich ändern. Und diese Änderung kann nur darin bestehen, dass die Verantwortlichen in den Unternehmen auch persönlich für ihre Entscheidungen geradestehen müssen. Dann werden sie vorsichtiger entscheiden, vorher mehr nachdenken und können sich ihre Arroganz nicht mehr erlauben. Das heißt, sie müssen dann die Verantwortung, die ihr Job mit sich bringt, auch wirklich übernehmen. Wenn ein Top-Manager sich bewusst ist, dass er am Misserfolg ebenso beteiligt wird wie am Erfolg, wird er sich sorgfältiger überlegen, was er tut, und zurückhaltender auftreten. Aber wenn eine größenwahnsinnige Spitzenkraft für ihre oft unverantwortlichen Entscheidungen auch noch mit Unsummen belohnt wird, ganz unabhängig vom Erfolg, was wir zigmal erleben konnten, dann dürfen wir uns nicht wundern, wenn unser einst so gelobtes Wirtschaftsland von solchen Leuten zugrunde gerichtet wird.

Wie sollten Ihrer Ansicht nach die wichtigsten Merkmale einer „Ethik der Führung/des Managements" aussehen? Wie ordnen Sie hier den Begriff der „Verantwortung" (auch die für das Gemeinwohl, Stichwort „Corporate Social Responsibility") ein?

Ethische Führung heißt für mich, dass der Unternehmer Erfolg nicht allein an den Bilanzen abliest, dass er ihn nicht nur mit Gewinn gleichsetzt. Zum Erfolg gehört auch, dass die, die ihn mit geschaffen haben, nämlich die Mitarbeiter, sich in dem Unternehmen, für das sie arbeiten, wohl fühlen und Freude an der Arbeit haben, dass sie stolz sind auf „ihre" Firma und ihren Anteil am Erfolg. Das halte ich für enorm wichtig und für die Kunst des Managements: die Mitarbeiter so mit einzubinden in das Unternehmen, dass sie sich gefordert fühlen und motiviert sind. Ein Manager ohne die Mitarbeiter ist keiner – er kann ja nicht alleine tun, was getan werden muss in einem Unternehmen. Er kann nicht alleine den Erfolg herbeiführen. Ich brauche als Chef meine Mitarbeiter, und sie müssen hinter mir, hinter meiner Meinung und hinter meinen Zielen stehen, damit ich und die Firma Erfolg haben können.

Die Mitarbeiter bilden neben dem Kapital das wichtigste Potenzial eines Unternehmens. Wenn ich als Manager und Chef mein Team nur ausbeute, wird das Ganze nicht funktionieren. Ich muss dieses „Kapital" pflegen. Wie macht man das? Ich fordere sie und wertschätze meine Leute gleichzeitig: Auf der einen Seite zeige ich ihnen, dass sie genau wie ich Verantwortung haben – ich für die Unternehmensentscheidungen, jeder Mitarbeiter an seinem Arbeitsplatz für seine Tätigkeit. Auf der anderen Seite bin ich für sie als Mensch da und stehe auch in schwierigen Zeiten zu ihnen. So entsteht das Miteinander, das die Basis dafür ist, gemeinsam das Ziel zu erreichen, nämlich das Unternehmen nach vorn zu bringen.

Zur Frage des Engagements fürs Gemeinwohl: Ich sehe meine Aufgabe für das Gemeinwohl damit als erfüllt an, dass ich mich intensiv um das Wohl meiner Mitarbeiter kümmere, denn hinter jedem von ihnen steht eine Familie, für die ich indirekt mit einstehe. Man spricht von durchschnittlich drei bis vier Familienmitgliedern pro Arbeitsplatz. Auch für diese trage ich die Verantwortung. Bezogen auf unsere 1.200 Arbeitsplätze in Burladingen und Umgebung wären das bis zu fünftausend Menschen. Ich halte nicht viel davon, dass sich ein Unternehmer für alle möglichen Sachen engagiert, die mit seinem Betrieb nichts zu tun haben, und dabei womöglich seine eigentliche Aufgabe vernachlässigt. Meine Meinung ist: Wenn sich jeder Einzelne von uns um die ihm zugeteilte Aufgabe kümmert, dann ist für das Gemeinwohl optimal gesorgt.

Welche Werte sind Ihnen besonders wichtig bei der Führung Ihres eigenen Unternehmens? Haben sich diese Werte im Lauf der Zeit für Sie „herausgeschält" oder sind sie Ihnen schon von Ihren Eltern mitgegeben worden?

Meine Vorbildfunktion ist für mich einer der wichtigsten Werte. Die Position eines Geschäftsführers verlangt mir diese Funktion ab, und darüber muss sich jede Führungskraft in der Wirtschaft bewusst sein. Die Mitarbeiter gehen davon aus, dass das, was der Chef sagt und tut, Gewicht hat. Daher habe ich die Verantwortung, auf entsprechender ethischer Grundlage zu handeln und aufzutreten, denn meine Mitarbeiter sagen sich: Wenn der Chef das so macht, dann mache ich das auch so. Zum Beispiel packe ich auch mal mit an und bin mir nicht zu schade, und das macht guten Eindruck; die anderen folgen dem Beispiel und arbeiten gern und ordentlich mit. Wäre ich mir zu fein für irgendwas, wäre ich ein schlechtes Vorbild.

Andere Werte, die mir wichtig sind und die ich anbieten muss, sind Unterstützung, Zuverlässigkeit und Problemlösung. Der Mitarbeiter muss wissen: Wenn er mit einem Problem zu mir kommt, dann kann er sich darauf verlassen, dass es gelöst wird, dass ich hinter ihm stehe, dass ich mich gegebenenfalls vor ihn stelle, dass ich die Situation klären und in Ordnung bringen kann. Dass ich zum Beispiel Gerechtigkeit im Betrieb durchsetze und nicht von Fall zu Fall Entscheidungen treffe, wie es mir gerade passt.

Übernommen habe ich diese Werte vor allem von meinem Großvater, der Vorbild für seine Mitarbeiter war, die ihn respektiert und anerkannt haben. Von ihm habe ich auch das Selbstverständnis für mich als Chef und die Art des Umgangs mit meinen Mitarbeitern gelernt. Wenn man anfängt als Geschäftsführer, merkt man sehr schnell, ob die Mitarbeiter über einen lachen oder ob sie einen anerkennen. Und wenn man die Anerkennung will, dann muss man sich entsprechend verhalten, denn kaufen kann man sie nicht, sondern nur verdienen, durch entsprechende Leistung in verschiedener Richtung. Die Spitze erreicht man nicht durch die Position, sondern nur durch Leistung.

Welche Erfahrungen machen Sie als Unternehmer auf der Basis dieser Werte mit den Mitarbeitern, welches Feedback (direkt oder indirekt), auch von der Außenwelt (Geschäftspartner, privates Umfeld), erfahren Sie?

Die Antwort darauf können Sie der Tatsache entnehmen, dass es in den 37 Jahren, in denen ich die Firma jetzt führe, kein einziges Verlustjahr gegeben hat und dass ich heute der letzte Textilunternehmer bin, der vom Garn bis zum fertigen Produkt ausschließlich in Deutschland fertigt. Dies ist mit Sicherheit zurückzuführen auf das Miteinander mit den Mitarbeitern. Schon immer garantiere ich den Kindern unserer Mitarbeiter nach deren Schulabschluss einen Arbeitsplatz im Unternehmen, wenn sie das möchten; ich habe nie einen Mitarbeiter aus Arbeitsmangel entlassen; ich habe nie Kurzarbeit gemacht. Das hat dann ein „Feedback" gebracht, das mir vor allem in schwierigen Zeiten sehr geholfen hat; ich hatte nie ein Problem mit den Gewerkschaften, weil meine Mitarbeiter hinter mir standen. Sie haben den Wandel der Zeit konstant mitgemacht: Wir haben eine 40-Stunden-Woche eingeführt, und keiner hat gemeckert, alle waren beweglich, haben Überstunden gemacht, wenn es nötig war. Meine Mitarbeiter haben sich auf alles eingelassen, weil ich voranging und ihnen gesagt habe, keiner verliert den Arbeitsplatz. Und sie haben mir vertraut und zogen mit.

Dieses echte Miteinander, bei dem ethische Werte gelten, bei dem sich der Mitarbeiter gerecht behandelt fühlt und weiß, dass er für ein Unternehmen arbeitet, das nicht nur Gewinn machen will, sondern auch Verantwortung für ihn als Arbeitskraft übernimmt – das hat Trigema stark gemacht.

DER WERT (DER) LEISTUNG

Wo in Ihrer Werte-Skala würden Sie den Wert (von) „Leistung" einordnen?

Für mich gibt es eigentlich keine Rangfolge. Leistung, Verantwortung, Disziplin – das gehört alles zusammen, und dabei steht Leistung nicht vor- oder nachrangig. Ich habe von meiner Vorbildfunktion gesprochen, dazu gehört auch, dass ich Leistung bringe; das eine ist ohne das andere unzureichend. Genauso ist es beim Mitarbeiter: Wenn er motiviert ist, dann folgen Wille und Leistung und Loyalität gemeinsam und parallel daraus. Also: keine Werteskala, sondern Gleichrangigkeit der Werte.

Was erwarten Sie in Bezug auf Leistung von Ihren Mitarbeitern, und wie motivieren Sie sie?

Ich lebe die Leistung vor, die ich erwarte, das motiviert zu eigener Leistung. Bei mir gibt es keine Belohnungsversprechen, das ist für mich kein echtes Motivieren, sondern das Vorleben und Vorbild geben von dem, was man auch vom Mitarbeiter erwartet, und zwar immer, konstant. Und ich motiviere auch, indem ich mich zu 100 Prozent hinter meine Leute stelle und mich um sie kümmere, wenn Not am Mann ist. Und wenn einer goldene Löffel gestohlen hat, bekommt er bei mir eine zweite Chance. Ich meine, man muss in so einem Fall auch hinter die Kulissen schauen: Was ist im sozialen Umfeld los? Wenn eine Näherin zwei Mal nicht zur Arbeit erscheint, dann hat sie vermutlich zu Hause Probleme. Mir darf das nicht egal sein, und wenn meine Leute sehen, dass der Chef nicht über Leichen geht, dann stärkt das auch ihre eigene Loyalität und ihre Motivation.

Wie definieren Sie Leistung für sich selbst?

Zu meiner eigenen Leistung gehört konstante Präsenz und Verlässlichkeit in dem Sinn, dass meine Mitarbeiter wissen: Der Chef ist zuverlässig und gerecht, schiebt nichts vor sich her, Probleme werden angepackt, Entscheidungen getroffen. Leistung ist für mich nicht nur, möglichst viel Arbeitsleistung zu bringen. Leistung ist auch stete Zuverlässigkeit und Bereitschaft zum Handeln, wo nötig. Ständig sind Entscheidungen zu fällen, für die ich natürlich geradestehen muss. Manchmal muss man Entscheidungen korrigieren, die man aufgrund eines bestimmten Kenntnisstands getroffen hat und die man wegen eines neuen Kenntnisstands als mangelhaft erkennt. Das sind für mich keine „Fehlentscheidungen" – die gibt es nur dann, wenn man sie als nicht richtig erkennt, aber nicht den Mut hat, sie zu korrigieren. Leistung heißt für mich deshalb auch, dass ich mich dem täglichen Entscheidungsdruck stelle, und das über Jahre stets verlässlich. Das ist Unternehmertum: Ich muss entscheiden, auch in schwierigen Zeiten.

DIE NEUE FÜHRUNG

Die Bildungsmisere ist, besonders unter dem Schlagwort „PISA", seit Jahren ein Thema. Wie muss eine „(Menschen-)Bildung" beschaffen sein, die einerseits breit gefächerte Chancen bietet, andererseits eine Elite prägt, die die künftigen Führungspersönlichkeiten dieses Landes stellen soll?

Ich bin anderer Meinung als die Bildungskritiker. In meinen Augen liegt die Verantwortung für Kinder nicht in erster Linie beim Staat, sondern bei den Eltern. Ob und wie man mit dem Leben klarkommt und es selbstständig meistert, entscheidet nicht die Ausbildung. Auch meine Generation hatte in der Schulzeit gute und schlechte Lehrer, und wenn einer nicht so gut war, bekam man Unterstützung von den Eltern. Meine Kinder müssen ihre Pflichten erfüllen können, ob sie jetzt an der besten

Schule waren oder an einer etwas schlechteren Schule, das spielt keine Rolle.

Ich sage, die Verantwortung muss in die Familie zurück, und wir brauchen funktionierende, „echte" Familien – die haben wir heute immer weniger. Das Verantwortungsbewusstsein für die eigenen Kinder geht verloren. Wie sollen die, wenn sie groß sind, als Führungskräfte ein Verantwortungsgefühl für die Mitarbeiter entwickeln? Wenn ich für meine Kinder und für die eigene Familie kein Verständnis habe, dann fehlt es mir auch für die große Betriebsfamilie.

Eine der Thesen dieses Buches lautet: Wir brauchen Visionen (und Visionäre). Würden Sie diese These unterstützen? Und welche Vision(en) hatten Sie selbst, als Sie Unternehmer wurden?

Visionäre werden wir immer brauchen, aber sie müssen auch die Verantwortung tragen, wenn sie ihre Visionen umsetzen. Das heißt, wir brauchen Unternehmer mit Visionen wie die in der Nachkriegszeit, die Macher des Wirtschaftswunders. Ein Reuter hatte eine Vision von einem Technologiekonzern. Die Verantwortung hat er aber nicht getragen, die Zeche haben die Steuerzahler und die Aktionäre beglichen. Wir brauchen ganz sicher Menschen, die mit Visionen vorangehen. Aber mit Verantwortung und Haftung.

Meine eigene Vision ist immer, von vornherein, gewesen: Dieses Unternehmen so weiterzuführen, dass die Arbeitsplätze sicher sind und dass meine Mitarbeiter ein bisschen mit Stolz sagen, sie sind bei Trigema beschäftigt, wo es noch ein gutes Verhältnis untereinander, ein echtes Miteinander gibt; dass sie nicht hinter meinem Rücken über mich herziehen, weil sie unzufrieden sind.

Eine weitere wesentliche These in diesem Buch: Die Elite, aus der sich die Führung in Politik, Wirtschaft und Wissenschaft rekrutiert, muss sich auf Werte besinnen, die durch die Shareholder-Value-Mentalität in der Weltwirtschaft zurückgedrängt wurden, und die Diskussion darüber fördern und füttern. Welche Folgen hätte es aus Ihrer Sicht, wenn das nicht gelingt?

Wenn wir die Werte wie Vorbildfunktion, Disziplin, Leistung und so weiter nicht wieder zurückbekommen, wird unser Europa nicht als starker und führender Verband weiterexistieren, sondern wird untergehen wie einst das hellenistische Griechenland oder das Römische Reich. Wir brauchen wieder ein Bewusstsein für Verantwortung, wir brauchen Vorbilder und die „alten" Werte zurück.

Einem Teil des Führungsnachwuchses ist mittlerweile bewusst, dass es für Umdenken und Umkehr im wirtschaftlichen wie im sozialen Miteinander höchste Zeit ist.

Die Initiative wertebewusste Führung beispielsweise zeigt sich auf ihrer Homepage „frustriert (...) von täglich neuen Beispielen, wie im Management Werte wie Fairness, Ehrlichkeit und Verantwortung missachtet werden. (...) Wir sind überzeugt, dass Werte-Orientierung und Wert-Schöpfung zwei Seiten einer Medaille sind." Glauben Sie, dass solche Initiativen eine Chance haben, sich durchzusetzen – also in großem Maßstab wirksam zu sein? Welches Vorgehen würden Sie anraten?

Mir scheint fragwürdig, ob so etwas Erfolg haben wird. Wir brauchen tatsächlich Unternehmer, die das in der Praxis vorleben. Und die haben wir ja, vor allem im Mittelstand. Der kleine Handwerker, der zehn Leute beschäftigt, er lebt es ja vor. Er führt seinen Betrieb genauso: fair, ehrlich, verantwortlich, aber eben im Stillen, das kriegt die Öffentlichkeit nicht mit.

Ich kann mich nur wiederholen: Wir brauchen vor allem eine Rückkehr der Verantwortlichkeit. Der Vorstand eines Konzerns kann ruhig Millionen verdienen, das interessiert niemanden, sofern er die Haftung und die Verantwortung für sein Tun übernimmt. Er muss mit seinem Gehalt für seine Entscheidungen haften, und wenn das nicht eingeführt wird, dann werden weiterhin größenwahnsinnige Entscheidungen getroffen, Millionengehälter kassiert und am Schluss, wenn alles kaputt ist, schmeißt man dem Staat den Bettel hin. Wir brauchen wieder kleinere Einheiten, die dann nach und nach zum Erfolg geführt werden. Dann können sie auch wachsen und groß werden – wie früher die Konzerne von Schickedanz und Oetkers – die waren solide, weil sie Stein auf Stein gebaut waren. Heute kauft man Traumschlösser, die alle einsturzgefährdet sind, und am Schluss bricht das Ganze zusammen. Wir brauchen kleinere Einheiten, auch in Europa.

FÜHRUNG UND SPIRITUALITÄT

Wie wichtig ist Spiritualität für Sie als Individuum und besonders als Geschäftsmann in Ihrer Position? Würden Sie kurz beschreiben, was Sie für sich darunter verstehen?

Ich denke, ein „innerer Glaube" ist ganz wichtig. Ich selbst bin katholisch und bin auch ein praktizierender Katholik, aber ich könnte genau so gut einer anderen Religion angehören. Es geht um den Glauben selbst, den braucht man. Nur der Welt zu dienen, das allein reicht nicht zur Glückseligkeit. Ich meine, man muss sich darüber klar sein, dass man Verantwortung zu tragen hat, weil man sich vielleicht irgendwann rechtfertigen muss. Und dazu muss man auch aus dem, was man mitbekommen hat an Talenten und Fähigkeiten, etwas machen. Dass wir den Glauben an etwas Übergeordnetes brauchen, sieht man immer dann, wenn etwas passiert, das uns in den Grundfesten erschüttert. Beispiel 11. September oder der Amoklauf in Erfurt – danach gab es überall gemeinsame Gebete und Messen in vollen Kirchen. Das zeigt, dass wir eine gewisse Spiritualität, wie Sie es nennen, brauchen, eine „Überordnung“, die uns hilft, an Gerechtigkeit zu glauben und an Rechenschaft, die jeder wird ablegen müssen für das, was er getan hat.

Haben Sie ein bestimmtes Credo, einen Lieblings-Sinnspruch?

Mein Credo ist: Wir brauchen Ordnung in unserer Welt, und dazu muss jeder, ob einfacher Bürger oder Wirtschaftsmagnat, ob privat oder beruflich, wieder mehr Verantwortung tragen, für sich, für andere. Das Verantwortungsbewusstsein muss in unsere Gesellschaft zurückgeholt werden, in jede einzelne Person. Und wenn wir das nicht schaffen, sondern die Verantwortung immer den anderen überlassen, wird unsere Gesellschaft nicht mehr funktionieren.

INTERVIEW

Dr. Heike Maria Kunstmann
Hauptgeschäftsführerin Arbeitgeberverband Gesamtmetall

Die promovierte Betriebswirtin ist seit 2005 im Amt, Ihr Einsteig bedeutete eine Zäsur im doppelten Sinn: den Generationenwechsel in der Leitung des Arbeitgeberverbands, und das in Form der ersten Frau in dieser Position, mit 39 Jahren jüngste Chefin. Vor ihrem Einstieg bei Gesamtmetall arbeitete Heike Kunstmann bei dem Autozulieferer Knorr-Bremse zunächst als Assistentin des Vorstandsvorsitzenden und später als Leiterin *Human Resources*. „Sehr angenehm" sei sie gewesen, dabei „zielstrebig, ehrgeizig, einsatzbereit, loyal" – so zitiert die *Welt am Sonntag* vom 8. Januar 2006 die Mitarbeiter von Knorr-Bremse. Heike Kunstmann führt gerne, wie sie im Interview mit www.in-fuehrung-gehen.de[185] verriet. Die Macht, die zum Führen gehört, bedeutet für sie „in erster Linie Verantwortung".

Heike Kunstmann ist in außerberuflicher Funktion unter anderem Mentorin der Bayerischen Elite-Akademie.

FÜHRUNG UND ETHIK

Was halten Sie von der geltenden bzw. praktizierten Wirtschaftsethik in Deutschland und im globalisierten Markt? Inwiefern ist sie Ihrer Meinung nach veränderungsbedürftig und warum?

Die Wege des ethisch Verantwortbaren (Corporate Social Responsibility) und des betriebswirtschaftlich Notwendigen (Corporate Financial Performance) kreuzen sich im betrieblichen Alltag nicht erst seit gestern. Im Zuge der Globalisierung spielen wirtschaftliche Fragen allerdings die dominierende Rolle. Das ist eine Veränderung, die wir zur Kenntnis nehmen müssen. Umso wichtiger ist es, die Stärken auszuspielen: nachhaltige Werte statt reiner Orientierung an Quartalszahlen. Wir haben als Arbeitgeberverband ein scheinbar rein ökonomisches Ziel anvisiert: Arbeit in Deutschland zu halten. In Zeiten hoher Arbeitslosigkeit ist das aber zugleich ein ethisches Ziel. Um ein Schlagwort leicht verändert aufzugreifen: Ethisch wertvoll ist, was Arbeit schafft.

Wie sollten Ihrer Ansicht nach die wichtigsten Merkmale einer „Ethik der Führung/des Managements" aussehen? Wie ordnen Sie hier den Begriff der „Verantwortung" (auch die für das Gemeinwohl, Stichwort „Corporate Social Responsibility") ein?

Ziel muss es sein, die Entwicklungspotenziale des Unternehmens auszuschöpfen, und zwar mit Blick auf alle Stakeholder: die Kapitaleigner, die Mitarbeiter und ihre Familien, die Kunden und die Zulieferer, bis hin zur Gemeindekasse. Noch einen Schritt weiter geht die ethische Verpflichtung des Managements zu nachhaltigen Entscheidungen, die über den Tellerrand einer Quartalsbilanz hinaus die Existenz des Unternehmens sichern, denn ohne den wirtschaftlichen Erfolg ist alles Makulatur.

DER WERT (DER) LEISTUNG

Wo in Ihrer Werte-Skala würden Sie den Wert (von) „Leistung" einordnen?

Leistung ist die Quelle unseres Wohlstandes, sie gehört an die Spitze der Werteskala. Viele Dinge, die uns auf den ersten Blick viel sympathischer erscheinen, so zum Beispiel das Soziale oder die Solidarität, setzen wirtschaftlichen Wohlstand voraus, den es ohne Leistung nicht geben kann. Auf meiner individuellen Werteskala als Führungskraft ist Leistung ebenfalls auf den vordersten Rängen zu finden. Allein Leistung legitimiert mich, glaubhaft Ziele zu setzen und von meinen Mitarbeitern gute Arbeit einzufordern.

Was erwarten Sie in Bezug auf Leistung von Ihren Mitarbeitern, und wie motivieren Sie sie?

In unserem Leitbild haben wir uns selbst die Aufgabe gestellt, Leistung und Wettbewerbsfähigkeit der M+E-Industrie am Standort Deutschland zu steigern, indem wir Arbeitsbedingungen und Arbeitsbeziehungen verbessern. Dieses Leitbild wurde im Team entwickelt, das bedeutet, dass die 35 Mitarbeiter unserer Geschäftsstelle an sich selbst höchste Ansprüche in Bezug auf ihre Leistung stellen. Das finde ich großartig und unterstütze dieses Bemühen. Zum Beispiel verdient eine erfolgreiche Projektarbeit eine entsprechende Honorierung. Teambuilding halte ich aber für ebenso wichtig wie die monetären Anreize. Auch diesen Prozess fördert Gesamtmetall mit verschiedenen, zum jeweiligen Anlass passenden Mitarbeiterveranstaltungen.

Wie definieren Sie Leistung für sich selbst?

Ganz einfach: Zielerfüllung möglichst nicht unter 100 Prozent. Klarer, zielgerichteter Einsatz.

Die Bildungsmisere ist, besonders unter dem Schlagwort „PISA", seit Jahren ein Thema. Wie muss eine „(Menschen-)Bildung" beschaffen sein, die einerseits breit gefächerte Chancen bietet, andererseits eine Elite prägt, die die künftigen Führungspersönlichkeiten dieses Landes stellen soll?

Wir müssen Solidarität und Subsidiarität auch in der Bildung neu austarieren. Es wird immer deutlicher, dass es in Zukunft auch in Deutschland wieder mehr auf die Eigenverantwortung und das persönliche Engagement ankommt. Fast alle Pädagogen sind sich inzwischen darin einig, dass wir ganz früh – schon im Kindergartenalter – breit fördern müssen und mit zunehmendem Alter immer mehr fordern. Ich bin überzeugt davon, dass wir in der Vergangenheit junge Menschen eher unterfordert haben. Wenn wir Lernen und Leistung wieder positiv besetzen können, ist das ein entscheidender Schritt nach vorne.

Eine der Thesen dieses Buches lautet: Wir brauchen Visionen (und Visionäre). Würden Sie diese These unterstützen? Und welche Vision(en) hatten Sie selbst, als Sie Unternehmer wurden?

Der Blick auf das Ziel ist der halbe Weg. Meine Welt wird vom gesunden Menschenverstand gesteuert: Ich möchte den nachhaltigen Erfolg, und dazu benötige ich möglichst konkrete Ziele, motivierte Mitarbeiter und ein positives ökonomisches und politisches Umfeld. Da gibt es zwischen einem Arbeitgeberverband und einem Unternehmen keinen Unterschied. Hier wie dort gefährdet eine kurzfristige Maximierung das Netzwerk, das für den nachhaltigen Erfolg benötigt wird.

Eine weitere wesentliche These in diesem Buch: Die Elite, aus der sich die Führung in Politik, Wirtschaft und Wissenschaft rekrutiert, muss sich auf Werte besinnen, die durch die Shareholder-Value-Mentalität in der Weltwirtschaft zurückgedrängt wurden, und die Diskussion darüber fördern und füttern. Welche Folgen hätte es aus Ihrer Sicht, wenn das nicht gelingt?

Wenn Shareholder Value sich an langfristigen Anforderungen orientiert, dann besteht zwischen dem Nutzen für Shareholder und Stakeholder kaum ein substanzieller Widerspruch. Ich will aber nicht leugnen, dass sich börsennotierte Gesellschaften schwerer tun als mittelständische Familienbetriebe. Es gibt überhaupt keine ethische Verpflichtung für deutsche Unternehmen, betriebswirtschaftliche Nachteile dafür in Kauf zu nehmen, dass weiterhin in Deutschland produziert wird. Viele unserer Mittelständler tun dies dennoch und lassen bei ihren Standortentscheidungen eine Spur Patriotismus einfließen.

Einem Teil des Führungsnachwuchses ist mittlerweile bewusst, dass es für Umdenken und Umkehr im wirtschaftlichen wie im sozialen Miteinander höchste Zeit ist. Die Initiative wertebewusste Führung beispielsweise zeigt sich auf ihrer Homepage „frustriert (...) von täglich neuen Beispielen, wie im Management Werte wie Fairness, Ehrlichkeit und Verantwortung missachtet werden. (...) Wir sind überzeugt, dass Werte-Orientierung und Wert-Schöpfung zwei Seiten einer Medaille sind." Glauben Sie, dass solche Initiativen eine Chance haben, sich durchzusetzen – also in großem Maßstab wirksam zu sein? Welches Vorgehen würden Sie anraten?

Ich finde die Parallele zwischen Wert-Schöpfung und Werte-Orientierung nicht nur sprachlich originell, sondern auch inhaltlich überzeugend und räume der Initiative gute Chancen ein, viele neue Anhänger zu gewinnen. Je realistischer sie argumentieren und operieren, umso mehr Leute werden sie mobilisieren. Meiden sollten diese Initiativen allerdings alles, was allzu penetrant an Gutmensch-Attitüden erinnert. Das zieht bei der Managergeneration von heute nicht.

FÜHRUNG UND SPIRITUALITÄT

Wie wichtig ist Spiritualität für Sie als Individuum und besonders Geschäftsfrau in Ihrer Position? Würden Sie kurz beschreiben, was Sie für sich darunter verstehen?

Ich beneide Leute, die sich zum Beispiel völlig entspannt der fernöstlichen Kontemplation hingeben können und daraus neue Kraft gewinnen. Ich komme aus Kassel, aus der geografischen Mitte Deutschlands, und schöpfe meine Kraft eher aus dem Machen als aus der Suche nach den letzten Wahrheiten.

Haben Sie ein bestimmtes Credo, einen Lieblings-Sinnspruch?

Abraham Lincolns Kernsatz zum Prinzip der Subsidiarität, das uns in der Diskussion um den Sozialstaat immer wieder beschäftigt: „Man hilft den Menschen nicht, wenn man für sie tut, was sie selbst tun können."

INTERVIEW

Prof. Dr. Klaus M. Leisinger
Präsident und CEO der Novartis Stiftung für Nachhaltige Entwicklung sowie Professor für Soziologie an der Universität Basel

Klaus M. Leisinger ist Ökonomie- und Sozialwissenschaftler. Zeit seines (Berufs-)Lebens erforscht und lehrt er Wirtschaftsethik und setzt sich ebenso lange auch ganz praktisch dafür ein. Für eine Reihe von nationalen und internationalen Organisationen arbeitete Klaus Leisinger in Beraterfunktionen, so z. B. für das Entwicklungsprogramm der Vereinten Nationen (UNDP), die Weltbank (für CGIAR), die *Asian Development Bank* und die Entwicklungskommission von Lateinamerika (ECLA) und bis heute für den *UN Global Compact*. Er ist Mitglied im Kuratorium des Deutschen Netzwerks Wirtschaftsethik und im Expertenrat der Ethischen Globalisierungsinitiative (EGI) von Mary Robinson. Sein in Jahrzehnten aufgebautes Beziehungs- und Kommunikationsnetz in den Bereichen internationale Politik, Entwicklungszusammenarbeit und Unternehmensethik bildet eine Grundlage dafür, sensible und komplexe Probleme anzugehen und Lösungen zu finden.

Seit mehr als 25 Jahren führt Klaus Leisinger die humanitären Initiativen und Programme der Entwicklungszusammenarbeit des Novartis-Konzerns. Ein Schwerpunkt der 1979 gegründeten Entwicklungshilfe-Stiftung mit dem heutigen Namen *Novartis Stiftung für Nachhaltige Entwicklung* ist die Bekämpfung der Lepra und anderer Gesundheitsprobleme in armen Ländern des Südens. Die Stiftung ist in ihrer Art einzigartig im privaten Sektor. Seit 2002 ist Klaus Leisinger ihr Präsident und CEO. Daneben lehrt er als Professor für Entwicklungssoziologie (Schwerpunkte Entwicklungspolitik, Unternehmensethik und Corporate Responsibility) an der Universität Basel. Im September 2005 wurde Klaus Leisinger von Kofi Annan zum Sonderberater des UN-Generalsekretärs für den *UN Global Compact* berufen.

Was halten Sie von der geltenden bzw. praktizierten Wirtschaftsethik in Deutschland und im globalisierten Markt? Inwiefern ist sie Ihrer Meinung nach veränderungsbedürftig und warum?

Man kann eigentlich nicht von der geltenden bzw. praktizierten Wirtschaftethik in Deutschland sprechen, weil es die in der unterstellten Uniformität so nicht gibt, sondern verschiedene Denkschulen, die sehr unterschiedliche Schwerpunkte setzen. Wenn der unternehmensethische Diskurs nicht nur auf der hoch abstrakten intellektuellen Ebene stattfinden soll, sondern praktische Konsequenzen zur Folge haben will – was meinem ausdrücklichen Wunsch entspräche, weil alle Theorie nichts nützt, wenn sie für die Menschen keine Auswirkungen hat, – dann sollte man sich sehr viel mehr Gedanken über eine optimale Umsetzung des als richtig Erkannten machen:

- In welchen Ethikbereichen weicht die praktische Realität von (nach Sektor zu unterscheidenden) Unternehmen, die verantwortungsvoll und moralisch „gut" arbeiten wollen, ab von dem, was der heutige Stand der angewandten Moralphilosophie als angemessenes Handeln empfiehlt?
- Bei welchen Abweichungen liegen die Gründe am „Systemcharakter" der Marktwirtschaft? John Rawls machte z. B. im Kontext von „Gerechtigkeit" Vorschläge, von denen er sagte: „They are extending what are ordinarily thought to be the limits of practicable political possibility."[186]
- Wo kann das Management eines Unternehmens eigene verantwortungsethische Akzente setzen, ohne seinen Erfolg am Markt zu gefährden? Was gehört in die „Muss"-, was in die „Soll"- und was in die „Kann"-Dimension integren Handelns?
- Wie soll ein Unternehmen auf verantwortungsethische Art mit „Marktversagen" umgehen, d. h. mit Menschen, welche die vom Unternehmen angebotenen Güter (z. B. Pharmazeutika) brauchen, mangels Kaufkraft aber an den Märkten nicht auftreten können?
- Wie können wir unternehmensintern Anreizstrukturen schaffen, damit die „Guten" nicht die „Dummen" sind und differenziert im wohlverstandenen Eigeninteresse mitdenkende Mitarbeiter nicht als lästige „Bedenkenträger" abqualifiziert werden?

Sich um ethisch fundiertes Wirtschaften zu bemühen, ist nicht nur aus moralphilosophischer Perspektive „richtig". Es gibt viele plausible Gründe, und letztlich liegt es im langfristigen Eigeninteresse eines Unternehmens, verantwortungsvoll zu handeln. Der unternehmensethische Referenzrahmen des „UN Global Compact" bietet die Chance, mit Leitlinien zu arbeiten, die internationalen, interkulturellen und Unterschiede der Rechtssysteme überwindenden Konsens genießen.

Wie sollten Ihrer Ansicht nach die wichtigsten Merkmale einer „Ethik der Führung/des Managements" aussehen? Wie ordnen Sie hier den Begriff der „Verantwortung" (auch die für das Gemeinwohl, Stichwort „Corporate Social Responsibility") ein?

Weil jede Art von Organisation mit der Zeit als Folge ihrer sich historisch entwickelnden Gouvernance-Muster und Institutionen ein spezifisches Eigenleben ausbildet, ist die sittliche Verfasstheit dieser Organisation unstrittig mehr als die Summe der moralischen Überzeugungen der darin arbeitenden Menschen. Einer jeden Entscheidung innerhalb einer Organisation wohnt ein bedeutendes Element der Fremdbestimmung inne. Die Anerkennung dieser Tatsache darf jedoch nicht dazu führen, dass sich individuelle moralische Akteure Schulter zuckend mit Verweis auf das System und seine Zwänge ihrer direkten personalen Verantwortung entledigen. In modernen pluralistischen Gesellschaften ist kaum eine Situation denkbar, in welcher kollektive Akteure lediglich Handlungssubjekte sind; ein Unternehmen handelt niemals nur als abstrakte juristische Institution, sondern immer durch die im Unternehmen arbeitenden Menschen – die letzte Entscheidung bleibt eine individualethische.

Auf allen Ebenen der Organisation haben Menschen im Kontext vieler Einzelentscheidungen die Wahl, autoritär oder partnerschaftlich mit anderen Menschen innerhalb oder außerhalb des Unternehmens umzugehen, Toleranz zu üben oder nicht, Transparenz zu schaffen oder nicht, Zusammenarbeit zu pflegen oder Konfrontation zu suchen. Das personale Gewissen bleibt der zentrale Ort der moralischen Entscheidung. Der „Guru" aller Managementtheorien, Peter Drucker, sieht die Manager als diejenigen, welche die „geistige Schau und moralische Verantwortung" eines Unternehmens ausmachen.[187]

Die zentrale Verantwortungsfrage „Wer ist wem gegenüber wofür verantwortlich?" stellt sich somit für jeden Einzelnen direkt, persönlich und immer wieder aufs Neue und muss beantwortet werden. Dabei kann es zu unterschiedlichen Prioritäten kommen zwischen dem, was individuelle Manager als ihre eigenen Ziele ansehen und dem, was sie als Priorität des Unternehmens wahrnehmen. Aber Führungskräfte sind sich erfahrungsgemäß bewusst, dass sie etwas verändern können – wenn sie es denn wirklich wollen.

Obwohl in unserer Gesellschaft ein Verlust an Werteorientierung beklagt wird, scheint es so, als sei es verpönt, über „Tugenden" zu sprechen. Anders ist nicht erklärbar, warum mit großem semantischem Aufwand andere Begrifflichkeiten entwickelt und vermarktet werden, zum

Beispiel soziale, emotionale oder empathische Kompetenz, gebündelt mit effizienter Entscheidungskraft. Inhaltlich wird dabei lediglich das zu erfassen versucht, was seit den platonischen Dialogen, der Nikomachischen Ethik des Aristoteles, den „Kardinaltugenden" des Thomas von Aquin und erst recht der Tugendlehre Immanuel Kants offenbar ist: Menschen – in welchen sozialen Zusammenhängen auch immer – haben sich selbst und anderen gegenüber Pflichten, die, in den Worten Kants, der „eigenen Vollkommenheit" und der „fremden Glückseligkeit" dienen.[188] Mit dem Begriff „Tugend" werden jene Eigenschaften erfasst, deretwegen ein Mensch als moralisches Vorbild gilt.

Die Forderung, bei der Auswahl von Führungskräften auch einen Blick auf das Vorhandensein oder Fehlen von Tugenden zu werfen, mag als altmodisch abgetan werden. Wenn wir aber davon ausgehen, dass Moralität nur von konkreten Menschen in Unternehmen hineingebracht werden kann, warum sollte dann ein Blick auf deren Tugend-Ausstattung nicht sinnvoll sein? Menschen sind fähig, für ihre Ideale einzustehen – sie müssen es nur wollen.

Von Menschen, deren Entscheidungen und Handlungsweisen Auswirkungen auf das Leben anderer Menschen haben, sind der Wille und die Fähigkeit zur verantwortungsethischen – und dennoch pragmatischen – Feinabwägung zu erwarten; wie sonst sollten sie ihren Anspruch auf „Leadership" legitimieren? Durch die Wahrnehmung individueller moralischer Verantwortung werden Präferenzen für eine bestimmte Handlungsweise definiert. Durch die Umsetzung individueller moralischer Urteile wird aus der unendlichen Anzahl prinzipiell möglicher Handlungsoptionen die endliche Menge ethisch akzeptabler Handlungsvarianten herausgefiltert.

Das hier zur Erörterung anstehende Handlungsspektrum der Menschen auf allen Ebenen der Unternehmenshierarchie reicht von der Formulierung der Vision und der Definition der unternehmensrelevanten Werte über das Festlegen von Organisationsstrukturen, Handlungskodizes und Führungsrichtlinien bis zur individuellen ausführenden Handlung in der Forschung (z. B. Humangenom), der Produktion (Qualität), dem Verkauf (inkl. Bearbeiten von Reklamationen) oder der Verwaltung (Kundenfreundlichkeit). Ausreden mit dem Verweis auf die Defizite anderer sind unglaubwürdig: Handlungsmacht ist selten „Vollmacht" und muss es auch nicht sein. Verantwortung tragen auch diejenigen, denen nur indirekte oder geringfügige Einflussnahme möglich ist.

Mitarbeiter auf allen Ebenen eines Unternehmens verfügen neben ihrem Fachwissen und ihrer beruflichen Erfahrung auch über soziale Kompetenz und die Fähigkeit zur ethischen Güterabwägung. Die Sensibilität für mögliche Ungerechtigkeiten, das Bewusstsein für Rechenschaftspflichtigkeit über die betriebswirtschaftliche Dimension hinaus und der unbedingte Wille zur Korrektur externer Kosten, wo sie trotz besten Bemühens anfallen, sind individualethische Kompetenzen und können nicht an den kollektiven Akteur delegiert werden. Sie liegen in der personalen Verantwortung der Führungskräfte. Diese Fakten sind bei der Personalauswahl, der Beförderungspolitik und bei der Führungskräfte-Fortbildung mit dem entsprechenden Gewicht zu berücksichtigen.

DER WERT (DER) LEISTUNG

Wo in Ihrer Werte-Skala würden Sie den Wert (von) „Leistung" einordnen?

Jeder hat die Pflicht gegenüber sich selbst, seinem Umfeld und gegenüber dem Gemeinwesen, sein „Bestes" zu geben. Leistung steht für mich ganz oben auf der Werte-Skala, und der Inhalt dieser Leistung muss ethischen Ansprüchen genügen. Ich kann keinen Konflikt zwischen hohem Leistungswillen und verantwortungsethischem Handeln sehen. Dass es unterschiedliche individuelle Leistungsfähigkeiten gibt und dass das nicht den „Wert" eines Menschen ausmacht, ist richtig und darf nicht zur Abwertung von Menschen führen.

Wie definieren Sie Leistung für sich selbst?

Selbst gesetzte Ziele mit den zur Verfügung stehenden Ressourcen – inklusive „Zeit" – auf eine sozialverträgliche Art und Weise in einer meine Ansprüche befriedigenden Qualität zu erreichen.

DIE NEUE FÜHRUNG

Die Bildungsmisere ist, besonders unter dem Schlagwort „PISA", seit Jahren ein Thema. Wie muss eine „(Menschen-)Bildung" beschaffen sein, die einerseits breit gefächerte Chancen bietet, andererseits eine Elite prägt, die die künftigen Führungspersönlichkeiten dieses Landes stellen soll?

Sie sprechen zwei Probleme an: Das eine ist das der optimalen „handwerklichen" Ausbildung, das zweite das der „Werte-Ausbildung". Über den ersten Teil müssen wir nicht viele Worte verlieren: Wenn ein Land seine Jugend nicht optimal ausbildet und „life long learning" für alle anbietet, wird es in Zukunft große Probleme mit der internationalen Wettbewerbsfähigkeit haben und strukturelle Arbeitslosigkeit beklagen müssen. Das zweite Problem ist schwieriger zu lösen, weil die primäre

Sozialisation mit vierzehn Jahren abgeschlossen ist, also Jahre vor dem Zeitpunkt, zu dem Menschen beruflich tätig werden. Sie müssen Menschen für Führungspositionen auch nach charakterlichen Eigenschaften aussuchen und interne Anreizstrukturen schaffen, damit die „Guten" nicht die „Dummen" sind.

Eine der Thesen dieses Buches lautet: Wir brauchen Visionen (und Visionäre). Würden Sie diese These unterstützen? Und welche Vision(en) hatten Sie selbst, als Sie Unternehmer wurden?

Natürlich brauchen Sie Visionen – und da halte ich es mit Herbert Marcuse, dass man das Unmögliche anstreben soll, um das Mögliche zu erreichen. Aber das darf niemanden davon abhalten, heute das zu tun, was für das Erreichen von Zielen kurzer und mittlerer Reichweite erforderlich ist. Meine Vision als Präsident der Novartis Stiftung war und bleibt, dass wir etwas Bleibendes schaffen, zum Beispiel die Lepra von der Erde zu tilgen. Als wir vor zwanzig Jahren mit der Lepra-Arbeit anfingen, gab es noch zwölf Millionen Leprapatienten; heute sind es weniger als 300.000. Dazu hat maßgeblich beigetragen, dass der Chef von Novartis, Daniel Vasella, uns seit dem Jahre 2000 alle Lepra-Medikamente kostenlos zur Verfügung stellt.

Eine weitere wesentliche These in diesem Buch: Die Elite, aus der sich die Führung in Politik, Wirtschaft und Wissenschaft rekrutiert, muss sich auf Werte besinnen, die durch die Shareholder-Value-Mentalität in der Weltwirtschaft zurückgedrängt wurden, und die Diskussion darüber fördern und füttern. Welche Folgen hätte es aus Ihrer Sicht, wenn das nicht gelingt?

Mir ist der Ausdruck „Shareholder-Value-Mentalität" zu zeitgeistig, da wird implizit unterstellt, man könne nicht zugleich moralisch verantwortungsvoll und betriebswirtschaftlich erfolgreich arbeiten. Das kann ich so nicht erkennen. An modernes Management muss die Anforderung gestellt werden, dass es einen Korridor legitimer Handlungsweisen definiert, in dem es auch erfolgreich sein kann. Es gibt genügend empirische Beispiele, dass dies möglich ist.

Einem Teil des Führungsnachwuchses ist mittlerweile bewusst, dass es für Umdenken und Umkehr im wirtschaftlichen wie im sozialen Miteinander höchste Zeit ist. Die Initiative wertebewusste Führung beispielsweise zeigt sich auf ihrer Homepage „frustriert (...) von täglich neuen Beispielen, wie im Management Werte wie Fairness, Ehrlichkeit und Verantwortung missachtet werden. (...) Wir sind überzeugt, dass Werte-Orientierung und Wert-Schöpfung zwei Seiten einer Medaille sind." Glauben Sie, dass solche Initiativen eine Chance haben, sich durchzusetzen – also in großem Maßstab wirksam zu sein? Welches Vorgehen würden Sie anraten?

Werte wie Fairness, Ehrlichkeit und Verantwortung können Sie nicht über Initiativen und Homepage-Auftritte befördern, das muss im jeweils eigenen Unternehmen vorexerziert werden. Der nächste Schritt sind dann Lernforen, auf denen die positiven Erfahrungen mit anderen ausgetauscht werden, um Lernkurven zu verkürzen. Allerdings würde ich mir auch wünschen, dass Medien nicht nur über negative Beispiele und Skandale berichten, sondern eben auch über positive Fallbeispiele. Schließlich wünsche ich mir eine konsequentere Ausrichtung der Kapitalmärkte auf verantwortungsvolles unternehmerisches Handeln. Die reine Fixierung auf die kurzfristige Kapitalrendite verführt zu höheren Risiken.

FÜHRUNG UND SPIRITUALITÄT

Wie wichtig ist Spiritualität für Sie als Individuum und besonders in Ihrer Position als Präsident der Novartis Stiftung? Würden Sie kurz beschreiben, was Sie für sich darunter verstehen?

Für mich ist die spirituelle Dimension des Menschseins in jeder seiner sozialen Rollen ein Grundpfeiler eines erfüllten Lebens. Die materielle Dimension allein führt – das sagen uns die Weisen aller Zeitalter – nicht zu einem „guten" Leben im Sinne der Moralphilosophie. Für mich persönlich steht die christliche Spiritualität im Vordergrund, aber das ist meine Privatsache.

Haben Sie ein bestimmtes Credo, einen Lieblings-Sinnspruch?

Tue recht und scheue niemanden.

IV Die neue Elite: Entscheidung pro Ethik und Menschlichkeit

1 Die neue Elite ist anders

Wir haben so viele Probleme in Deutschland und in der Welt. Und die, die etwas daran ändern könnten, die Mächtigen, die Politiker, die Wirtschaftsbosse – die denken nur an sich, füllen sich die Taschen, wissen mit ihrer Macht nicht umzugehen und haben vergessen, was das Wort „Verantwortung" bedeutet.

So ungefähr sieht sie aus, die öffentliche Meinung zum Thema „Eliten". Damit nicht genug, schimpfen die Eliten doch auch noch selbst übereinander: die Politiker über die „Heuschrecken" im In- und aus dem Ausland, die Unternehmer über die Zögerer und Zauderer in Berlin. Es ist, als ob wir gar nichts gelernt hätten.

Zuerst hielten wir den weltweiten Wirtschaftsaufschwung und Börsenhype in Folge der politischen Veränderungen Ende der 80er und in den 90er Jahren („New Economy") für eine Bestätigung der Vorteile eines Kapitalismus ohne Grenzen. Die „Bedeutung" eines Menschen und sein Erfolg und Besitz waren eins; die aktuellen Werte ließen sich an Werbeslogans wie „Mein Auto, mein Haus, meine Yacht" ablesen. Ein typisches Zeichen dieser Zeit des breit gestreuten Wohlstands war es auch, dass der Slogan nicht für eine der großen Banken geworben hatte, sondern für die des kleinen Mannes: die Sparkassen.

Dann aber kam die Wende nach der Wende, die wir im Nachhinein als unvermeidlich erkennen. Denn weshalb hätte diesmal gelten sollen, was noch nie gegolten hatte: dass noch so viel Erfolg und Geld tradierte, echte Werte nicht ersetzen können? Nun also war der Boom plötzlich „Raubtierkapitalismus", und PR-Strategen hätten jetzt ganz anders texten müssen, um Aufmerksamkeit zu erregen, etwa: „Mein Partner, meine Familie, mein Lebenstraum".

Der erlebte Extrem-Kapitalismus stieß uns mit der Nase auf die Grenzen des Materialismus und auch auf die noch immer ungelösten Fragen der alten Wertedebatten aus den 60er und 70er Jahren: Statt funktionierendem Miteinander des „Multikulti" haben wir zunehmenden Rechtsradikalismus, auch weil zu den alten Problemen neue hinzugekommen sind. Tolerante Offenheit gegenüber dem Anderen, dem Fremden, dem

Interkulturellen hat nur eine Minderheit in diesem Land entwickelt. Das damit gern verwechselte, lange praktizierte Laisser-faire erwies sich als die falsche Strategie im Umgang mit den verschiedenen Kulturen. Es sähe anders aus, hätten wir den eingewanderten Mitbürgern die Vorteile der Demokratie und die in unserem Kulturkreis besondere Beachtung der Menschenrechte und des Gleichheitsgrundsatzes der Geschlechter, kurz: „unsere" Grund-Werte vermittelt. Und Chancengleichheit? Die ist ebenfalls nicht da, wo ihre Initiatoren sie sich Jahrzehnte nach 1968 wohl erhofft hätten. Trotz enormer Bildungsexpansion finden sich nur wenige Nachkommen aus Arbeiter- und Mittelklassefamilien (und darunter fallen inzwischen auch viele Migrantenkinder) in den Führungsetagen von Wirtschaft und Politik.

Rückbesinnung nach vorn

Es hat also in den letzten Jahren und Jahrzehnten viele Chancen zum Lernen und zur Verbesserung gegeben. Genutzt wurden sie wenig, und so sind alle unzufrieden und stecken ihre Energie in die gegenseitige Kritik, anstatt gemeinsam nachzudenken, was zu tun ist, die Ärmel hochzukrempeln und loszulegen. Doch ein Umbruch kündigt sich an: auf Zehenspitzen, sehr allmählich und noch wenig bemerkt, wie bei großen Veränderungen üblich.

Der Schatz der „alten" Werte wird neu entdeckt, weil wir deutlich zu spüren bekommen haben, wohin die Nebenwirkungen der Globalisierung, der Individualisierung und der Entfremdung vom Gemeinschaftsgefühl zugunsten eines ungebremsten Wirtschaftens geführt haben: Der Spalt in der Gesellschaft hat sich weiter vertieft, da die breite Mitte der Normalverdiener kontinuierlich abnimmt und an den beiden Enden der Skala Zuwächse stattfinden. „Existenzangst", während der fetten Jahre kein Thema, ist wieder ein viel verwendeter Begriff[189]. Ethik und Moral scheinen nur noch rudimentär vorhanden, und die wichtigste Lebensregel lautet nicht mehr „Was du nicht willst, das man dir tu'...", sondern „Nach mir die Sintflut" oder einfach „Geiz ist geil".

Das wird sich ändern. Nicht nur die seit Jahren dauernde Wertediskussion ist ein deutliches Signal dafür, sondern auch Beobachtungen beim Konsumentenverhalten: „Hauptsache billig" verliert seinen Reiz; die Verbraucher erinnern sich offenbar, dass es noch andere Entscheidungskriterien gibt, die eigene Gesundheit zum Beispiel, oder Qualität und Zuverlässigkeit und eine umweltfreundliche Herstellung der Produkte. Das höhere Preissegment hat wieder Chancen. Und auf der Anbieterseite, in der produzierenden Industrie, beginnen sich Manager wie Belegschaft zu fragen, welcher Sinn eigentlich hinter immer noch kürzeren Produktionszyklen und immer noch höheren Wachstumsraten steht. „Die Schlüsselworte, um die gestritten wird, heißen ‚Nachdenklichkeit', ‚Sinn', ‚Leben jenseits der Ökonomie', ‚Ökologie', ‚Gemeinsinn' und ‚Entschleunigung'", wie Peter Glotz bereits 2001 feststellte.[190]

Unsere definitiv vorhandene Veranlagung zu Gemeinsinn und Altruismus, zu Miteinander und Hilfsbereitschaft[191] bricht sich wieder Bahn. Wir halten es nicht mehr aus, unser Leben gegen die eigene menschliche Beschaffenheit und unsere Bedürfnisse zu führen. Wir haben erlebt, was Überfluss bedeutet, und wir haben erfahren, dass er die Sinnsuche nicht beendet. Wir spüren, dass wir Werte brauchen, dass wir andere brauchen, dass wir es allein nicht schaffen, ganz gleich, in welcher Gesellschaftsschicht wir leben.

Gleichzeitig ist jedoch klar, dass sich das Rad nicht zurückdrehen lässt. Globalisierung und Weltwirtschaft sind unverrückbare Resultate der Entwicklung; sie bilden heute den Boden, auf dem wir stehen und der unser Leben und unsere Arbeit gestaltet. „Aussteigen" mag für einige eine Alternative sein, aber sie sind und bleiben eine verschwindend kleine Größe in der Gemeinschaft. Wir anderen müssen mit dem leben, was wir vorfinden. Das bedeutet allerdings nicht, sich stillschweigend zu fügen und abzufinden. Das Glas ist nicht halb leer, sondern halb voll, und die neue Elite, die neue Führung von Wirtschaft, Politik und Intelligenz wird es nicht bis zur Neige leeren, sondern bis zum Rand auffüllen – so, wie es die Avantgardisten dieser Elite schon jetzt vormachen (vgl. Kapitel III, 4).

Die Frage, wie wir in Zukunft leben und arbeiten und wie wir die Dinge anpacken wollen, wird uns noch eine ganze Weile beschäftigen. Die Renaissance der Werte ist noch jung, und neue Leitlinien für das Miteinander beginnen sich erst herauszubilden. In den Führungszirkeln sitzen bis dato vorwiegend Vertreter der alten Garde, Nachfolger der Nachkriegsmacher und Vorgänger der neuen Elite, die Leistung und Erfolg vor allem an Börsenwerten, Gehaltshöhen oder Privilegien messen.

Aber sie stehen schon parat, die „Neuen". Jene Kandidaten einer künftigen Elite, die anders ist. Die aus Überzeugung sagt, was sie denkt, und meint, was sie sagt; die eine neue Bewusstheit beim Reden und Tun hat; die mit dem Begriff „Verantwortung" so umgeht, wie die allein erziehende Verkäuferin und der Kleinunternehmer mit drei Angestellten und die ehrenamtliche Suppenküchenhelferin das tun; die in ihrem Wertekodex die Lebensrichtlinie des Einzelnen als Teil einer Gemeinschaft versteht – sich selbst, dem Gemeinwohl und der Nachhaltigkeit verpflichtet. Sie ist schon auf dem Weg, die neue Elite, unauffällig, aber nicht unbemerkt:

„Wer wirklich Elite ist, der spricht nicht davon. Und fühlt sich auch nicht so. Wirkliche Elite sind Leute, die es einfach sind. Die entsprechende Werte haben und sie leben. Das liegt daran, dass diese Menschen eine Kombination von Gestaltungs-, Macht- und Wertvorstellungen haben. Sie haben eine bestimmte Art von Bescheidenheit und Demut, weil sie wissen, es gibt noch andere, die gut sind, und es gibt vieles, das sie nicht können oder wissen.“, beobachtet die Sozialwissenschaftlerin Roswitha Königswieser.[192] Und der Schweizer Unternehmer C.P. Seibt stellt fest: „Die neuen Eliten entwickeln sich schon. (...) Sie sind nicht interessiert an Vorrechten, sie übernehmen Vor-Pflichten. (...) Da ist keine Kontinuität aus erstarrtem Wiederholen des Immerselben. Die Kontinuität ist ihre Richtung hin zu ihrem Horizont. Sie wollen keine statische Stabilität des So-bleibt-es-für-immer. Sie sind so gleichgewichtig stabil, weil sie sich bewegen und dabei anderes bewegen. Sie verstehen nicht die Sicherheit des Jetzt-hab'-und-behalt'-ich's. Sie sind selbstsicher, weil sie immer wieder neue Chancen entdecken. (...) Sie treten in Beziehungen zu jenen, die ähnlich denken, in Netzwerken, die sich durch jeden Beitrag verändern.“[193]

Die Stimmungslage in Deutschland ist gekennzeichnet durch die Sehnsucht nach Vorbildern des Anstands und der Verlässlichkeit, nach Visionen einer menschlicheren, menschenwürdigeren Zukunft, nach einer Führungselite, die diese Visionen umsetzt. Die jahrelange Wirtschaftskrise und die Erfahrung, dass nichts sicher ist und die Existenznot jeden treffen kann, bewirkten zunächst lähmende Ängste; allmählich jedoch kehrt die Bereitschaft zum Zupacken zurück, auch wenn das erst Wenigen klar ist. Die neue Elite wird dieses Bewusstsein wecken. Sie wird der notwendigen gesellschaftspolitischen Diskussion darüber, was werden soll und wie es werden kann, Nahrung geben, und die Menschen davon überzeugen, dass sie nur durch eigenes Zutun aus der Talsohle herausfinden, dass also jeder Einzelne der Gesellschaft das Gleiche von sich verlangen muss, was er von der Elite verlangt: beim Denken, Entscheiden und Handeln ethische Normen zugrunde zu legen und selbstbewusst und selbstvertrauend Verantwortung zu tragen für sich und andere, sich zu engagieren für das Gelingen des eigenen Lebens und für die Gemeinschaft.

„Angst vor der Zukunft ist der sicherste Weg, sie nicht zu gewinnen“, stellte der ehemalige Bundespräsident Johannes Rau in seiner viel beachteten Abschiedsrede am 1. Juli 2004 fest. Diese Angst muss und wird die neue Elite den Menschen nehmen, indem sie ihnen ihr Selbstvertrauen zurückgibt. Aber warum sollten ihre Vertreter dazu in der Lage sein? Und warum sollte das, was von ihnen kommt – als Unternehmer oder Manager im Betrieb, als Politiker im Ortsverein oder im Bundestag, als Chefredakteure in den Leitartikeln der Zeitungen – mehr sein als ein neuerlicher Aufguss der immer gleichen theoretischen Entwürfe einer besseren Welt und der entsprechenden Handlungsappelle? Weil die neue Elite begreift, dass sie eine Wahl hat, und weil sie die richtige Entscheidung trifft: die Entscheidung pro Ethik, pro Verantwortung und pro „Führen mit Gefühl".

2 Führen mit Gefühl

„Im engeren Sinn ‚ethisch' handelt derjenige, der den überlieferten Handlungsregeln und Wertmaßstäben nicht frag- und kritiklos gehorcht, sondern es sich zur Gewohnheit macht, aus Einsicht und Überlegung das moralisch Gute zu tun, wie es die jeweilige Situation erfordert. Wir würden heute sagen, jemand handelt moralisch, wenn er die Normen des Moralkodex befolgt, die in der Handlungsgemeinschaft, deren Mitglied er ist, allgemein anerkannt sind. Moralische Kompetenz hingegen besitzt nur derjenige, der eigenverantwortlich tut, was zu tun ist, und für die Konsequenzen seines Tuns, soweit sie von ihm nach bestem Wissen und Gewissen vorhergesehen werden können, einsteht."[194]

Die Basler Philosophieprofessorin Annemarie Pieper unterscheidet hier zwischen dem (allgemeinem) Moralkodex und (persönlicher) moralischer Kompetenz. Ein Gewissen hat jeder, aber dessen Stimme ist oft recht dünn. Die des Eigennutzes dagegen laut und kräftig, und Charaktereigenschaften wie Egoismus, Opportunismus, Bequemlichkeit und Trägheit sind harte Gegner des Gewissens. Besonders, wenn sich die Chancen dieser Gegner so reichlich ergeben wie in den privilegierten Kreisen der Gesellschaft.

Die neue Elite zeichnet sich dadurch aus, dass sie hier eine bewusste Wahl trifft – gegen die eigene Korrumpierbarkeit. Sie betrachtet das Gewissen als etwas Kostbares und nicht als Störfaktor in einer Welt, in der scheinbar das Recht des Stärkeren gilt. Denn diese Elite weiß, dass das angebliche Recht des Stärkeren kein Axiom ist. Selbst Darwin hat es so nicht gemeint, wie das Zitat heute verstanden wird. Der Naturforscher schrieb nicht nur 1859 das berühmte Buch „Vom Ursprung der Arten", sondern 1871 auch das weniger bekannte „Die Abstammung des Menschen". Hier finden wir die interessante Erläuterung, dass der Vorteil der Menschen nicht nur darin bestehe, dass sie zur Zusammenarbeit fähig seien (das gilt für Tiere auch), sondern zudem ihre Entscheidungen auf Vernunft, Liebe und Ethik gründen können. 135 Jahre später, also 2006, informiert uns der Mediziner, Psychotherapeut und Molekularbiologe Joachim Bauer, dass der Sinn für das Soziale sogar biologisch im Menschen verankert ist.

Gründen Heuschrecken-Mentalität, Massenentlassungen und die Präferenz des Shareholder Value auf diesem Sinn fürs Soziale? Basieren Rücksichtslosigkeit, Desinteresse und Arroganz eines Managers gegenüber seinen Mitarbeitern auf Vernunft, Liebe und Ethik? Gewiss nicht. Zwar liegen auch Feigheit, Ignoranz und Ungerechtigkeit in der Natur des Menschen. Aber genau darum geht es hier: um das Ziel praktizierter Ethik, das der Gemeinschaft (und ihm selbst) Abträgliche im Menschen im Zaum zu halten.

Das Gewissen eines anderen kann man nicht prüfen. So ist auch zunächst nicht erkennbar, ob ein Verantwortungsträger es ehrlich meint, wenn er zumindest dem Anschein nach was Anständiges tut. Ein Beispiel: Am 27. Oktober 2006 meldete die *Süddeutsche Zeitung*: „Als Reaktion auf die Kritik aus Arbeitnehmerkreisen haben Konzerne, die in Schwierigkeiten stecken, Einschränkungen bei Vorstandsgehältern angekündigt. Anfang Oktober hatte der Siemens-Vorstand beschlossen, auf eine 30-prozentige Gehaltserhöhung zu verzichten. Das eingesparte Geld soll Mitarbeitern der früheren Handy-Sparte von Siemens zugute kommen. Zuletzt hieß es bei der Deutschen Telekom, der Vorstand werde auf Teile des Gehaltes verzichten.“ Natürlich hat sich jeder Beobachter gefragt, was von diesem Verzicht wohl zu halten sei. Entspringt er Anstand oder Opportunismus?

Aber es ist nicht nur müßig, so zu fragen, da die Antwort nur von denen gegeben werden kann, die diese Prüfung betrifft, und wir auf ihre Ehrlichkeit angewiesen und somit wieder am Ausgangspunkt wären. Es hat auch keinen Sinn, dass die Außenstehenden diese Frage stellen. Innerhalb der Elite, die wir brauchen, muss sich der Verantwortungsträger selbst fragen: Meine ich es ehrlich? Und woran erkenne ich das? Die Antwort lautet: am Motiv der Handlung.

Entschieden ethisch

Ethik zur Verhaltensgrundlage zu machen bedeutet in der Konsequenz, nach den eigenen Motiven einer Entscheidung zu forschen, denn ob die Entscheidung selbst richtig ist oder nicht, zeigt sich oft erst im Nachhinein. Deshalb muss man sich bei der Selbstprüfung einem anderen Kriterium zuwenden, nämlich dem der eigenen Lauterkeit. Das Ziel ist es, sich nach der Entscheidung (und ihren Folgen) noch im Spiegel anschauen zu können. Und das geht nur, wenn man sicher sein kann: Mein Motiv war, gemessen an den Grundwerten von Ethik und Moral, untadelig.

Eine solche Haltung macht einen Menschen „echt“: Er strahlt Glaubwürdigkeit und Verlässlichkeit aus, da ihm beides auch sich selbst gegenüber wichtig ist. Eliten müssen viel entscheiden. Und auch bei noch so sorgfältiger Abwägung können sich Entscheidungen als falsch erweisen aufgrund von Umständen, für die man nicht verantwortlich ist. Einstehen muss man jedoch für das eigene Motiv der Entscheidung. Es muss redlich sein, untadelig, anständig. Es muss die Schranken der eigenen moralischen Kompetenz passiert haben. Das ist Ausdruck der Selbstachtung, und sie ist die Voraussetzung für die Achtung anderer und die Achtung durch andere.

Was sind lautere Motive? Solche, die nicht aus der Kurzsichtigkeit des Egoismus herrühren, die nicht auf fremde Kosten gehen, sondern die vielmehr auf der Erkenntnis fußen, wie viel stärker und erfolgreicher den Menschen gelebte Werte machen, die dem Ego scheinbar fern liegen: Demut und Selbstlosigkeit. Der Benediktinerpater und erfolgreiche Unternehmensberater Anselm Bilgri bringt den Managern, die an seinen Seminaren teilnehmen, die Aktualität der benediktinischen Ordensregeln nahe. Dazu gehören Demut, die *discretio* und die Devise „*Ora et labora*". Die Demut sorgt dafür, dass der Mensch in höherer Position die Bodenhaftung behält und das Führen als Dienen begreift. „Das Dienen, richtig verstanden, ist nicht mit Unterwürfigkeit und Buckelei zu verwechseln. Für heutige Führungskräfte besagt die Benediktsregel: Ich bin berufen, meinen Mitarbeitern dadurch zu dienen, dass ich ihnen nütze, ihnen helfe; dadurch, dass ich sie in ihrem Erfolg nicht behindere, sondern sie darin fördere."[195] Wer führt, dient – nicht anders als diejenigen, die er führt, allerdings auf anderer Ebene und mit höherem Schwierigkeitsgrad. Denn die Auffassung von Führen als Dienen ist freiwillig und folgt eigenen Vorgaben, während sich der Mitarbeiter zum „Dienst" vertraglich verpflichtet hat, sein Dienen also fremdbestimmt ist.

Die *discretio* ist die Weisheit vom Maßhalten oder von der klugen Unterscheidung bezogen auf die anderen: „Gute Chefs", sagt Bilgri, „lassen andere Erfolg haben. (...) Übersetzt in die Praxis bedeutet *discretio*: das Talent und die Stärke des anderen anzuerkennen. Eine gute Führungskraft zeichnet sich dadurch aus, dass sie auch andere erfolgreich sein lässt. Und wer den Erfolg des Mitarbeiters fördert, der bringt auch das Unternehmen voran."[196]

Ora et labora schließlich entspricht in etwa dem, was wir heute *Work-Life-Balance* nennen: die Bewusstheit der Kostbarkeit der eigenen Zeit, der eigenen Gesundheit, des eigenen Lebens und das entsprechende Verhalten plus einer guten Portion Spiritualität. Spiritualität braucht jeder Mensch, auch und gerade in verantwortlicher Position, für den Umgang mit sich selbst und mit der vielfältigen Verantwortung, die er zu tragen hat. Gelebte Spiritualität führt zu der befriedigenden Erkenntnis, dass es Sinn hat, diese Verantwortung zu tragen.

Bilgri nennt seine Vermittlung der zeitlos aktuellen benediktinischen Spiritualität „Wertemanagement". Dass es dabei um Werte der Menschlichkeit geht und die Seminare und Beratungen Bilgris auf reges Interesse unter den Führungskräften dieses Landes stoßen, macht klar, dass Spiritualität, Menschlichkeit und Ethik keine schönen Worte naiver Idealisten sind. Es sind großartige, wirksame Werte, die sich tatsächlich rentieren. Dies ist zu betonen vor allem gegenüber den strengen Rationalisten, die der Verwendung solcher Begriffe im Zusammenhang mit „dem Business" nur wenig abgewinnen können und deren Interesse zunächst nur über dieses Argument geweckt werden kann.

Die neue Elite aber weiß, dass es eigentlich genau anders herum läuft: Erst kommt die Einsicht in die Unabdingbarkeit der Ethik und ihre freiwillige Anwendung. Ihre „Rentabilität" (auch) im Wirtschaftsleben stellt sich danach ganz von allein ein. Sie zeigt sich beispielsweise an der Leistung und Loyalität der Mitarbeiter, die sich gefordert und anerkannt fühlen und dadurch motivierter sind; das bedeutet wiederum ein besseres Ergebnis – insgesamt der „Dominoeffekt" des besseren Betriebsklimas, das von positiver Stimmung und Freude an der Arbeit, also von guten Gefühlen, getragen wird.

Fühlen und Führen

Und das ist das Stichwort: Gefühle. Die Wirtschaft erholt sich von der Krise, materiell geht es uns so gut wie nie, auch Armut bedeutet heute nicht mehr, verhungern zu müssen. Dass wir trotzdem insgesamt unzufrieden sind, ist uns ebenfalls bewusst. Diese Unzufriedenheit hat für die Rückbesinnung auf die „alten" Werte gesorgt, die im jahrzehntelangen Kaufrausch untergegangen waren. Das allein ändert noch nichts zum Besseren. Wäre die Zahl der Analysen, der aufgestellten Forderungen und der To-Do-Listen zur positiven Veränderung des Verhaltens der Verantwortlichen ein Kriterium dafür, dass all den vielen Worten auch Taten folgen, dann wären wir längst aus dem Schneider.

Es muss wohl etwas Wesentliches fehlen in all den Bemühungen um Veränderung, wenn sich trotzdem nichts bewegt. Die Wertediskussion und noch mehr das „Bauchgefühl" so vieler, dass wir so nicht weitermachen können und wieder Werte leben müssen, Werte, die Mühe kosten werden, weil sie Verzicht, Bescheidenheit und Selbstlosigkeit bedeuten – all das drückt aus, was die Elite dieses Landes akzeptieren muss: dass sie beim ethischen Handeln Gefühle zulassen, Menschlichkeit leben und die Beziehungen in den Mittelpunkt stellen muss.

Wer sich nicht vorstellen kann, was Gefühle und Beziehungen in der Politik, in der Wirtschaft, beim Führen von Mitarbeitern, beim Strategiegespräch, beim Fällen weitreichender Entscheidungen zu suchen haben, gehört zu denen, die in Gefühlen und Menschlichkeit nur Synonyme für Schwäche und Angreifbarkeit sehen. Ihnen sei versichert: Auch sie fällen jede Entscheidung, ob beruflich oder privat, in letzter Konsequenz aufgrund ihrer Gefühle. Woher zum Beispiel kommen Ehrgeiz, Perfektionismus und Konkurrenzdenken, wenn nicht aus bestimmten Gefühlen? Der Wille, sich durchzusetzen, voranzukommen und Leistung zu zeigen zielt vordergründig auf eine Karriere oder materielle Güter ab. Vor allem aber auf Anerkennung, die der Erfolg aller Anstrengungen mit sich bringt. Unter dem Strich geht es immer um eines: Der Mensch will Wohlgefühl.

Weil wir aber innerhalb der geltenden Wirtschaftsstrukturen Gefühl und Menschlichkeit keinen Wert zuschreiben, bleibt das echte Wohlgefühl aus, das Erreichte bleibt unvollständig. Kaum jemand ist zufrieden, man will immer noch mehr – und ist sich nicht klar, dass dieses „Mehr" kein echter Gewinn ist und niemals zufrieden machen wird, dass vielmehr der gnaden-, weil gefühllose Ablauf der Wirtschaft noch den letzten Rest Mitleids-, Anstands- und Schamgefühl der Beteiligten eliminiert.

Wie kam es dazu, dass die Beteiligten so denken? Dass diese Welt des globalisierten Handelns nichts für „empfindsame" Naturen ist? Der Grund ist, dass Gefühle und Menschlichkeit, sprich Fehlbarkeit, unterschiedliche Leistungsfähigkeit und Bedürfnisse nicht (mehr) zugelassen sind. Dieses Nichtzulassen bedeutet jedoch nur Verdrängung, und so – um das Bild des Eisbergs zu bemühen – wirken diese Faktoren unter der Oberfläche weiter. Es gilt, sie nicht als negative Kräfte zu verdammen, sondern als positive Energien zu nutzen.

Wer etwas ändern will, muss die Dinge beim Namen nennen: Menschlichkeit, also auch das Zulassen von Gefühlen, ist unabdingbar, wenn diese zerstörerische Art des Umgangs miteinander wieder konstruktiv werden soll. Zur Menschlichkeit gehört ein grundsätzlicher Bedarf an Zuwendung, an Vertrauen, an Anerkennung. Zur Menschlichkeit gehören auch heterogene Daseinszustände: hier Power und dort Kraftlosigkeit, hier Fitness und dort Angeschlagenheit durch Krankheit oder seelische Ohrfeigen. Ewig jung, immer leistungsfähig, stets allein am mächtigsten – das ist nicht menschlich, das ist kein wirkliches Vorbild.

Das Bedürfnis, zu lieben und geliebt zu werden, ist menschlich. Und um all das nicht nur auf dem Papier beeindruckend zu finden, sondern an sich selbst zu erleben und in das eigene Umfeld, in den Beruf, in die Führungsetage hineintragen zu können, muss man zu allererst sich selbst lieben. Viele Führungskräfte tun sich schwer damit, schon allein mit dem Begriff. „Liebe“ gehört für sie ins Privatleben. Sie könnten damit anfangen, sich zumindest zu mögen, sich anzunehmen und achtsam mit sich selbst umzugehen. Die Wiederentdeckung von Werten wie „Integrität“, „Respekt“, „Wertschätzung“ und „Verantwortung“ und die Forderung nach entsprechend ethischem Handeln ist nichts anderes als Ausdruck der Sehnsucht nach Menschlichkeit.

Die neue Elite schlägt einen Weg ein, der Know-how, Leistung und Menschlichkeit wieder zusammenführt. Diese neue Elite tut dies bewusst, nachdem sie sich einem Prozess der Selbstfindung unterzogen hat, der zu zwei wesentlichen Erkenntnissen führt. Erstens: Wir sind dazu da, unsere Talente, unsere Privilegien und besonderen Möglichkeiten zu nutzen – nicht nur für uns selbst, sondern auch für möglichst viele andere. Und zweitens: Dieser Weg wird zu der Art Erfolg führen, der wirklich Sinn ergibt, der froh, zufrieden, sogar glücklich macht. Der geschäftliche, materielle Erfolg stellt sich dann, wenn alles Übrige passt, wie von allein ein. Die neue Elite folgt auf der Basis dieser Erkenntnisse der eigenen moralischen Kompetenz, die sie sich erarbeitet hat und an der sie immer weiter arbeitet.

3 Ethisch führen – Systemisch führen

Zu diesem Selbstverständnis der neuen Elite passt in der Praxis von Management und Leadership die systemische Führung wie der Schlüssel ins Schloss. Denn Systemische Führung und Spiritualität, Menschlichkeit und Gefühle sind keine Gegner, sondern Verbündete:

- Der systemische Blick ist nicht der unveränderliche, subjektive eines Einzelnen, sondern er ändert seine Position, versetzt sich zum Beispiel ins Gegenüber, um es besser zu verstehen. Und er erfasst das Gesamtbild von oben: die Zusammenhänge und das, was zwischen den einzelnen Größen und Akteuren geschieht.
- Die systemische Perspektive ist offen für Beziehungen, Kommunikation, Veränderung; sie lässt Raum für persönliches Wachstum, Mitunternehmertum, Eigenverantwortung, Engagement und Vertrauen.[197]
- Systemisches Führen setzt auf personenorientierte Entwicklung und Veränderung. Voraussetzung dafür ist ethisch fundierte Kommunikationskompetenz, wie sie die komplexen, dynamischen und kritischen Rahmenbedingungen heute erfordern. Dazu gehören Selbstvertrauen und ein Selbstbewusstsein, das zur *discretio* nach Anselm Bilgri fähig ist, dazu, sich zurückzunehmen, Dialoge und andere Mei-

nungen zuzulassen, den anderen anzuerkennen, seine Talente, sein Know-how und seine Erfolge.

- Systemisch zu führen bedeutet, individuell zu führen, einen eigenen, flexiblen Stil zu haben und diesen nicht nur den Gegebenheiten und der Organisation, sondern ganz besonders den Menschen anzupassen, die man führt auf der Grundlage einer Wertschätzung, die beim Gegenüber Vertrauen und Motivation weckt.

Für systemische Führung entscheiden sich die neuen Macher, Visionäre und Vorbilder im Wissen um die Macht der Gefühle und in dem Bewusstsein, dass sie nicht nachteilig, sondern von Vorteil auch im Wirtschaftsleben sind, wenn man sie nur zulässt und richtig mit ihnen umgeht.

Die neue Elite „gestattet" sich nicht Gefühle und „Schwächen" – sie ist sich vielmehr völlig im Klaren darüber, dass sie ein wichtiger Teil eines jeden von uns sind, und dass es nicht nur unmöglich, sondern dumm und kontraproduktiv ist, sie ignorieren zu wollen. Die neue Elite weiß, dass gesellschaftliches Renommee, eine verantwortungsvolle Position oder ein Doktortitel nicht zu ewiger Leistungsfähigkeit, Jugendlichkeit und Fehlerlosigkeit verpflichten. Oder dazu, nur ja niemals vor Mitarbeitern zuzugeben, sich nicht fit zu fühlen, etwas nicht zu wissen oder eine zweite Meinung gebrauchen zu können.

Die neue Elite weiß, dass man auch ein Mensch bleibt, wenn man zu den „oberen Zehntausend" und auf dem Weg in die Chefetage seine Seele nicht abgibt. Die Seele braucht Nahrung in Form von Spiritualität. Spiritualität zum Teil des persönlichen Leben und Arbeitens zu machen heißt, Begriffe wie „Liebe" nicht mehr nur im Privaten zu verorten, sondern zu erkennen: Liebe ist eine ungeheure Kraft, die in jeder Form des Miteinanders genutzt werden sollte, auch und gerade im Unternehmen. „Weil die Liebe unser Ratgeber ist, stellen wir nicht länger die Frage: ‚Was ist für mich drin', sondern fragen: ‚Was ist gut für das Wohl aller und für dich?' Für dich Mitarbeiter, Zulieferer, Kunde. Geben führt zu Nehmen, Teilen führt zu Vermehren. Das ist das Prinzip des Lebens und es ist hoffentlich in absehbarer Zeit auch das Prinzip im Business."[198]

Für die heutige Führungsgeneration mag es schwer sein, Begriffe wie „Spiritualität" und „Liebe" mit Führung in Verbindung zu bringen. Die neue Elite hat damit absolut keine Probleme. Während bisher noch die Einstellung vorherrscht, Gefühle seien überflüssig, ja schädlich, besonders dann, wenn es um das Geschäft geht, wird die neue Führung dieses Landes eine realistischere Sicht der Dinge vermitteln. Denn letztlich und im tiefsten Grund basiert jede Entscheidung und Handlung auf Gefühlen. Geschäftsleute sind überzeugt, stets mit dem Verstand zu entscheiden. „Wenn unser Verstand das Steuer in der Hand hat, leiden wir emotional, weil wir emotionale Daten zu unserem Feind erklärt haben. Wir versuchen, alle Situationen und Beziehungen unter Kontrolle zu halten und die Macht über unsere Emotionen zu bewahren. (...) Der Wille wird dabei von Angst und dem sinnlosen Wunsch nach Kontrolle gelenkt.“[199]

Die systemische Führung ist ethisch fundierte Führung. Und die neue Elite, die nächste Führungsgeneration, wird die Entscheidung treffen pro Ethik und Verantwortung für sich und die Gemeinschaft.

Der Philosoph Robert Spaemann stellte fest: „Kant schlägt vor, Handlungen daraufhin zu betrachten, ob man sie als Teil einer menschenwürdigen Gesamtordnung des Lebens vorstellen kann. Die neue Ethik schlägt vor zu fragen, ob eine Handlung geeignet ist, einen solchen menschenwürdigen Zustand der Dinge herbeizuführen.“[200] So möchte ich mein Führungs-Credo ebenfalls verstanden wissen: Gute, erfolgreiche, wirksame und beziehungsorientierte Führung bedeutet, eine Welt zu gestalten, der andere gerne angehören wollen – eine Aufgabe, der sich die Elite zu widmen hat. Diese Welt wird eine viel höher entwickelte als die derzeitige sein, die im Materialismus erstarrt ist. In der Welt der neuen Elite setzen die Verantwortlichen alles daran, ihre Ethik zu entwickeln und zu leben: menschlich, redlich, gemeinschaftlich und selbstbezogen zugleich.

Die neue Elite propagiert kein aufgesetztes Gutmenschentum, das sich zwar in Worten und auf dem Papier gut anhört, das sie aber nicht verinnerlicht hat. Sie wird überzeugen, weil sie das, was sie vermitteln will, nicht aus Büchern hat, sondern aus der praktischen Erfahrung. Sie erkämpft und erreicht zunächst für sich selbst, was sie dann nach außen vertritt. Die neue Führungsgeneration „präsentiert“ nicht Ethik, sondern repräsentiert sie konkret durch sich selbst – als Gruppe echter, ehrenhafter, integrer und glaubwürdiger Praktiker der Ethik.

Diese Vision kann man mit Blick auf die Kräfte, die sich in allen Bereichen unserer Gesellschaft für ein von dauerhaften Werten geleitetes Denken und Handeln entfalten, nicht mehr utopisch nennen. Sie mag noch das Etikett „idealistisch“ verdienen. Mit der neuen Elite wird sie realisierbar sein.

LITERATUR

Bauer, Joachim: Prinzip Menschlichkeit. Warum wir von Natur aus kooperieren. Hamburg 2006

Bofinger, Peter: Wir sind besser, als wir glauben. Hamburg 2006

Drucker, Peter F.: Neue Management-Praxis. Band 1, Düsseldorf 1974

Drucker, Peter F.: Was ist Management? Das Beste aus 50 Jahren. München 2004

Duden, Band 7: Etymologie. Überarbeiteter Nachdruck der 2. Auflage, Mannheim 1997

Endruweit, Günter/Trommsdorf, Gisela (Hg.): Wörterbuch der Soziologie. 2. Aufl., Stuttgart 2002

Ernst & Young, F.A.Z.-Institut (Hrsg.): Innovativ in die Zukunft. Siegerstrategien im deutschen Mittelstand. Stuttgart, Frankfurt/M. 2005

Funke, Ole/Radke, Sören: Erfolgsmodell Deutschland – Was sind unsere Werte wert? Aus: II. Bayreuther Dialoge. Dokumentation hrsg. von den Organisatoren der Bayreuther Dialoge, Bayreuth 2005

Gerlach, Ekkehart: Führung und Kommunikation In: Becker, L./Ehrhardt, J./Gora, W. (Hg.): Neue Führungskunst. Führungskonzepte und Führungskompetenz. Düsseldorf 2006

Glotz, Peter: Vom Kulturkampf in einer beschleunigten Gesellschaft. In: Orientierung für die Zukunft. Bildung im Wettbewerb. Hrsg. von der Alfred Herrhausen Gesellschaft für internationalen Dialog. München 2001

Gushurst, Klaus-Peter/Vogelsang, Gregor: Die neue Elite. Weinheim 2006

Hartmann, Michael: Der Mythos der Leistungselite. Frankfurt/New York 2002

Heinrichs, Johannes: Sprung aus dem Teufelskreis. Logik des Sozialen und Natürliche Wirtschaftslehre, aktualisierte Neuauflage, Ingolstadt 2005

Hemel, Ulrich: Wert und Werte. Ethik für Manager – Ein Leitfaden für die Praxis. München, Wien 2005

Herrmann, Wolfgang A: Bildung im globalisierten Dorf. In: Eliten und Demokratie – Wirtschaft und Wissenschaft im Dialog. Hrsg. von Marion Gräfin von Doenhoff, Hubert Markl und Richard v. Weizsäcker. München 1999

Höhn, Alexander/Pinnow, Daniel F.: Vorsicht Entwicklung. Leonberg 2003

Kant, Emanuel: Die Metaphysik der Sitten. Werkausgabe. Hrsg. von Wilhelm Weischedel, Band VIII., 9. Auflage, Frankfurt 1991

Kets de Vries, Manfred: Das Geheimnis erfolgreicher Manager. München 2002

Kirchhof, Paul: Das Gesetz der Hydra. Gebt den Bürgern ihren Staat zurück! München 2006

Köhler, Horst: Wo wollen wir hin? – Rede anlässlich der Konferenz „Demografischer Wandel“ in Berlin am 6. Dezember 2005. In: Bertelsmann-Stiftung (Hrsg.): Forum, 1/2006, S. 6 ff. Gütersloh 2006

König, Matthias (Hrsg.): Unternehmensethik konkret. Gesellschaftliche Verantwortung ernst gemeint. Wiesbaden 2002

Kotter, John P.: Wie Manager richtig führen. München 1999

Krämer, Hans: Integrative Ethik. Frankfurt/Main 1992

Krainer, Larissa: Medien und Ethik. Zur Organisation medienethischer Entscheidungsprozesse. München 2001

Lay, Rupert/Posé, Ulf D: Die neue Redlichkeit. Werte für unsere Zukunft. Frankfurt/Main 2006

Luhmann, Niklas: Soziale Systeme. Frankfurt 1984

Mayer, Karl Ulrich: Abschied von der Elite. In: Deutschlands Eliten im Wandel. Hrsg. von Herfried Münkler, Grit Straßenberger und Matthias Bohlender. Frankfurt/New York 2006

Mößbauer, Rudolf Ludwig: Zeugen des Wissens. Mainz 1996

Moss Kanter, Rosabeth: Bis zum Horizont und weiter. Management in neuen Dimensionen. München/Wien 1998

Mrozek, Bodo: Lexikon der bedrohten Wörter. Reinbek 2005

Münkler, Herfried Straßenberger, Grit/Bohlender, Matthias (Hg.): Deutschlands Eliten im Wandel. Frankfurt/New York 2006

Myss, Caroline: Chakren – Die sieben Zentren von Kraft und Heilung. München 2000

Pinnow, Daniel F.: Führen – Worauf es wirklich ankommt. Wiesbaden 2005

Pinnow, Daniel F.: Führen – Macht – Sinn, Management Guide 2004, Akademie für Führungskräfte der Wirtschaft GmbH. Bad Harzburg 2003

Pinnow, Daniel F.: Führen Lieben Wachsen, Management Guide 2003, Akademie für Führungskräfte der Wirtschaft GmbH. Bad Harzburg 2002

Rinpoche, Sogyal: Das tibetische Buch vom Leben und vom Sterben. 4. Aufl., Frankfurt/Main 2006

Seneca: Briefe über die Ethik. In: Ders., Philosophische Schriften. Hrsg. von. Manfred Rosenbach, Band 4. Darmstadt 1999

Sprenger, Reinhold: Vertrauen führt. Frankfurt/Main 2002

Thommen, Jean-Paul/Achleitner, Ann-Kristin: Allgemeine Betriebswirtschaftslehre. 5. Aufl., Wiesbaden 2006

Ulrich, Peter/Thielemann, Ulrich: Wie denken Manager über Markt und Moral? Empirische Untersuchung unternehmensethischer Denkmuster von Führungskräften, Berichte des Instituts für Wirtschaftsethik der Universität St. Gallen Nr. 50. St. Gallen 1992

Weber, Max: Politik als Beruf. Ditzingen 1992

Weber; Max: Wirtschaft und Gesellschaft. Tübingen 1972

Wiedeking, Wendelin: Anders ist besser. Ein Versuch über neue Wege in Wirtschaft und Politik. München 2006

QUELLEN

PRESSE/INTERNETPUBLIKATIONEN:

brand eins, Wirtschaftsmagazin:
Ausgaben April 2002, Mai 2003 (Schwerpunktthema „Werte“), August 2003 (Schwerpunktthema „Eliten“)

changeX – Online-Magazin für Wandel in Wirtschaft und Gesellschaft

enable – besser wirtschaften 08/2006, Management-Magazin, Beilage der Financial Times Deutschland

Financial Times Deutschland:
16.03.2006 / 29.03.2006 / 24.07.06
Internet-Ausgabe (ftd.de):
08.12.2005 / 17.12.2005 / 08.06.2006 / 12.06.2006

Frankfurter Allgemeine Zeitung:
21.08.1997 / 23.10.1999 / 20.06.2006 / 30.07.2006 / 31.10.2006 / 04.11.2006 / 11.11.2006

Frankfurter Allgemeine Sonntagszeitung:
15.10.2006 / 03.09.2006 / 10.09.2006 / 01.10.2006 / 15.10.2006

Frankfurter Rundschau:
10.01.2004

Hamburger Abendblatt:
14./15.01.2006

Handelsblatt:
12.12.2005 / 09.02.2006
07.06.2006 / 22.09.2006
Internetausgabe (Handelsblatt.com):
11.09.06

Handelszeitung (www.handelszeitung.ch):
Executive Plus, 7. März 2001
impact – Informationszeitschrift von *basis* (Basler Institut für Sozialforschung und Sozialplanung):
03/2001

INSight, Medienmagazin:
02/2005
01/2006

Kölner Stadtanzeiger (Internet-Ausgabe www.ksta.de):
09.09.2006

Labyrinth (Zeitschrift der Deutschen Gesellschaft für das hochbegabte Kind e.V.):
Sonderheft ELITE, April 1998

manager magazin:
07/2006

perspektive blau – Internet-Wirtschaftszeitschrift (http://www.perspektive-blau.de/artikel/0601b/0601b.htm)

Stuttgarter Zeitung:
11.02.2006

Süddeutsche Zeitung:
05.06.2004 / 28.04.05 / 26.06.06 / 01.07.2006 / 07.07.2006 / 29.07.2006 / 05.08.2006 / 21.08.06 / 13.09.2006 / 16.09.06 / 23.09.06 / 06.10.2006 / 09.10.2006 / 16.10.2006 / 23.10.06 / 03.11.06

sz-magazin:
Nr. 25, 23.06.2006

trend – Zeitschrift für Soziale Marktwirtschaft:
Heft Nr. 106, 2006

Uni-Journal der Universität Marburg:
Februar 2006

VDI nachrichten, Wochenzeitung für Ingenieure und technische Fach- und Führungskräfte:
30.06.06

Die Welt:
10.09.2005 / 28.09.06
Internetausgabe (Die Welt.de):
11.04.2004 / 07.12.2004 / 04.02.2006 / 05.11.2006

Wirtschafts-Woche:
06.04.2005

Die Zeit:
09.07.1993 / 01.12.2005 / 01.12.2005 / 30.03.2006
Internetausgabe (Zeit.de):
04.06.2004

HÖRFUNK

Deutschlandfunk, Sendung „Informationen und Musik“, 15.10.2006, Interview mit Wolfgang Frühwald

SWR2, Reihe „Wissen“, 23.06.06 („Gottlose Moral – Ethik ohne Religion“)

INTERNETQUELLEN

www.die-akademie.de – Internetseite der Akademie für Führungskräfte der Wirtschaft GmbH, Überlingen

www.apb-tutzing.de – Internetseite der Akademie für Politische Bildung, Tutzing www.a-zu.de – Internetseite „Anselm Bilgri – Zentrum für Unternehmenskultur“

www.bat.de – Internetseite des BAT Freizeitforschungsinstituts, Hamburg

www.bmbf.de – Internetseite des Bundesministeriums für Bildung und Forschung

www.br-online.de – Internetseite des Bayerischen Rundfunks

www.brockhaus.de, Online-Ausgabe „Der Brockhaus“. Permanent aktualisierte Online-Auflage. Leipzig, Mannheim: F.A. Brockhaus 2002-2006

www.bpb.de – Bundeszentrale für politische Bildung, Text Grundgesetz der Bundesrepublik Deutschland

www.bildblog.de – Internetseite mit „Notizen über eine große deutsche Boulevardzeitung“

www.bundespraesident.de – Internetseite des Deutschen Bundespräsidenten

www.callnrw.de – Internetseite „Bürger- und Servicecenter“ der Landesregierung Nordrhein-Westfalen

www.columbus.ag – Internetseite der Columbus Holding AG

www.columbus-artfoundation.de – Internetseite der Columbus Art Foundation (unter dem Dach der Columbus Holding AG)

www.dbreserach.com – Internetseite Deutsche Bank Research – Think Tank für Trends in Wirtschaft, Gesellschaft und Finanzmärkten

www.destatis.de – Internetseite des Statistischen Bundesamtes

www.dmvev.de – Internetseite des Deutschen Manager Verbands e.V.

www.elektroniknet.de – gemeinsamer Webdienst der Fachzeitschriften Markt&Technik, Elektronik, Elektronik Automotive, DESIGN&ELEKTRONIK und Computer&AUTOMATION der WEKA Fachzeitschriften-Verlag GmbH

www.ethiknet.de – Internetseite „Ethiknet“, Initiative des Instituts Technik – Theologie – Naturwissenschaften an der Ludwig-Maximilians-Universität München

http://europa.eu/ – Internetseite der Europäischen Union

www.gfk.com – Internetseite der Gesellschaft für Konsumforschung, Nürnberg

www.herrmannsdorfer.de – Internetseite der Herrmannsdorfer Landwerkstätten, Glonn

www.in-fuehrung-gehen.de – Internetaktion, Hg.: Akademie für Führungskräfte der Wirtschaft GmbH, Überlingen (www.die-akademie.de)

www.investorwords.com – web investing glossary

www.langenscheidt.de – Internetseite der Verlagsgruppe Langenscheidt

www.medienrat-institut.de – Internetseite des Medienrat-Instituts für Qualität im Journalismus

http://67131.nibis.de – Internetseite des Graf-Stauffenberg-Gymnasiums Osnabrück

www.oekoinstitut.de – Internetseite des Öko-Instituts e.V. (Freiburg)

www.openPR.de – offenes PR-Internetportal

www.perspektive-mittelstand.de – Internetseite der „Perspektive Mittelstand“ (Initiative zur Förderung der Leistungs- und Wettbewerbsfähigkeit kleiner und mittelständischer Unternehmen)

www.ubs.sbg.ac.at – Internetseite der Universität Salzburg

www.sgipt.org – Internetpublikation für Allgemeine und Integrative Psychotherapie IP-GIPT

www.socialbc.com – Internetseite des Social Business Club

www.trigema.de – Internetseite des Trikotherstellers Trigema, Burladingen

www.uni-erfurt.de – Internetseite der Universität Erfurt

www.uni-potsdam.de – Internetseite der Universität Potsdam

www.uni-protokolle.de – Internetseite zur Information über Ausbildung, Studium und Beruf

www.vaude.de – Internetseite der Firma Vaude (Bergsportprodukte)

www.wikipedia.de – freie Internet-Enzyklopädie

www.willigis-jaeger.de – Internetseite des Benediktiners und Zen-Meisters Willigis Jäger

www.wuppertal.ihk24.de – Internetseite der IHK Wuppertal-Solingen-Remscheid

www.xing.com – Internetseite von XING – globales Networking für Geschäftsleute

www.zdh.de – Internetseite des Zentralverbands des Deutschen Handwerks e.V.

SONSTIGE

Akademie Studie 2003 Führen in der Krise – Führung in der Krise? Führungsalltag in deutschen Unternehmen

Akademie Studie 2005 Entweder- oder: Wie entscheidungsfreudig sind deutsche Manager?

Browne, Dirk: Hägar der Schreckliche (Cartoon-Serie, Goldmann Verlag München)

Datenreport 2006, hrsg. vom Statistischen Bundesamt, Wissenschaftszentrum Berlin, Bundeszentrale für politische Bildung und Zentrum für Umfragen, Methoden und Analysen

Ebel-Gerlach, Helga: Neue Strukturen in Unternehmen: Chancen – Risiken – Probleme. In: Dokumentation des VDI Verlags zum 11. VDI nachrichten Forum – Unternehmen auf dem Weg in das dritte Jahrtausend. Umstellungsprobleme, Leistungsverdichtung, Überbelastung. Düsseldorf 1996

Institut für Demoskopie Allensbach, Jahrbuch Bd. 10, 1993-1997, Bonn 1997

Institut für Demoskopie Allensbach, Jahrbuch Bd. 11, 1998-2002, München 2002

ANMERKUNGEN

1 Zur systemischen Führung siehe: Pinnow, Daniel F.: Führen – Worauf es wirklich ankommt. Wiesbaden 2005.

2 Ernst & Young, F.A.Z.-Institut (Hrsg.): Innovativ in die Zukunft. Siegerstrategien im deutschen Mittelstand. Stuttgart, Frankfurt/M. 2005.

3 Bofinger, Peter: Wir sind besser, als wir glauben. Reinbek b. Hamburg 2006.

4 Glotz, Peter: Vom Kulturkampf in einer beschleunigten Gesellschaft. Aus: Orientierung für die Zukunft. Bildung im Wettbewerb. Hrsg. von der Alfred Herrhausen Gesellschaft für internationalen Dialog. München 2001.

5 Rau, Johannes: Berliner Rede vom 1. Juli 2004. Dokumentiert im Internet unter http://www.bundespraesident.de/Reden-und-Interviews/Berliner-Reden-,12094/Berliner-Rede-2004.htm

6 Siehe auch Pinnow, Daniel F.: Führen – Worauf es wirklich ankommt. Wiesbaden 2005.

7 Sprenger, Reinhold: Vertrauen führt. Frankfurt 2002.

8 Bofinger, Peter: Wir sind besser als wir glauben. Reinbek b. Hamburg 2006.

9 Gallup-Umfrage, beschrieben in: World Economic Forum (Hrsg.): Voice of the people 2004. Survey on Trust. Genf 2004.

10 Reiter, Markus: Sag mir, was die Worte heißen. In: Stuttgarter Zeitung, Wochenendbeilage, 11. 02.2006.

11 Gushurst, Klaus-Peter/Vogelsang, Gregor: Die neue Elite. Weinheim 2006.

12 Glotz, Peter: Vom Kulturkampf in einer beschleunigten Gesellschaft. A.a.O.

13 Hulverscheidt, Claus/Tutt, Cordula: Deutschland Schlusslicht bei Geburten. In: Financial Times Deutschland, 16.03.2006.

14 Köhler, Horst: Wo wollen wir hin? – Rede anlässlich der Konferenz „Demografischer Wandel" in Berlin am 6. Dezember 2005. Zitiert nach: Bertelsmann-Stiftung (Hrsg.): Forum, 1/2006, S. 6 ff. Gütersloh 2006.

15 Statistisches Bundesamt 2005, www.destatis.de

16 II. Bayreuther Dialoge: Was sind unsere Werte wert? Darin: Thesenpapier, S. 4 ff. Dokumentation hrsg. von den Organisatoren der Bayreuther Dialoge, Bayreuth 2005. Zu finden unter www.bayreuther-dialoge.de

17 Gushurst, Klaus-Peter/Vogelsang, Gregor: Die neue Elite. Weinheim 2006.

18 vgl. http://www.bcg.com/

19 Siehe: Funke, Ole/Radke, Sören: Erfolgsmodell Deutschland – Was sind unsere Werte wert. Aus: II. Bayreuther Dialoge. Dokumentation hrsg. von den Organisatoren der Bayreuther Dialoge, Bayreuth 2005.

20 Deutsche Bank Research: Inshoring-Ziel Deutschland. Globale Vernetzung ist keine Einbahnstraße. Frankfurt. Februar 2006.

21 Gushurst, Klaus-Peter/Vogelsang, Gregor: Die neue Elite. Weinheim 2006, S. 127.

22 „Unter Tugend (Herk.: ‚taugen' im Sinne einer allgemeinen Tauglichkeit, lat. virtus [...]) versteht man eine Fähigkeit und innere Haltung, das Gute mit innerer Neigung (d. h. leicht und mit Freude) zu tun. Der tugendhafte Mensch hat sich das Gute gleichsam zur zweiten Natur gemacht. Im allgemeineren Kontext bezeichnet man mit Tugend den Besitz einer positiven Eigenschaft." (www.wikipedia.de)

23 Carl Graf Hohenthal: Die Ethik der Wirtschaft. In: Die Welt, 11. 04.2004.

24 Hemel, Ulrich: Wert und Werte. Ethik für Manager – Ein Leitfaden für die Praxis. München, Wien 2005, S. 141.

25 Heinrichs, Johannes: Sprung aus dem Teufelskreis. Logik des Sozialen und Natürliche Wirtschaftslehre, aktualisierte Neuauflage. Ingolstadt 2005.

26 Weber, Max: Politik als Beruf. Ditzingen 1992.

27 Carl Graf Hohenthal: Die Ethik der Wirtschaft. Quelle: welt.de 11.04.05.

28 Cartoon-Serie von Dirk Browne.

29 Internetseite des Graf-Stauffenberg-Gymnasiums Osnabrück, Seite „Fach Werte und Normen", http://67131.nibis.de/faecher/wun/ethik_und_werte_und_normen_unterricht.htm

30 „Gottlose Moral – Ethik ohne Religion", 23.06.06 (Hörfunksendung SWR2 Wissen).

31 Ebda.

32 Angewandte Ethik. Eine Einführung mit Literaturhinweisen von Martin Amerbauer, Universität Salzburg (http://www.ubs.sbg.ac.at/people/Philo6.pdf).

33 GG Artikel 20a Umweltschutz: „Der Staat schützt auch in Verantwortung für die künftigen Generationen die natürlichen Lebensgrundlagen und die Tiere im Rahmen der verfassungsmäßigen Ordnung durch die Gesetzgebung und nach Maßgabe von Gesetz und Recht durch die vollziehende Gewalt und die Rechtsprechung."

34 Süddeutsche Zeitung , 26.06.06, Aktuelles Lexikon.

35 Süddeutsche Zeitung, 29.07.2006.

36 SPD-Parteivorstand (Hg.): Programmheft I. Tradition und Fortschritt. Januar 2005, Quelle: http://eintreten.spd.de/servlet/PB/show/1668870/221204_programmheft_1.pdf

37 Ethiknet (www.ethiknet.de), eine Initiative des Instituts Technik – Theologie – Naturwissenschaften an der Ludwig-Maximilians-Universität München, ist eine gemeinsame Plattform von wissenschaftlichen Instituten im deutschen Sprachraum, die sich mit ethischen Fragen aus Naturwissenschaft, Medizin, Technik und Wirtschaft beschäftigen.

38 Annemarie Pieper, Professorin für Philosophie Uni Basel, zitiert in: impact – März 2001, Hg: basis – Basler Institut für Sozialforschung und Sozialplanung.

39 Heinrichs, Johannes: Sprung aus dem Teufelskreis. Sozialethische Wirtschaftstheorie – Bd. 1, Steno Verlag, Neuauflage. Ingolstadt 2005.

40 Vgl. Akademie Studie 2003: Führen in der Krise – Führung in der Krise?, Akademie für Führungskräfte der Wirtschaft GmbH. Bad Harzburg 2003.

41 Vgl. Interview bei brand eins, Heft 4/2002.

42 Hemel, Ulrich: Wert und Werte. Ethik für Manager – Ein Leitfaden für die Praxis. München, Wien 2005.

43 Ebda.

44 Die Zeit, 09.07.1993 („Worte der Woche“).

45 Hemel, Ulrich: Wert und Werte. Ethik für Manager – Ein Leitfaden für die Praxis. München, Wien 2005.

46 Ebda.

47 Lieber glücklich als reich. Umdenken: Die Deutschen definieren Wohlstand neu. BAT Freizeitforschungsinstitut, Forschung aktuell, Ausgabe 190, 27. Jg., 02.05.2006.

48 Handelsblatt, 12.12.2005.

49 „Zeitwohlstand“, BAT Freizeitforschungsinstitut, Forschung aktuell, Ausgabe 182, 25. Jg., 24.08.2004.

50 Frankfurter Allgemeine Zeitung, 30.07.2006.

51 Institut für Demoskopie Allensbach, Jahrbuch Bd. 10, 1993–1997.

52 Institut für Demoskopie Allensbach, Jahrbuch Bd. 11, 1998–2002.

53 Financial Times Deutschland, 24.07.06.

54 Die Welt, 10.09.2005.

55 Ebda.

56 „Der Begriff Wirtschaft (Wortbedeutung: Wert schaffen) umschreibt alle Einrichtungen und Handlungen von Menschen mit dem Ziel, die in der Umwelt vorhandenen Ressourcen und die vom Menschen geschaffenen Ressourcen zur Befriedigung ihrer materiellen und immateriellen Bedürfnisse zu nutzen und zu fördern.“ Quelle: www.wikipedia.de

57 König, Matthias (Hrsg.): Unternehmensethik konkret. Gesellschaftliche Verantwortung ernst gemeint. Wiesbaden 2002.

58 Hemel, Ulrich: Wert und Werte. Ethik für Manager – Ein Leitfaden für die Praxis. München, Wien 2005, S. 142.

59 Aus einem Referat von Annemarie Pieper, Professorin für Philosophie, Uni Basel, gehalten während einer Tagung am 15.12.2000 im Rahmen des Nachdiplomstudiums „Betriebswirtschaftliches Management von Non-Profit-Organisationen“. Quelle: impact – März 2001, Hg: basis – Basler Institut für Sozialforschung und Sozialplanung an der FHS.

60 Bernhard von Mutius: Wert + Werte = Zukunftsfähigkeit. Über das Konzept wertebalancierter Unternehmensführung: Quelle: changeX, Online-Magazin für Wandel in Wirtschaft und Gesellschaft, 30.07.2004, http://changex.de/d_a01531.html

61 Duden, Band 7: Etymologie – überarb. Nachdruck der 2. Auflage, 1997.

62 Wirtschafts-Woche, 06. 05.2005.

63 Greiner, Ulrich: Wahnsinnige Gewinne – Eine neue Generation von Unternehmern spielt mit dem sozialen Frieden. Eine Polemik. In: Die Zeit, 01.12.2005.

64 Wirtschaftsverband Industrieller Unternehmen in Baden e.V., Freiburg (rund 1.000 Mitgliedsfirmen mit 150.000 Arbeitsplätzen); Quelle Zitat: http://www.wvib.de/, dort pdf-Datei „Leitbild"

65 Mayer, Karl Ulrich: Abschied von der Elite. In: Deutschlands Eliten im Wandel, hg. von Herfried Münkler, Grit Straßenberger und Matthias Bohlender. Frankfurt/New York 2006.

66 „Deutschlands Eliten im Wandel", hg. von Herfried Münkler, Grit Straßenberger und Matthias Bohlender. Frankfurt/New York 2006.

67 www.Langenscheidt.de

68 Selbst „Auslese" und „die Besten" sind Begriffe, deren konkrete Inhalte von aktuell geltenden Werten bestimmt wird; vgl. Kapitel I, 2. Auch die Nationalsozialisten hatten ihre Auslese, ihre Besten – und ihre Elite.

69 Bernhard Schäfers, Elite. In: „Aus Politik und Zeitgeschichte", Beilage in „Das Parlament", Nr. 10, 01.03.2004

70 Quelle: Interview in brand eins, 8/2003.

71 Ebda.

72 Hartmann, Michael: Der Mythos der Leistungselite. Frankfurt/New York 2002.

73 Miegel, Meinhard: Nachdenken über Eliten. In: Labyrinth (Zeitschrift der Deutschen Gesellschaft für das hochbegabte Kind e.V.), Sonderheft Elite, April 1998.

74 „Die Not mit dem Image", Frankfurter Allgemeine Sonntagszeitung, 15.10.2006.

75 Der Konjunktiv ist nicht grammatikalisch zu erklären. Der Unterschied zwischen „Image" und „Ruf" sei am Beispiel eines Hollywood-Films erläutert: Mit einem PR-Aufwand, der heute manchmal mehr kostet als der Film selbst, versuchen die Produzenten, schon vor dem Filmstart ein „gutes Image", also eine positive Vorstellung beim Publikum zu erzeugen. Der Erfolg wird dennoch ausbleiben, wenn dem Image kein „guter Ruf" folgt – der einen Erfahrenswert weitergibt, nämlich durch die Mundpropaganda derer, die ihn zuerst gesehen haben.

76 Stampfli, Heinrich P.: Der Manager von Morgen. Handelszeitung, Executive Plus, 07.03.2001, Quelle: www.handelszeitung.ch

77 Gallup-Umfrage beschrieben in: World Economic Forum (Hrsg.): Voice of the people 2004. Survey on Trust. Genf 2004.

78 Mit dem GfK-Vertrauensindex erfasst GfK Custom Research Worldwide das Vertrauen der Bürger in Juristen, Journalisten, Kirchenvertreter, Lehrer, Manager, Mediziner, das Militär, Politiker und Polizei. Dazu hat GfK Custom Research Worldwide von März bis Mai 2005 insgesamt 16.040 Personen in 18 Ländern befragt. Mehr Infos: www.gfk.com

79 Zitiert in: Akademie-Studie 2006: Auf gut Glück oder alles unter Kontrolle: Wie vertrauen deutsche Manager? Befragung von 350 Führungskräften der Wirtschaft, Akademie für Führungskräfte der Wirtschaft. Quelle: www.die-akademie.de

80 Reiter, Markus: Sag mir, was die Worte heißen. In: Stuttgarter Zeitung, 11.02.2006.

81 Lau, Jörg: Das Maß aller Dinge. In: Die Zeit, 30.03.2006.

82 Herrmann, Wolfgang A.: Bildung im globalisierten Dorf. In: Eliten und Demokratie – Wirtschaft und Wissenschaft im Dialog, hg. von Marion Gräfin von Doenhoff, Hubert Markl und Richard v. Weizsäcker zu Ehren von Eberhard von Kuenheim, Siedler Verlag, 1999.

83 Ebda.

84 Ebda.

85 Hartmann, Michael: Der Mythos von den Leistungseliten. Frankfurt/Main 2002.

86 Der Mythos von den Leistungseliten. In: Akademie-Report 4/04 (Hg. Akademie für Politische Bildung, Tutzing), http://www.apb-tutzing.de/akademieReport/20044/20044.pdf

87 Zitiert in: Frankfurter Allgemeine Sonntagszeitung vom 15.10.2006.

88 Geiger, Stefan: Eigentum verpflichtet. Aber wozu verpflichtet es? Nachdruck in der Süddeutschen Zeitung vom 28.04.05.

89 Süddeutsche Zeitung vom 28.03.07.

90 Fünfte Studie zur Bezahlung deutscher und europäischer Konzernlenker, die das manager magazin gemeinsam mit Finanzprofessor Reinhart Schmidt von der Universität Halle-Wittenberg und Gehaltsexperten erstellt. Zugleich hat das Magazin die Vergütung der mehr als 120 Spitzenmanager mit ihrer Leistung verglichen, vgl. manager magazin 07/2006.

91 Süddeutsche Zeitung, 01.07.2006.

92 Greiner, Ulrich: Wahnsinnige Gewinne. In: Die Zeit, 01.12.2005.

93 Hemel, Ulrich: Wert und Werte. Ethik für Manager – Ein Leitfaden für die Praxis. München, Wien 2005.

94 www.dmvev.de, Pressemitteilung vom 01.02.2006.

95 Quelle: www.welt.de, 04.02.2006.

96 Hemel, Ulrich: Wert und Werte. Ethik für Manager – Ein Leitfaden für die Praxis. München, Wien 2005.

97 Spagat zwischen Ethik und Gewinnstreben, VDI nachrichten vom 30.06.06.

98 Hemel, Ulrich: Wert und Werte. Ethik für Manager – Ein Leitfaden für die Praxis. München, Wien 2005.

99 Wiedeking, Wendelin: Anders ist besser. Ein Versuch über neue Wege in Wirtschaft und Politik. München 2006.

100 Hemel, Ulrich: Wert und Werte. Ethik für Manager – Ein Leitfaden für die Praxis. München, Wien 2005.

101 Greiner, Ulrich, Ulrich: Wahnsinnige Gewinne. In: Die Zeit, 01.12.05.

102 Quelle: Kölner Stadtanzeiger (Internet-Ausgabe), 09.09.2006, www.ksta.de

103 Pinnow, Daniel F.: Führen – Worauf es wirklich ankommt. Wiesbaden 2005, und Höhn, Alexander/Pinnow, Daniel F., u. a.: Vorsicht: Entwicklung!, Leonberg 2003.

104 Pinnow, Daniel F.: Führen Lieben Wachsen, Management Guide 2003, Akademie für Führungskräfte der Wirtschaft GmbH, Bad Harzburg, 2002 und Pinnow, Daniel F.: Führen – Macht – Sinn, Management Guide 2004, Akademie für Führungskräfte der Wirtschaft GmbH, Bad Harzburg, 2003.

105 Drucker, Peter F.: Was ist Management? Das Beste aus 50 Jahren. München 2004.

106 Gushurst, Klaus-Peter/Vogelsang, Gregor: Die neue Elite. Weinheim 2006.

107 Neckel, Sighard: Klasseperformance. Elite-Unis im Licht der Ökonomie des gewöhnlichen Scheins. In: Frankfurter Rundschau vom 10.01.2004.

108 „Leistung, mit der gotischen Wurzel laistjan, einer Spur folgen, ist definiert als Arbeit, gemessen an einem Bewertungsmaßstab: in der Physik am Maßstab der Zeit, in den Wirtschaftswissenschaften am Ertrag, in den Sozialwissenschaften an Erhaltenserwartungen als Gütekriterien. Im Kultursystem gewinnt der Leistungsbegriff seine Bedeutung als Wert, im Persönlichkeitssystem als Leistungsmotivation, im Sozialsystem als Leistungsrolle, im Wirtschaftssystem als Produktionsergebnis." Quelle: Günter Endruweit/Gisela Trommsdorff (Hg.): Wörterbuch der Soziologie, Stuttgart, 2. Aufl. 2002.

109 Miegel, Meinhard: Nachdenken über Eliten. In: Labyrinth (Zeitschrift der Deutschen Gesellschaft für das hochbegabte Kind e.V.), Sonderheft ELITE, April 1998.

110 Ebel-Gerlach, Helga: Neue Strukturen in Unternehmen: Chancen – Risiken – Probleme. Quelle: Dokumentation des VDI Verlags zum 11. VDI nachrichten Forum – Unternehmen auf dem Weg in das dritte Jahrtausend. Umstellungsprobleme, Leistungsverdichtung, Überbelastung. Düsseldorf 1996.

111 Vgl. Pinnow, Daniel F.: Führen – Worauf es wirklich ankommt, Wiesbaden 2005.

112 Vgl. Kets de Vries, Manfred: Das Geheimnis erfolgreicher Manager. München 2002.

113 Ebel-Gerlach, Helga: Neue Strukturen in Unternehmen: Chancen – Risiken – Probleme. Quelle: Broschüre des VDI Verlags zum 11. VDI nachrichten Forum – Unternehmen auf dem Weg in das dritte Jahrtausend. Umstellungsprobleme, Leistungsverdichtung, Überbelastung. Düsseldorf 1996.

114 Frankfurter Allgemeine Zeitung, 4.11.06.

115 Quelle: www.langenscheidt.de

116 Quelle: Frankfurter Allgemeine Sonntagszeitung, 03.09.2006.

117 Sinus Sociovision-Studie „Die Werte des Top-Managements", 2006; Quelle: enable 8/2006

118 Richard Herzinger, „Hauptsache Moral". Quelle: ZEIT.de, 04.06.2004, http://www.zeit.de/2004/24/werte?page=all

119 Mühlfenzl, Isabel: Auf dem Weg aus der Verflechtungsfalle. Quelle: trend – Zeitschrift für Soziale Marktwirtschaft, Heft Nr. 106, 2006.

120 Süddeutsche Zeitung, 05.08.2006.

121 Ebda.

122 Lay, Rupert mit Posé, Ulf D.: Die neue Redlichkeit. Werte für unsere Zukunft. Frankfurt/Main 2006.

123 Quelle: www.xing.com (freies Netzwerk für Geschäftskontakte), Forumsbeitrag von Ulf Posé, Die neue Redlichkeit, http://www.xing.com/cgi-bin/forum.fpl?op=showarticles&id=1540469

124 www.perspektive-mittelstand.de, 23.10.2006, „Unternehmensethik: Werte als Grundlage für dauerhaften wirtschaftlichen Erfolg" (http://www.perspektive-mittelstand.de/pages/wissen-und-praxis/wissen-und-praxis_detail.php?ID=724)

125 Pressemitteilung des Deutschen Manager-Verbands (DMV) vom 01.02.2006; Quelle: http://www.dmvev.de/download/pdf/WERteleitfaden_PK.pdf

126 Ebda.

127 Christoph Dyckerhoff vom Personalberatungsunternehmen Dyckerhoff & Partner, zitiert in welt.de, 07. 12.2004.

128 Kirchhof, Paul: Das Gesetz der Hydra. Gebt den Bürgern ihren Staat zurück! München 2006.

129 Hemel, Ulrich: Wert und Werte. Ethik für Manager – Ein Leitfaden für die Praxis. München, Wien 2005.

130 Quelle: Interview in der Internet-Wirtschaftszeitschrift perspektive blau (http://www.perspektive-blau.de/artikel/0601b/0601b.htm)

131 König, Matthias (Hrsg.): Unternehmensethik konkret. Gesellschaftliche Verantwortung ernst gemeint. Wiesbaden 2002.

132 Ulrich, Peter/Thielemann, Ulrich: Wie denken Manager über Markt und Moral? Empirische Untersuchung unternehmensethischer Denkmuster von Führungskräften, Berichte des Instituts für Wirtschaftsethik der Universität St. Gallen Nr. 50, St. Gallen 1992.

133 Thommen, Jean-Paul/Achleitner, Ann-Kristin: Allgemeine Betriebswirtschaftslehre. Wiesbaden, 5. Auflage 2006.

134 Extrinsisch: von außen kommend, intrinsisch: von innen, aus eigenem Antrieb kommend.

135 Hemel, Ulrich: Wert und Werte. Ethik für Manager – Ein Leitfaden für die Praxis. München, Wien 2005.

136 Quelle: brand eins, Mai 2003, Schwerpunktheft „Werte".

137 Quelle: Pressemitteilung der Universität Erfurt, 19.03.2003, siehe http://spz.uni-erfurt.de/presse/archiv/pressemitteilungen/2003/doc/36_03.htm

138 Quelle: sz-magazin Nr. 25, 23.06.2006, Interview mit Benjamin Friedman.

139 brand eins, Mai 2003, Schwerpunktheft „Werte".

140 Pinnow, Daniel F.: Führen – Worauf es wirklich ankommt, Wiesbaden 2005, S. 150 ff.

141 Vgl. Luhmann, Niklas: Soziale Systeme. Frankfurt 1984.

142 Vgl. Pinnow, Daniel F.: Führen – Worauf es wirklich ankommt, Wiesbaden 2005, S. 152 ff.

143 Das Eurobarometer ist eine in regelmäßigen Abständen von der Europäischen Kommission in Auftrag gegebene Meinungsumfrage in den Ländern der EU. Dabei werden sowohl immer gleiche Standardfragen als auch wechselnde Fragen zu unterschiedlichen Themen gestellt. Die erste Umfrage mit Standardfragen wurde 1973 veröffentlicht.

144 Think Tank für Trends in Wirtschaft, Gesellschaft und Finanzmärkten, Publikation „BIP allein macht nicht glücklich" (04.10.06), http://www.dbresearch.com

145 Fromm, Barbara und Michael: Führen aus der Mitte. In: INSight 1/06.

146 Sponsel, Rudolf: Spiritualität. Eine psychologische Untersuchung; Internet Publikation – General and Integrative Psychotherapy (IP-GIPT), Erlangen. Quelle: http://www.sgipt.org/wism/gb/spirit0.htm

147 Myss, Caroline: Chakren – Die sieben Zentren von Kraft und Heilung. München 2000.

148 Quellen: Ebda. sowie Sogyal Rinpoche: Das tibetische Buch vom Leben und vom Sterben. Frankfurt, 4. Aufl., 2006.

149 Das sog. „Gelassenheitsgebet" – in Amerika auch als Serenity Prayer bekannt – wird in Zusammenhang gebracht mit dem deutsch-amerikanischen Theologen Reinhold Niebuhr; vgl. hierzu Württembergische Landesbibliothek Stuttgart online, http://www.wlb-stuttgart.de/referate/theologie/oetgeb00.html

150 Quelle: Financial Times Deutschland, 29.03.2006.

151 Süddeutsche Zeitung, 05.06.2004.

152 Oppelt, Siglinda: Spirit in Business. In: INSight 02/2005.

153 Hollmann, Frank: Manager in Mönchskutten, Frankfurter Allgemeine Zeitung, 11.11.06.

154 Quelle: Social Business Club, http://www.socialbc.com/de/node/20742, Info von human rights school, 20.10.06.

155 Quelle: www.willigis-jaeger.de

156 Heinrichs, Johannes: Sprung aus dem Teufelskreis. Logik des Sozialen und Natürliche Wirtschaftslehre, aktualisierte Neuauflage Steno Verlag. Ingolstadt 2005.

157 Fromm, Barbara und Michael: Führen aus der Mitte. Quelle: INSight 1/06.

158 Quelle: www.a-zu.de (Anselm Bilgri – Zentrum für Unternehmenskultur).

159 Fromm, Barabara und Michael: Führen aus der Mitte. Quelle: INSight 1/06.

160 Frankfurter Allgemeine Sonntagszeitung, 03.09.2006.

161 Greiner, Ulrich: Wahnsinnige Gewinne. In: Die Zeit, 01.12.05.

162 Wiedeking, Wendelin: Anders ist besser. Ein Versuch über neue Wege in Wirtschaft und Politik. München 2006.

163 Hemel, Ulrich: Wert und Werte. Ethik für Manager – Ein Leitfaden für die Praxis. München, Wien 2005.

164 Quelle: Süddeutsche Zeitung, 06.10.2006.

165 Ebda.

166 Während der Shareholder-Value-Ansatz das Interesse des Shareholders, den Profit, in den Mittelpunkt der Unternehmensführung stellt, betrachtet der Stakeholder-Value-Ansatz Unternehmen als quasi öffentliche Institutionen, die u. a. auch soziale und politische Verantwortung tragen. Demnach müssen möglichst alle Anspruchsgruppen in die strategische Unternehmensplanung miteinbezogen werden, die der Sicherung einer dauerhaften Existenz des Unternehmens dienen. Zu den Stakeholdern zählen die Geschäftsleitung, Verwaltungs-, und Aufsichtsrat, Kunden, Öffentlichkeit, Aktionäre, Arbeitnehmer, Lieferanten und Staat.

167 Hemel, Ulrich: Wert und Werte. Ethik für Manager – Ein Leitfaden für die Praxis. München, Wien 2005, S. 140.

168 Quelle: Internetseite über die Tätigkeit der Europäischen Union, http://europa.eu/scadplus/leg/de/lvb/n26039.htm

169 Quelle: www.wikipedia.de

170 Quelle: eco@work, erste Ausgabe, Juli 2006, E-paper des Öko-Instituts e.V. (Freiburg), http://www.oekoinstitut.de/e-paper/dok/426.php

171 Lay, Rupert mit Posé, Ulf D.: Die neue Redlichkeit. Werte für unsere Zukunft. Frankfurt/Main 2006.

172 Analyse von Peter Imbusch, Professor für sozialwissenschaftliche Konfliktforschung an der Universität Marburg; Quelle: Uni Journal/Uni Marburg/Februar 2006, http://www.uni-marburg.de/aktuelles/unijournal/feb2006/elite#search= Prozent22verantwortungslose Prozent20wirtschaftseliten Prozent20 Prozent22

173 Quelle: Handelsblatt, 22.09.2006.

174 Quelle: ftd.de, 08.12.2005.

175 Quelle: ftd.de, 08.06.2006.

176 Quelle: ftd.de, 17.12.2005.

177 „Der mit insgesamt 45.000 Euro dotierte Handwerkspreis 2005 der Bertelsmann Stiftung und des Zentralverbands des Deutschen Handwerks (ZDH) zeichnet Handwerksunternehmen aus, die sich mit innovativen Ideen im Wettbewerb behaupten, durch gesellschaftliches Engagement überzeugen und dies in ihrer Unternehmenskultur miteinander verzahnen." (Quelle: Internetseite des Zenralverbands des Deutschen Handwerks e.V., http://www.zdh.de/info-und-service/wettbewerbe/handwerkspreis/handwerkspreis-2005-zeichnet-unternehmen-fuer-innovation-unternehmenskultur-und-gesellschaftliches-engagement-aus.html)

178 Quelle: Süddeutsche Zeitung, 06.10.06.

179 Quelle: ftd.de, 12.06.2006.

180 Quelle: www.vaude.de

181 BAUM = Bundesdeutscher Arbeitskreis für Umweltbewußtes Management e.V. (www.baumev.de)

182 UNEP = United Nations Environment Programme, siehe www.unep.org

183 www.herrmannsdorfer.de

184 Quelle: www.trigema.de

185 Internet-Aktion anlässlich des fünfzigjährigen Bestehens der „Akademie für Führungskräfte der Wirtschaft GmbH", Überlingen. „www.in-fuehrung-gehen.de ist die neue Internet-Adresse für alle, die Verantwortung für Personal tragen und Mitarbeiter anleiten und motivieren möchten. Hier nehmen prominente Vertreter aus Wirtschaft, Politik, Sport und Kultur Stellung: Heide Simonis ebenso wie Gesamtmetall-Geschäftsführerin Heike Maria Kunstmann, Bischöfin Maria Jepsen oder der Trendforscher Peter Wippermann." Quelle: www.openPR.de

186 vgl. John Rawls: Gerechtigkeit als Fairneß. Ein Neuentwurf. Frankfurt/Main 2003

187 Drucker, P.: Neue Management-Praxis. Band 1, Econ Verlag, Düsseldorf 1974.

188 Kant, I: Die Metaphysik der Sitten (Werkausgabe herausgegeben von Wilhelm Weischedel, Band VIII) Suhrkamp, 9. Auflage 1991.

189 „Der so genannte ‚Angstindex', den die Versicherungsgruppe R+V regelmäßig erstellt, war noch niemals so hoch wie jetzt", meldete die Frankfurter Allgemeine Zeitung am 18.12.2006. „Die Fundamente des Vertrauens in die Ordnung der Bundesrepublik und der westlichen Welt scheinen zu schwanken. Mögen die Wirtschaftsexperten und die Soziologen die Angst insbesondere der Mittelschichten auch für unbegründet halten, so sind sie doch ein feiner Seismograph für die Veränderung der Lebenswelt und ihrer Grundanschauungen."

190 Glotz, Peter: Vom Kulturkampf in einer beschleunigten Gesellschaft. Aus: Alfred Herrhausen Gesellschaft (Hrsg.): Orientierung für die Zukunft. Bildung im Wettbewerb. München, Zürich 2001, S. 172.

191 Vgl. Bauer, Joachim: Prinzip Menschlichkeit. Warum wir von Natur aus kooperieren. Hamburg 2006.

192 Roswita Königswieser in: brand eins 8/2003.

193 Seibt, C.P. In: brand eins 8/2003 (Schwerpunktthema: Eliten).

194 Annemarie Pieper, ‚zitiert in: impact – Informationszeitschrift von basis, März 2001, Hg: basis – Basler Institut für Sozialforschung und Sozialplanung.

195 Quelle: Hamburger Abendblatt, 14./15.01.2006.

196 Quelle: Handelsblatt, 09.02.2006.

197 Pinnow, Daniel F.: Führen – Worauf es wirklich ankommt, Wiesbaden 2005, S. 150 ff.

198 Fromm, Barbara und Michael: Führen aus der Mitte. In: INSight, 1/06, S. 6-8.

199 Myss, Caroline: – Die sieben Zentren von Kraft und Heilung. München 2000.

200 Quelle: Frankfurter Allgemeine Zeitung, 23.10.1999.

DER AUTOR

Daniel F. Pinnow, Jahrgang 1962, zählt zu den namhaften Führungs- und Managementexperten im deutschsprachigen Raum. Seit 1997 ist er Geschäftsführer der Akademie für Führungskräfte der Wirtschaft GmbH in Überlingen und Bad Harzburg sowie seit 2004 Mitglied des Vorstands der COGNOS AG in Hamburg.

2007 wurde er zum außerordentlichen Professor für Leadership & Human Resource Management an der staatlichen Capital University for Economics and Business in Peking berufen. Seit 2003 hat er einen Lehrauftrag für Personalführung und Human Resources Management an der mit dem „Elite Prädikat" ausgezeichneten Technischen Universität München inne. Der studierte Wirtschafts- und Sozialwissenschaftler ist erfahrener Trainer und Coach für Top-Führungskräfte.

Als Wegbereiter der „systemischen Führung" in Deutschland verbindet Pinnow seine langjährige Führungs- und Managementerfahrung in internationalen Konzernen mit den Erkenntnissen der klassischen Managementlehre und Organisationspsychologie sowie der systemischen Familientherapie. Er ist Autor zahlreicher Publikationen zu den Themen Personalführung und Human Resource Management.

Im Fokus der Wirtschaft

Wolfgang Koch,
Jürgen Wegmann

Tugend lohnt sich

2007. 232 Seiten.
Hardcover mit Schutzumschlag.
17,90 € (D), 31,70 CHF*
ISBN 978-3-89981-138-4

Peter Maskus, Lenka Mikova

Globale Erfolgsgrundlagen

Oder warum Physiker den Strom nicht umtaufen

2007. 220 Seiten.
Hardcover mit Schutzumschlag.
*34,00 € (D)**
ISBN 978-3-89981-149-0

Henning Kagermann, Hubert Österle

Geschäftsmodelle 2010

Wie CEOs Unternehmen transformieren

2007. 2. Auflage. 336 Seiten.
Hardcover mit Schutzumschlag.
49,90 € (D), 85,50 CHF*
ISBN 978-3-89981-114-8

Günther Würtele Hg.

Machtworte

Wirtschaftslenker und Staatsmänner stellen sich den Fragen der Zukunft.

2007. 250 Seiten.
Hardcover mit Schutzumschlag.
24,90 € (D), 44,00 CHF*
ISBN 978-3-89981-127-8

** zzgl. ca. 3,– € Versandkosten bei Einzelversand im Inland.*
Sämtliche Titel auch im Buchhandel erhältlich!

Frankfurter Allgemeine Buch